PRÓLOGO Y SELECCIÓN DE NOTAS:
RAFAEL HELIODORO VALLE

VALLE, PENSAMIENTO VIVO

ERANDIQUE
COLECCIÓN

VALLE, PENSAMIENTO VIVO
PRÓLOGO Y SELECCIÓN DE NOTAS: RAFAEL HELIODORO VALLE

©Colección Erandique
Supervisión Editorial: Óscar Flores López
Diseño de portada: Andrea Rodríguez
Administración: Tesla Rodas
Director Ejecutivo: José Azcona Bocock
Primera Edición
Tegucigalpa, Honduras— Diciembre 2025

PRÓLOGO[1]

En un remanso de las montañas de Tegucigalpa, donde parece sosegarse el esplendor tropical, se halla la imagen marmórea de un hombre meditabundo y en pie. Los ojos se detienen ante la inscripción de una de las lápidas: "Al sabio que se anticipó a su época y reveló los grandes destinos de Centroamérica. Al insigne estadista, autor del acta de nuestra Independencia; al hombre de principios que hizo del saber un elemento de gobierno y cuyas obras honran a la América Central."

El hombre se llama José Cecilio del Valle, y sigue atisbando el porvenir, alegre de verse perpetuado en las semillas mentales, a pesar de que en vida fracasó; pero su estatura intelectual era mayor que la de sus contemporáneos, y hubo de resignarse a ser un mártir silencioso entre esa bruma de melancolía elegante que circunda a los que sólo en la posteridad hallan la rica atmósfera en que han de respirar para siempre.

Europeo por la sangre y por las ideas, criollo de profundas identificaciones con la tierra americana, Valle se enamoró de la ciencia como de una divinidad hosca y sensitiva. El fuego interior se le quemaba en lejanías de angustia. Hoy está incorporado a las filas de los que pelean por el triunfo de una América libre, en la que el privilegio, la miseria y la superstición no sigan siendo los peores enemigos del hombre.

Paladín de la razón, pensador optimista, construyó sobre sus lecturas y sus sueños el más vivo esquema de la realidad centroamericana. Creía en lo ilimitado del progreso, en la perfección indefinida del hombre, en que el hombre tiene derecho a la felicidad y a ser libre en su efímera residencia en la tierra.

Nadie en Centroamérica ha merecido como Valle el epíteto de estadista, ni nadie ha sabido como él asumir las terribles

---

[1] Como epílogo hemos incluido el ensayo CERTIDUMBRES Y VACILACIONES DE UN PROVINCIANO del recordado maestro, historiador y sociólogo Ramón Oquelí, uno de los hondureños más apasionados por la obra u vida de José Cecilio del Valle.

responsabilidades del intelectual. La historia de las ideas en nuestro hemisferio tendrá que darle categoría de primer orden, y habrá de reinstaurarle, cuando se haga el balance total de su obra, en ese recinto de luz en donde siguen ardiendo, en combustión milagrosa, los cerebros de Melchor Talamantes y José María Luis Mora, del Padre Varela y de Juan Bautista Alberdi.

En él se conjugaron el hombre de acción y la ponderada inteligencia. Su monólogo nos interesa más cada día, y la patria a quien dirigió sus mejores discursos —hoy despedazada y sin hombres como él— algún día le escuchará, atenta, orgullosa de tal hijo, para reivindicarle con la elevación de la conducta, como si quisiera de verdad rescatar uno de sus lujosos patrimonios.

NOTA BIOGRÁFICA

En la ardiente villa hondureña de Jerez de la Choluteca y Mis Reales Tamarindos nació José Cecilio del Valle el 22 de noviembre de 1780, y murió cerca de la ciudad de Guatemala el 2 de marzo de 1834. Hijo de familia distinguida, por fortuna y abolengo, le tocó crecer en uno de los ambientes históricos más conmovidos, cuando en las entrañas de Europa se debatían las más terribles inquietudes que hicieron bambolearse instituciones y regímenes, y en América se incubaban acontecimientos que con ritmo creciente darían ímpetu a la aventura de las nuevas nacionalidades.

Honduras —la tierra de Valle— era una de las seis provincias que integraban la Capitanía General de Guatemala y en las que se agudizaban, como en pocos países de América, los errores del régimen español. "La provincia de Tegucigalpa —dice Ramón Rosa— estaba falta, en aquel entonces, hasta de escuelas primarias elementales. Con suma dificultad aprendían algunos niños, hijos de padres pudientes, a leer y escribir en escuelas privadas, costeadas por las familias interesadas en su sostenimiento. Respecto a enseñanza superior, tan sólo había en Comayagua, capital de la provincia de su nombre, un Colegio tridentino, fundado por el Obispo Vargas y Abarca, destinado a la enseñanza teológica, a la que se aumentó en 1784, por iniciativa del Obispo Antonio de Guadalupe[2] una clase de

---

[2] Ramón Rosa. Biografía de don José Cecilio del Valle. Tegucigalpa. 1882.

Filosofía escolástica. Tales eran los únicos medios de cultivar, en Honduras, la inteligencia de la juventud, a fines del pasado siglo."

Los padres de Valle no querían negarle los beneficios de la escuela y hubieron de trasladarse a Guatemala (1789), en donde, si los libros nuevos de Europa llegaban muy tarde, había imprenta, universidad, un periódico y una escuela primaria de Belén. "Guatemala —escribió Valle hablando de aquella época— no era un pueblo ignorante, ni una capital ilustrada. Era el país del error"; y decía más tarde don José Milla: "Las doctrinas atrevidas que en el antiguo mundo habían producido una transformación completa en las ciencias morales y políticas, apenas eran conocidas en este Reino, que por sus escasas y tardías comunicaciones con la Europa, permanecía casi enteramente extraño al movimiento intelectual del resto del mundo y a los acontecimientos que cambiaban la faz de las naciones. De la tempestad deshecha que destruía las creencias e instituciones seculares, llegaba solamente algún rumor lejano a estas remotas y pacíficas comarcas, que hacían de la conservación de la fe religiosa y de la lealtad al soberano, sus más espléndidos blasones. Las ciencias exactas eran casi enteramente ignoradas, y los pocos hombres estudiosos que se dedicaban a cultivarlas, excitaban las sospechas del vulgo, que creía ver el resultado de artes diabólicas en las operaciones más inocentes y sencillas de la física experimental. Relativamente adelantados los conocimientos en las ciencias eclesiásticas, en la jurisprudencia y en la bella literatura, eran desconocidos los estudios de la economía política y de las matemáticas, y la filosofía no había logrado desembarazarse de los embrollados sistemas de los peripatéticos."

En 1795 don Jacobo de Villaurrutia, natural de Santo Domingo —quien más tarde fundó el "Diario de México"— creó la Sociedad Económica de Amigos de Guatemala; y en 1795 el franciscano José Antonio de Liendo y Goicoechea, después de histórico viaje a España, trajo a Guatemala libros, mapas y semillas raras, y algo más: la renovación del plan de estudios superiores, las revolucionarias ciencias experimentales, un nuevo sentido político. Eran los años en que Carlos III presidía en España y en América un movimiento de transformación en lo físico y en lo intelectual, enviando expediciones científicas, protegiendo artistas y sabios, modificando los organismos económicos. México era redescubierto por Alzate y por Mociño, que se preocupaban por el conocimiento de la riqueza biológica de su territorio, poniéndolo el primero al alcance de la curiosidad popular. Don Martín de Sessé, don Vicente Cervantes, don Andrés Manuel del Río, don Fausto Elhuyar y, poco después, el viaje celebérrimo de Humboldt sacudieron con extraña conmoción la vida criolla que se repartía entre chocolates, rezos y saraos. Cuando Goicoechea, maestro de Valle, apareció con su plan reformador, todavía estaban "los jueces seriamente ocupados en procesar brujos"; y aquel franciscano supo mostrar a sus discípulos el camino de la razón y el derecho a la duda. Guatemala recibió la visita del gran botánico Mociño y en su Universidad Carolina había un gran joven chiapaneco, José Felipe Flores, quien poco después inventaría el maniquí anatómico y en Europa se interiorizó, el primer centroamericano, de los problemas de la electricidad y la navegación aérea.

En ese ambiente en que resonaban las voces trascendentales de los enciclopedistas franceses y bien pronto se escucharían los mensajes de éstos, avivando la preocupación por el hombre, la dignidad del hombre, los derechos del hombre, el joven Valle comenzó a iniciarse en "el peligroso oficio" de pensar, interesándose por las letras, las artes y las ciencias; se asomó a los clásicos, en el Colegio Tridentino, y más tarde pasó a la Universidad de San Carlos para estudiar Filosofía, Derecho Civil y Derecho Canónico, sobresaliendo en el primer acto público de Lógica, Metafísica y Física Experimental. Maestros particulares le enseñaron Matemáticas, Literatura, inglés, francés e italiano, y después de graduarse de bachiller en Filosofía (1794) y en ambos Derechos (1799) se recibió de abogado en la Audiencia (1803).

EL FUNCIONARIO

Diputado interino de la Comisión Gubernativa de Consolidación, defensor de obras pías y censor de la "Gaceta de la Ciudad de Guatemala" (1805), asesor del Real Consulado (1806), fiscal del Juzgado de los Reales Cuerpos de Artillería e Ingenieros del Reino (1807), asesor de dichos cuerpos y de los juzgados ordinarios de la capital y abogado del convento de Santo Domingo y de su provincia

(1808), diputado vocal de la Suprema Junta Central de España e Indias, por León de Nicaragua (1809), catedrático de Economía Política (1812), auditor de Guerra del Ejército y Provincia de Guatemala y asesor de la Renta de Tabaco (1813); José del Valle, "modelo de lealtad española" (según declaró el Arzobispo Casaus), tenía en plena juventud una excelente preparación para iniciarse en los múltiples problemas del Estado, y su primera presencia en la política fue al fundar el periódico "El Amigo de la Patria" (1820), al amparo de la restablecida Constitución Española de 1812. Así comenzó su carrera de pensador y de estadista, de sociólogo con sueños y de periodista con ideas. Era desde aquel periódico la voz de la moderación frente al radicalismo del partido de los "Cacos", que capitaneaba el doctor Pedro Molina. Era el verbo de los españoles y los artesanos. Ambos se disputaban las elecciones de los ayuntamientos y los diputados a Cortes.

Al año siguiente el Plan de Iguala precipitó los acontecimientos de Centroamérica, y el 15 de septiembre de 1821, alborotado el pueblo y "siendo públicos e indudables los deseos de independencia del gobierno español", el Capitán General de Guatemala, don Gabino Gaínza, y las autoridades eclesiásticas y los altos funcionarios civiles declararon la emancipación; redactando Valle el acta y refrendándola en su calidad de individuo de la Diputación Provincial. Suyo fue también el manifiesto que aquel día dirigió a Centroamérica el Capitán General. Poco después, en representación de Honduras, formó parte de la Junta Provisional Consultiva, que se estableció para colaborar con el nuevo régimen.

Ramón Rosa escribe: "Todos los grupos políticos, de diversas y aun inconciliables pretensiones, se habían unido para consumar la independencia de España; distintos fueron sus móviles, pero idénticos sus propósitos. El clero quiso la independencia porque era necesario aceptarla, y porque veía en la emancipación de Guatemala un medio de sustraerse a los rudos golpes que asestaron a sus privilegios las Cortes de España. Los peninsulares y sus adeptos quisieron la independencia porque vieron halagados sus intereses y sus ambiciones. Los liberales, que formaron el antiguo partido de los 'Cacos', quisieron la independencia porque aspiraban generosamente a la práctica de sus radicales ideas republicanas; y los hombres reflexivos, como Valle, quisieron la independencia porque tenían en mira una evolución política que, gradual y prudentemente, hiciese ganar terreno a la educación liberal de los pueblos, para que se crease un sólido régimen de libres instituciones en el Centro de América".

"Tan opuestos móviles —continúa diciendo Rosa—, tan contrarias y enemigas pretensiones, no pudieron menos de romper, bien pronto, el acuerdo, el consorcio feliz que se efectuó para desligar a Guatemala de la Madre Patria. Los liberales pidieron que se derogase, y lograron su objeto, el artículo 39 del Acta de Independencia, por el que la elección de representantes de las provincias se dejaba a las juntas electorales que habían elegido Diputados a Cortes, lo que aseguraba un triunfo para el partido de Valle, para el partido Gazista; pidieron la formación de las milicias nacionales, lo que también lograron; pidieron la destitución de empleados sospechosos de tener afinidades con el antiguo régimen; y quisieron, en fin, extralimitándose, tomar participación en las deliberaciones de la Junta Provisional Consultiva. Los peninsulares y los criollos españolistas, por su parte, vieron con repugnancia la intervención de las clases populares en los asuntos públicos; se dolían de relacionarse y mezclarse con hombres que casi el día anterior habían sido no más que sumisos vasallos; y presentían que el arraigo de las instituciones de la República daría en tierra con sus intereses de clase, con sus privilegios de abolengo y con su orgullo cifrado en los hábitos de una antigua dominación. Las exigencias y exageraciones inconsideradas de los unos, y el egoísmo y la vanidad de los otros, crearon, a poco de consumarse la independencia, dos partidos fuertes e irreconciliables: el partido liberal, independiente y republicano, y el partido conservador, autoritario y reaccionario. En germen estaban dos partidos al proclamarse la independencia; pero ese germen se desarrolló de irregular y viciosa manera, y creó hondas y acerbas divisiones que habían de traer, no los antagonismos de un pueblo libre, sino las luchas destructoras de la libertad y de la patria."

La invitación de Iturbide a Guatemala para que se adhiriera al Imperio Mexicano y el envío de una División Protectora de dicha anexión, al mando del general Vicente Filisola, dieron pábulo a las aspiraciones de quienes, como el Marqués de Aycinena y el Arzobispo Casaus, deseaban los privilegios, honores y usufructos que podía brindarles el régimen monárquico. En la Junta Provisional Consultiva se alzó la voz disidente de José Cecilio del Valle; pero el 5 de enero de 1822, hecho el escrutinio de votos de los ayuntamientos, que habían sido invitados a deliberar sobre la anexión, la mayoría de los miembros de la Junta la decretó, sin más condiciones que la sujeción al Plan de Iguala y los Tratados de Córdoba.

Tegucigalpa (10 de marzo) y Chiquimula (19 de marzo) eligieron a Valle diputado al Congreso de México, obligándole a emprender un viaje de 81 días desde la capital de Guatemala hasta la del Imperio (7 de mayo a 28 de julio). Incorporado al Congreso (3 de agosto), fue nombrado individuo de la Comisión de Constitución (5 de agosto), y sus primeros discursos fueron sobre el nombramiento de magistrados del Supremo Tribunal de Justicia (16 de agosto) y el proyecto de ley de colonización (23 de agosto).

Acusado de conspirar contra el régimen de Iturbide, fue capturado (26 de agosto) y durante la prisión en el Convento de Santo Domingo se entregó a las más asiduas y provechosas lecturas. Estando preso fue proclamada en Veracruz la República (6 de diciembre) e Iturbide le nombró poco después Secretario de Estado y del Despacho de Relaciones Exteriores (18 de febrero de 1823). En tal puesto se consagró a preparar la caída del Imperio, sin sangre ni violencia, habiéndose reinstaurado el Congreso; luego expidió varios bandos sobre cuestiones económicas y judiciales (4 y 9 de marzo) y anunció (20 de marzo) a los diputados la decisión que, para expatriarse, había tomado Iturbide, y suscribió con los comisionados del Congreso (23 de marzo) los arreglos para la abdicación, habiendo presentado su renuncia (25 de marzo), y volvió a su curul para abogar por la separación de Centroamérica (22 de abril). El Congreso le rindió tácito homenaje al nombrarle miembro de la comisión que redactaría el proyecto de Constitución (3 de mayo), y habiéndose resuelto que las provincias de Centroamérica quedaban en libertad de constituirse como deseaban (19 de julio), fue electo diputado a la Asamblea Nacional de Guatemala, lo comunicó al Congreso de México (30 de junio) y regresó a Guatemala (principio de 1824). Había sido nombrado miembro del triunvirato que ejercería el Poder Ejecutivo (4 de septiembre de 1823) y tomó posesión del cargo (5 de febrero de

1824), apareciendo su firma en la primera Constitución Federal (22 de noviembre).

Centralistas y federalistas iniciaron las disensiones que, a la larga, derrumbarían la Unión de los cinco Estados, y de acuerdo con la convocatoria para elegir autoridades federales, Valle obtuvo la mayoría de los sufragios como candidato a la Presidencia; pero la intriga y el fraude anularon su elección, elevando a la primera magistratura al general Manuel José Arce, el caudillo atrabiliario, que sería uno de los responsables de la era de desórdenes y guerras civiles que asolaron a Centroamérica en el siglo pasado. Valle se retiró tranquilamente a su gabinete de estudio; pero tuvo la complacencia de que Chiquimula, Santa Bárbara y la capital guatemalteca le eligieran diputado federal (1826). Los atropellos del presidente Arce justificaron la reacción constitucionalista encabezada desde Honduras por el general Francisco Morazán, y después de una lucha sangrienta la capital federal cayó en poder de los liberales y Valle volvió al Congreso (24 de julio de 1829).

Restablecida la Sociedad Económica, fue nombrado su director. En las elecciones de Presidente de la Federación compitió con el general Morazán, pero fue derrotado (1830); y nuevamente fue su émulo, obteniendo la victoria (1834). Ya era tarde: su muerte cubrió de grandes sombras el alma de Centroamérica. "Habría probablemente salvado la República", dice Ramón Rosa. Se perdió una de las magníficas oportunidades para llevar al gobierno al más apto entre los mejores.

EL HOMBRE DE ESTUDIO

José del Valle no creó un sistema político, un sistema filosófico, una tesis histórica. Tampoco lo hizo alguno de sus contemporáneos en la América Española, porque nuestra América está joven aún. A Valle le tocó vivir en una época tormentosa en que las ideas de Europa encendían las mentes americanas con los fulgores de la nueva utopía social. "Robaré —dijo alguna vez— a los genios de otras naciones los pensamientos que han influido en su prosperidad."

Hombre de estudio, ante todo, divulgador de los hallazgos científicos, se mantenía atento a las vicisitudes de las ciencias en Francia e Inglaterra; releía los clásicos latinos, y daba a sus meditaciones el estremecimiento del optimismo animador, pues creía que la ciencia es un instrumento del bien y que su deber es elevar y deleitar al hombre y darle con el mayor poderío la mayor suma de felicidad. Por eso le amargaba que los matadores de hombres, como el conquistador Pedro de Alvarado, recibiesen más homenajes que los que merecen el que trajo las primeras espigas de trigo, el que sembró el primer arroz o importó los gusanos de seda.

"Que triunfe la razón y adoremos su estatua", decía con gran voz humana. Pedía "que los hombres dignos de escribir hagan a la patria el servicio que debe hacer un sabio: presentar sus pensamientos y observaciones, indicar el mal que puede hacer una providencia mal combinada, o designar el bien que puede producir otras medidas."

Lo que más asombra es que, en medio de las agitaciones y sobresaltos de la época en que vivió, pudo tener paréntesis de calma para entregarse religiosamente a la lectura de sus autores predilectos: Pascal, Buffon, Condorcet, Rousseau, Montesquieu, Humboldt y, naturalmente, los cronistas de Indias, desde Acosta y Torquemada hasta Ulloa.

Su apetencia de leer, de extractar, de anotar, era inconmensurable. En su biblioteca estaban los mejores libros, planos, gacetas y copias de manuscritos; todo cuanto pudiera darle el mejor panorama de la antigüedad clásica, el pensamiento europeo y la realidad americana. Humboldt, sobre todo, el vindicador de la América y del hombre de América.

La lista de los libros que pidió a Londres (26 de julio de 1826) y los que Jeremías Bentham sugirió se le enviaran (15 de enero de 1827), más la de los libros y otros materiales de estudio que llevó de México (1824), son el mejor inventario de su curiosidad de enciclopedista, de humanista. Es el centroamericano que más corrientes ideológicas ha percibido y aprovechado.

EL JURISTA

Antes de participar activamente en la vida política, su pasión fue la Jurisprudencia. Analizó la legislación del régimen español en tres siglos; trazó un método para el estudio del Derecho; dio un brillante dictamen sobre Instituciones de Derecho de Castilla y de Indias por el doctor José María Álvarez; redactó una exposición para oponerse al nombramiento ilegal de jueces profesionales, sosteniendo la tesis de que "triunfa la justicia cuando los ciudadanos son los que directa o indirectamente nombran los jueces que deben decidir sus derechos", y al compenetrarse de una realidad social que todavía nos abruma, demostró que se puede evitar la pena de muerte.

Jurista que dominaba los textos y los códigos de la España medieval, su sitio de honor se halla entre los más eminentes de su tiempo, ya que lo mismo en el Congreso de México, en su calidad de constitucionalista, que en las más altas magistraturas de Centroamérica, Valle supo hallar en las diversas arquitecturas del Derecho esa línea pura de la armonía humana que vibra en los clásicos templos que el filósofo construye con almas y mármoles.

Honduras, su pequeña patria, lo ve resplandeciente en los anales del foro en que sobresalen Vicente Ariza Padilla, Rafael Alvarado Manzano, Alberto Membreño, Policarpo Bonilla y Mariano Vázquez.

EL PERIODISTA

Periodista de ideas fue Valle. Sembrador de ideas, se recreaba iluminándolas, comentándolas, desde los periódicos en que dejó esparcido su luminoso pensamiento. Pero ha sido preciso desenterrarlas para que se conozcan más y mejor que en su época. ¿Cuántos lectores tendría? Ediciones reducidas que apenas traspasaban las fronteras de Guatemala y que no se difundían más allá de las montañas en que los quetzales duermen la siesta. Valle amaba la publicidad como instrumento, el más eficaz, para dar afirmación a sus palabras; pero carecía del ámbito continental para que América le escuchara.

"El Amigo de la Patria" (6 de octubre de 1820-15 de abril de 1822), gracias a la Constitución Española restaurada, le brindó el momento oportuno para convertirse en paladín social y enriquecer las dimensiones de su pensamiento. Y más tarde, en la "Gaceta del Supremo Gobierno de Guatemala", en el "Mensual de la Sociedad Económica de Amigos del Estado de Guatemala" y en "El Redactor General" (1825), puso al servicio de sus conciudadanos las doctrinas renovadoras, discurrió sobre los problemas palpitantes, incitó a la honesta meditación.

En "El Amigo de la Patria" no era más que un servidor del pueblo que deseaba darle a conocer las novedades útiles, las riquezas vírgenes, las vastas posibilidades para su mejoramiento. Era el mismo programa pedagógico de José Antonio Alzate con sus "Gacetas de Literatura", y cuando hablaba de los crímenes de José Molina no lo hizo para dar noticias espeluznantes, como lo harían los periodistas de escándalo, sino para dar una docta cátedra de Sociología que conmueve aún.

La historia del periodismo político reconoce a Valle entre los que le han dado más calidad en Centroamérica: Pedro Molina, Ricardo Jiménez, José Madriz, Paulino Valladares, Miguel Ángel Navarro.

He aquí uno de los cuadros espeluznantes que Valle pintó con un matiz de actualidad que nos conturba:

"Dígnese V. E. volver los ojos a los barrios infelices de esta capital. En ninguno de ellos hay las escuelas precisas de primeras letras; en ninguno de ellos hay las fuentes necesarias para darles agua; en ninguno de ellos hay casa de expósitos para evitar el sacrificio de algunas víctimas, y asegurar la existencia y educación de la niñez; en ninguno de ellos hay casas de corrección para los que, sin haber perpetrado crímenes, han cometido algunas faltas; en ninguno de ellos hay puntos decentes de recreo donde los hombres unidos puedan olvidar sus penas, solazarse o divertirse; en ninguno de ellos hay policía, o el aseo y limpieza que debe hermosear una capital y contribuir a su salubridad; en ninguno de ellos hay fondos para proporcionar ocupación al miserable que la pide, y no puede encontrarla.

"En todos se ve la pobreza, la miseria, la desnudez, el hambre y la sed. Un hombre sensible no puede pasear sus calles sin sufrir vivos tormentos. Y faltando casi todo a hombres, individuos de nuestra especie: habiendo hambre y sed, Excmo. Señor ¿será justo que en vez de socorrerla con 3,000 pesos anuales, se destinen éstos para sueldos de letrados?"

SU ESTILO

Don Lucas Alamán escribe: "Valle gozaba la reputación de muy instruido, pero gustaba demasiado de lucir su saber, y tanto en la tribuna como en sus comunicaciones oficiales, usaba un estilo didascálico que hacía muy pesado y fastidioso cuando salía de su boca o de su pluma." Y en otro pasaje dice: "Este (Iturbide), antes de salir, publicó un manifiesto dirigido al Congreso, redactado por Valle, en estilo pedantesco y el menos a propósito para la ocasión, pues, lleno de principios generales y máximas inoportunas, no presenta nada de lo que debía sentir Iturbide en aquellas circunstancias."

En esas frases se transparenta la animadversión que Alamán tenía por quien, sin ser mexicano de nacimiento, había llegado a ser Secretario de Estado y del Despacho de Relaciones Exteriores durante el régimen iturbidiano. El estilo de Valle era de la misma arquitectura del de la mayoría de sus contemporáneos.

Apretada de noticias, de hechos, de atisbos, su prosa está henchida de ese tono espeso de la tierra con humus, en la que el pensador se solazó en echar al voleo sus simientes; ese tono de uva maciza, negra, sin más brillo que el que le puede dar el sol. Un estilo cortado, tenso, neto, con la indispensable claridad que necesitaba para que, en una época en que muy pocos leían, fuese comprendido por todos. Estilo con énfasis, con autoridad, saturado de erudición, que algunos como Alamán encontraban enojoso, acaso humillante, pero que debía expresar al hombre de Estado.

Cierto que su estilo carece de color, pero es el amalgamiento de los clásicos españoles que Valle leía con frecuencia y de los otros clásicos que traducía en sus meditaciones; extraño compuesto que le dio solidez a quien habló casi en monólogo, para que, acendrado como el vino, lo cataran los que estudian la realidad americana.

EL POLÍTICO

Hay un momento de gran sinceridad en Valle: cuando se declara hombre de bien "en toda la latitud de mi vida". Sus enemigos, muchos de sus émulos y sus inferiores, lo consideraban astuto en la intriga, ambicioso de poder.

"Es un sabio verdaderamente —escribía don Mariano de Aycinena a Iturbide— y acaso sin igual en Guatemala; pero sin ningún mundo, y de un corazón tan pequeño que, agotada la política del gobierno y de los vecinos de probidad para hacerlo útil al común, nada ha bastado. Un orgullo sin tamaño lo pierde. Por este principio se aprovecha de todas las ocurrencias por ver si de ellas saca el partido a que lo inclina su ambición por mandar y ser el primero. Lo he visto en la ocasión atizar por bajo de cuerda las facciones de la República y de unión a ese Imperio, y por el arte que tiene para quedar impune con el que domina, no repara en los perjuicios que ocasiona, aun a los que se ha mostrado amigo. Me alegraría y sería el mayor bien para Guatemala que se sacase a este amigo con honor. Podría nombrársele Secretario de una de las Embajadas de Londres, Rusia, etc., que se le haría bien particular, y porque su mayor flaco es el del orgullo se puede poner un despacho muy honorífico sobre las noticias que se tienen de sus luces, etc."

El general Vicente Filisola, Capitán General de Guatemala, escribió a Iturbide: "Yo juzgo que convendría mucho atraerse a Valle al partido del Gobierno Supremo, empleándole en destino que lisonjee su ambición, pues según se pinta su carácter es debilísimo en esta parte, así como es tímido cuando encuentra energía."

El centroamericano mejor preparado para ser estadista era fiel a su conducta de intelectual que ambicionaba el poder. El grave pecado de la mayoría de los hombres de estudio en la América Española ha sido su desdén por la política, su alejamiento de los problemas que en torno de ellos demandan urgentes soluciones, y prefieren no descender a la arena candente en que la pasión y la ambición buscan su más propicio escenario, y de allí que sean responsables de que los impreparados, los mediocres, se adueñen de los destinos públicos y se conviertan una buena mañana de primavera en dirigentes de los pueblos. Desde los primeros días de la independencia en América, los audaces y los ineptos, los simuladores y los improvisados han sido los dueños de la colectividad.

Pertenecía Valle a la inmensa minoría de los capacitados para dirigir, y no podía, por lo impetuoso de su desdén hacia el medio que le rodeaba, permanecer impasible ante la vocinglería de los demagogos o las intrigas de quienes, como Aycinena, deseaban conservar sus antiguos privilegios. Por eso tomó la decisión de participar activamente en la política y oponer su sabiduría y su prudencia a las maniobras de los rapaces y los arbitrarios.

Con frecuencia insistió en la necesidad de que gobernaran los preparados en ciencias políticas y sociales; pero olvidaba que el régimen español —una de las excepciones era él— fue el menos favorable para que los criollos elevaran el nivel intelectual y algún día pudiesen dirigir la suerte de su país. Aquel régimen dio facilidades a la obra del artista y del memorista que almacenaba textos sagrados; pero no fue sino en el reinado de Carlos III cuando surgieron hombres de estudio entre los criollos; es decir, cuando ya España estaba en vísperas de abandonar la escena política que durante varios siglos le permitió tener en sus manos los destinos de América. El mismo Valle, al enjuiciar al régimen español, declaró que éste había desaprovechado el tiempo para desenvolver la prosperidad de sus colonias.

Valle creía que "el mundo no puede retrogradar"; predicaba la tolerancia y la evolución, denunciaba la terrible acumulación de inmensas riquezas en una sola mano; era un liberal con hondas raíces conservadoras —por su abolengo y su posición económica—, un demócrata para quien la democracia debe ser el gobierno de los dignos y de los aptos. Capitalista, era un enamorado de la utopía de Rousseau en "El Contrato Social". Fue su contradicción.

Dos veces puso a prueba su fe en que la prudencia del estadista puede salvar la situación más peligrosa, poniéndose "a igual distancia de las revoluciones que son caos de sangre y muerte y del despotismo que es destructor de todos los derechos": la primera, al redactar el acta de independencia de Centroamérica, cuando renunció —como los otros que la firmaron— a sus antecedentes de "buen vasallo", y la segunda, cuando evitó que la caída de Iturbide fuese con estrépito y sangre. Tenía temor al despotismo de los de arriba y al de los de abajo.

Por eso insistía: "Las revoluciones nacen del choque de los gobiernos con los pueblos. Cuando un gobierno es sabio en observar la voluntad general de la Nación y antes de conmoverse ésta manda a ejecutar lo que desea ella misma, no hay revoluciones ni muertes, ni horrores. Las reformas no parecen obra de los pueblos. Se hacen en paz y sosiego por la mano misma del gobierno."

EL ESTADISTA

Para impedir el despotismo de los impreparados de arriba y transformar a las masas miserables, Valle insistió, cuantas veces pudo, en la educación como admirable panacea.

¡La ciencia como democratizadora! ¡El conocimiento como fuente de la felicidad! Creía que la educación hacía dichosos y libres a los pueblos, les alejaba de la superstición y del error milenarios, y que, gracias a ella y al trabajo, se podía conquistar la riqueza. "Cuando los gobiernos posan la ciencia de tornar útiles a los hombres que no lo son, entonces serán menores las miserias de los pueblos."

Era la ignorancia —según él— la explicación de la pobreza centroamericana. No quería "doctores ociosos", sino hombres que sirvieran a su patria; e insinuaba que los vagos y los genios del "papeleo burocrático", los holgazanes de las oficinas públicas que inventan requisitos y trámites, son los enemigos del pueblo, su peor rémora. El sabio debe ser —de acuerdo con su postulado— el que debe dirigir la opinión pública, y así, nada más natural que concibiese al mundo político dirigido por los sabios. Estos eran, a su juicio, los que promovían la dicha del hombre, elevaban su decoro, le rescataban de la miseria, y no "los impostores que han seducido a los pueblos".

Al leer su "Memoria sobre Educación" se puede construir, siguiendo el hilo de sus elucubraciones, esta pirámide en cuyo ápice está la riqueza:

Riqueza
Prosperidad
Libertad
Espíritu público
Ilustración

Adalid ciegamente confiado en la grandeza creciente del hombre, clamaba en su espléndido desierto tropical por la ascensión del hombre, "que es el ser más grande de la tierra", a las alturas más hermosas. Que se educara a las madres porque ellas pueden allanar el camino a los educadores, y que lo que para él importaba más era la riqueza humana. "No es la riqueza el primer elemento del poder —escribía—. Es la ilustración; pero la riqueza dirigida por la ilustración aumenta el poder." Según él "un pueblo ignorante es víctima del charlatán atrevido".

Pero, al reiterar los milagros de la técnica, para aplicarla al gobierno, pedía con urgencia insistente que se hiciera el inventario de

19

las riquezas naturales, se levantaran mapas, se acopiaran las noticias sobre la flora y la fauna, y se estudiaran las gramáticas y los vocabularios indígenas; quería que el plan de gobierno se trazara conforme a los postulados científicos y que los hombres de estudio presentaran sus pensamientos y los pusieran al servicio de la patria.

Antes de dirigirse a los altos funcionarios, hablaba a los jefes políticos: "Deben de conocer las provincias los que administran las provincias. Es el primer elemento de un Gobierno, el conocimiento de lo que se gobierna. No hay, después de tantos años, los datos y observaciones necesarias para formar el cuadro de Guatemala. Gracias al misterio con que se han rescatado los planos y estados que han solido hacerse; merced a la indiferencia con que se han visto las ciencias que más nos interesan, la aritmética política que calcula las fuerzas de los pueblos, la Estadística que presenta la carta de sus tierras y producciones, la Economía que investiga el origen de sus riquezas, han corrido tres siglos; y sin mapas, sin tablas, sin hechos ni observaciones no podemos hasta ahora estimar el valor, o calcular el poder de esta cara provincia. Hagamos, sin embargo, lo posible: tiremos las primeras líneas; otros añadirán las demás; otros formarán el bosquejo; otros darán colores al cuadro."

Valle pretendía que los jefes políticos supieran más que muchos de los funcionarios de hoy: que conocieran la Geografía y tuvieran un plan de gobierno. Se hacía esta pregunta quemante: "Se han establecido seminarios, colegios y academias para formar eclesiásticos, artilleros, ingenieros, militares y marinos; y no lo hemos tenido para formar hombres capaces de trazar el plan legislativo, o sistema sabio de Gobierno. Ha habido escuelas para enseñar a manejar el cañón o esgrimir la espada; y no se han fundado para enseñar a gobernar. Se multiplicaban los maestros de baile; y no había un profesor para las ciencias legislativa y económica."

Si hubiera ampliado su pensamiento en presencia de la ulterior realidad política, habría sugerido la reforma constitucional que exigiera a los candidatos a Presidente de la República, además de la mayoría de edad, el tener un oficio, o cuando menos, haber sembrado un árbol. Porque en América hemos visto analfabetos en el solio, como Rafael Carrera en Guatemala, y hasta un presidente viajero que en una conferencia pública hizo el descubrimiento sensacional de que en su país había "minas de bronce". Se ha exigido título para fabricar zapatos o restaurar cacerolas, menos para ser el primer magistrado de una nación.

Un estadista que ignore la estadística de su país no era concebible para Valle. Bien decía: "Gobernar no es copiar las providencias que se dictan en otros pueblos de clima, moralidad, carácter y hábitos diversos: no es mandar lo que inspira el humor o interés del momento. Es poseer la ciencia más difícil entre cuantas ha creado el talento del hombre: es saber aplicar sus principios con exactitud: es hacer aplicaciones de ellos a la totalidad de circunstancias que forman el estado en que se halla la nación a quien se manda."

Para él la base de los gobiernos sólidos estaba en que hicieran el mayor bien posible al mayor número posible; y explicando su sentencia podría repetirse la del pensador francés, parafraseándola: Un país no vale porque tenga tres o cuatro sabios, tres o cuatro ricos, sino porque la mayoría de sus habitantes habla el idioma del país, disfruta el pan de cada día, ahorra, usa zapatos, obedece a los higienistas y tiene diversiones honestas.

Quería Valle que se multiplicaran las imprentas y los periódicos; y que el Estado divulgase cartillas populares para que todos, el campesino y el obrero, tuviesen a su alcance las ideas primarias, los conocimientos más útiles. Pretendía que la emigración europea renovara los materiales humanos y que desaparecieran en Centroamérica las castas; pues era antirracista que deploraba que antes de nuestra emancipación política no se pidiesen "pruebas de talento, sino informaciones sobre el color de la piel".

¡Tantas eran sus aspiraciones, tantos sus deseos, que en casi todos sus discursos, en todos sus ensayos, insistía en pedir lo mejor para su humilde patria! "No se diga que no hay caudales para acometer tantas empresas —escribía—. Uno de los talentos que está ahora brillando en la Península desea que haya un fondo destinado a obras de interés general. Lo hay en otros países; y nosotros no lo tenemos. Pero tampoco lo tenían los hombres piadosos que levantaron los templos que hermosean a esta capital; y si el celo de la religión hace prodigios, el de la causa pública sabe también ejecutar maravillas."

Cada vez que su utopía se ensanchaba, sentía el gozo del padre que tiene plenitud de confianza en que sus descendientes gozarán mejor la vida. Pero la historia política y económica de Centroamérica ha sido una constante negación de su ideario generoso. Sus planes eran muchos, y para llevarlos al ensayo no tuvo colaboradores, que tampoco habría podido formar si se lo hubiera propuesto, ya que la guerra civil estaba germinando con ferocidad y tenía que ser testigo mudo de las primeras llamaradas de la conflagración. La suerte le deparó uno de los momentos históricos más difíciles: aquel en que se desbordaban los apetitos y las ambiciones más bajas, rugían los demagogos enfurecidos, y sobre todo, aumentaba el número de los pedigüeños. Por fortuna, las provincias centroamericanas se habían emancipado sin recurrir, como en otros países, a la violencia; pero habían sido las más desamparadas, acaso las más olvidadas durante el régimen español, que si en otras había construido algunas vías de comunicación para extraer fácilmente los metales preciosos, en las de Centroamérica ni las costas ni las rutas de tierra adentro permitían que países que habían carecido de industria y de comercio exterior, pudieran transformar su economía al solo consumarse la independencia. Con riquezas todavía no explotadas, seguía siendo lo que Humboldt dijo del Perú: "un mendigo en banco de oro".

EL ORADOR

Si en el ensayo a través del periódico y el dictamen jurídico Valle encontró el mejor centro de gravedad para sus ideas y la más amplia atmósfera para sus sueños, fue en el discurso parlamentario en donde halló la necesaria acústica para hacerse oír en días de vital preocupación.

Quizá se ha exagerado mucho sobre sus condiciones de orador, si bien hubo testigos de sus discursos en el Congreso de México. No fue el primer cuarto del siglo XIX el de los verbomotores, sino el de los discursos pulidos, a veces adiestrados frente al espejo, con felices rasgos de improvisación, al calor de los aplausos circunspectos. La América Española no dio tribunos resplandecientes hasta que en el tumulto de las conmociones sangrientas los partidos se recriminaban y la imprecación a Catilina volvía a resonar. Altamirano y Ramírez en México, Juan de Dios Uribe en Colombia, Antonio Zambrana en Cuba, Álvaro Contreras en Centroamérica, fueron los grandes tribunos de épocas encendidas en que la palabra tenía la calidad de la antorcha.

"La elocuencia de Valle —escribe Ramón Rosa— no era una elocuencia tribunicia, era, más que todo, una elocuencia parlamentaria, o una elocuencia académica: en sus discursos predominaba la idea que convence, y no la vehemencia y las llamaradas de la pasión que seduce y arrebata; su lenguaje era cortado, lleno de expresiones hijas de la reflexión, pero a veces salpicado de pintorescas imágenes; no usaba los grandes períodos tan propios de la índole de nuestro idioma; no producía esas grandes espirales de palabras, artísticamente combinadas, tan propias para exaltar la majestad de la idea, y para remontar hasta el cielo los vuelos de la imaginación: Valle, con su oratoria, enseñaba, convencía, y a veces deleitaba; pero no arrebataba, no enardecía, no fascinaba, no enloquecía los ánimos, a fuerza de golpes de sentimientos y de pasión; su voz era robusta, sonora, y por decirlo así, cortante, pero no era la voz flexible, que ora se convierte en dulce canto, en una tierna plegaria o en una suave o amorosísima querella, ora se convierte en el estruendo del torrente, en el estallido del volcán, en el rugir del océano, o en el trueno de las tempestades. La elocuencia de Valle no era la elocuencia de la plaza pública ni de las revoluciones: era la elocuencia del parlamento y de la academia; no era la elocuencia de las luchas ardientes, impetuosas; era la elocuencia de la razón que impera, sin grandes arrebatos, sin grandes arranques de entusiasmo, que impera en fuerza del convencimiento."

EL AMERICANISTA

La gran actualidad de José del Valle radica en que, sin haber conocido la convocatoria de Bolívar para el Congreso de Panamá, en ese mismo año se anticipó a enunciar, como si saliese de un sueño, la necesidad de que los pueblos de América se reunieran en concilio. "Soñaba el Abad de San Pedro; y yo también sé soñar" (23 de febrero de 1822), es el más caro testimonio de su americanidad: "Si la Europa sabe juntarse en congresos cuando la llaman a la unión cuestiones de alta importancia, ¿la América no sabrá unirse en Cortes cuando la necesidad de ser, o el interés de existencia más grande la obliga a congregarse?"

Valle pedía una federación de estados americanos, un plan económico para ellos, un plan de defensa continental para impedir las agresiones extrañas y las guerras intestinas. Pero deseaba que en un lugar de Centroamérica, su bello Central de América, se reuniese tal asamblea, cuyo antecedente podía ser las Cortes de Cádiz en que los hombres de América deliberaron sobre problemas idénticos, apenas cambiaron las primeras palabras; y Cádiz vino a ser la cuna de la americanidad.

Los próceres de la independencia pensaban siempre en una América en la que todas las razas y las inteligencias pudiesen hallar digno y amplio refugio. Sólo durante la conquista española el español sintió las fuerzas telúricas de un mundo nuevo en el que había mucho que hacer y en el que cada fruto nuevo era un milagro y cada horizonte una ilusión. Los hombres que habían salido de América a viajar por Europa encontraron un común denominador: lo americano; es decir, un hombre que había estado lejos de los otros por la falta de vías de comunicación, de intereses económicos y por la diversidad de climas y de niveles políticos y culturales.

Iturbide y más tarde llega a ser diplomático mexicano en Londres; el cubano José María Heredia sube a la magistratura judicial en México; y el venezolano Bello alcanza en Chile la plenitud de su sabiduría y de su gloria.

Tal era la época en que José del Valle —hijo ilustre de Choluteca, hondureño impar, centroamericano que veía más allá de los estrechos linderos— llegaba a la Secretaría de Relaciones de México, ostentando las valiosas credenciales de su talento y de su cultura, y en aquel Congreso en que había representantes de un vasto territorio limitado por la Alta California y por Costa Rica, llegó a considerársele —dice Zavala— "el corifeo del partido republicano".

Tal era el momento en que, tras hondos diálogos con el Numen de América, Valle emprendía la constante defensa del insigne hemisferio y de sus hijos calumniados por el Abate de Paw, el de "Recherches philosophiques sur les américains"; y formulaba su verdad: "La América es masa compuesta de los mismos elementos, sometida a la misma suerte, llamada a los mismos destinos." Desde 1810 había hecho esta afirmación: "Somos hombres, y por serlo tenemos los mismos derechos que los habitantes de Europa. No es justo que las naciones europeas sean regidas por gobiernos americanos. No es conforme a razón que los pueblos americanos sean administrados por gobiernos europeos. Esta misma identidad hace que en la misma América se empiece a oír otra voz igualmente agradable: nacimos en un mismo continente: somos hijos de una misma madre; somos hermanos; hablamos un mismo idioma: defendemos una misma causa: somos llamados a iguales destinos. La amistad más cordial: la liga más íntima: la confederación más estrecha debe unir a todas las Repúblicas del Nuevo Mundo."

En sus escritos insiste en dar a conocer los mejores exponentes del hombre americano, las insólitas riquezas en que abunda este hemisferio, los vegetales indígenas de "la América que amamos y debemos amar". Para refutar victoriosamente a Paw, Wilson y Buffon —quienes afirmaban que América sólo producía animales dañinos, "país de la putrefacción, de las úlceras y sudor, de las diarreas y fiebres pútridas"— hubo de apoyarse en Humboldt y Bonpland, que en la atmósfera americana se sintieron electrizados e invulnerables. Por eso le interesaban tanto los libros y las disquisiciones del doctor Francisco Hernández, el primer biólogo formal que visitó México; el Inca Garcilaso de la Vega, uno de los primeros auténticos escritores con sensibilidad y malicia americanas; y los sabios Antonio Ulloa, Sessé, Mutis, Mociño y tantos otros que habían recorrido estas tierras enamorados de su magia, de sus sorpresas diarias, de su mundo vital y virginal. Estos valores consagrados no podían pasar desapercibidos ante la curiosidad de Valle; pero una prueba de las difíciles y a veces nulas comunicaciones interamericanas en su tiempo palpita en el hecho de que desconocía otros criollos que tienen prestigio consolidado: Mariano Moreno, de Argentina; Eusebio de Llano y Zapata e Hipólito Unánue del Perú; el padre Juan de Velasco, del Ecuador; Francisco José de Caldas, de Colombia; y los jesuitas que hicieron obra americana en Italia, como el tegucigalpense José Lino Fábrega, que interpretó el Códice Borgiano, y el guatemalteco Rafael Landívar, cuya "Rusticatio Mexicana" le habría deleitado en los ocios en que gustaba releer a Virgilio.

Por eso también, cuando enjuició al régimen español en América, no pudo perdonarle —como buen criollo— que en tres siglos no hubiera hecho todo lo que pudo hacer para convertir estas tierras en un hogar tranquilo del hombre que trabaja y se emancipa de la miseria. Severa y documentada crítica a dicho régimen, que, si aquí fue nefasto —en muchos aspectos— en España lo fue también; ya que malos consejeros de Indias allá enviaban malos y pésimos virreyes y capitanes generales. Abominó de aquel régimen, sin desconocer la obra que realizaron muchos de sus gobernantes de gran probidad y capacidad, como Antonio de Mendoza, Juan de Acuña y Juan José Vértiz, sólo que a su tarea le faltó la unidad de un plan colonizador: "hizo pobre al país de la riqueza."

Así se explica que frente al desconocimiento que el Estado español tuvo de su Imperio de las Indias —muy a pesar de las investigaciones incoherentes que emprendieron algunas expediciones científicas— Valle pedía que se organizara una nueva y que se reuniera una comisión de los sabios más distinguidos en la ciencia legislativa y en el conocimiento de América. Ese deseo lo hizo público desde 1824, sugiriendo que los gastos de la expedición fueran erogados "por todos los gobiernos de todas las Repúblicas de América". Al año siguiente, apenas supo que el Barón de Humboldt pensaba en un segundo viaje, le escribió invitándole a que lo extendiera hasta Guatemala; y obsesionado por su preocupación sugirió que el Congreso de Panamá estudiara la conveniencia de organizar la expedición. Desde las que encabezaron Hernández, Sessé, Malaspina, Mutis y Ruiz y Pavón, hasta la famosa encuesta que por orden de Carlos III se llevó a cabo para conocer los idiomas y dialectos indígenas y que don Lorenzo Hervás dio a conocer en un libro, no ha vuelto a efectuarse en Centroamérica más expedición que la llevada a cabo por la Comisión Científica Francesa en México y Centroamérica; pero el pensamiento de Valle continúa en pie como invitación insistente, así como su proyecto de que en cada país americano hubiera una biblioteca pública con las obras americanas.

Al hacer un balance con que demostró que hablaba documentado, Valle pudo escribir, en uno de sus ensayos formales: "Hernández pasó de la antigua a la Nueva España: estuvo 7 años observando sus plantas; escribió muchos volúmenes; y no pudo, a pesar de esto, describirlas todas. Plumier hizo de Francia a la América tres viajes distintos para examinarlas: herborizó 2 años en el primero; trabajó dos obras; y tampoco pudo agotar el número de vegetales. Feuille abandonó el mismo suelo para estudiar los del Perú, Chile y las costas orientales de la América del Sur: fueron grandes sus trabajos, y jamás pudo terminarlos. Jussieu viajó 35 años por el Perú y otras provincias de la misma América: hizo colecciones preciosas; y no pudo acabar sus trabajos. Kalm le siguió en ellos: fue infatigable; y sin embargo de serlo nunca llegó al término. Loefling, el discípulo amado de Linneo, salió de Cádiz el 15 de febrero de 1754: llegó a Cumaná en abril siguiente; y a los seis meses tenía una colección de 550 a 600 especies. Jacquin vino también a la América: descubrió nuevos vegetales; y regresó a Europa en 1759 sin haber clasificado todos los que había. Commerson trabajó igualmente el año de 1773 en las costas del Brasil, Buenos Aires y Magallanes; y sus trabajos tampoco llegaron a tocar en el fin. Ruiz y Pavón recorrieron después por espacio de 11 años el Perú y Chile: formaron herbarios que admiraron Londres y París; y sus sucesores encontraron posteriormente especies nuevas escapadas a sus ojos. Sessé, al frente de expedición distinta, herborizó en Nueva España: describió y dibujó multitud de plantas; y aquella vasta región tiene todavía vegetales desconocidos. Michaux observó 12 años la América del Norte desde 1785; mandó a Francia 60.000 pies de árboles y 40 cajones de semillas: multiplicó las observaciones; y no pudo apurar el fondo. D. Luis Noé, ese hombre infatigable que en honor de la ciencia emprendió cuantos trabajos podían arrostrarse, salió de Cádiz en 1789; hizo herborizaciones en Montevideo, Talcahuano, Chile, Chillán, etc.: recorrió la Cordillera de los Andes: llevó a España en 1794, 10.000 plantas; y después de sus viajes dilatados y penosos se han encontrado especies y géneros nuevos. Tafalla y Mancilla extendieron sus observaciones desde el Perú hasta Guayaquil: adelantaron las conquistas vegetales; pero no pudieron llegar a la meta. Mutis, a quien la América del mediodía debe luces y conocimientos dignos de gratitud, fue en 1782 director de otra expedición en el nuevo reino de Granada: trabajó 40 años en aquella provincia: hizo un herbario de más de 24.000 plantas. El general Morillo, en 1818, mandó a Madrid 105 cajones de minerales, vegetales, etc., acopiados por aquel sabio; y Humboldt y su digno compañero Bonpland encontraron después otras especies en la misma América del Sur. No habían recorrido más que una parte de ella; y su colección en 1803, antes de concluir su viaje, pasaba de 4.200 plantas en países, dice, donde la naturaleza se complace en derramar sus gracias y multiplicar vegetales de nuevas formas y de fructificaciones desconocidas."

"Oro, plata, América —dijo— son palabras que significan una misma cosa." Y en un instante de sabiduría señera exclamó: "El estudio más digno de un americano es América." El "continente venturoso" es otro de sus epítetos, como poniéndolo en el marco de la utopía en digno parangón con el "continente estúpido" de Baroja (otro que, como Paw, no se atrevió a conocernos directamente) y con la "imagen del Paraíso terrenal" de Bouguer.

"La América es mi patria" se le oyó decir en uno de sus monólogos. Sentía las vivas palpitaciones de América, su hechizo telúrico, porque había nacido en el centro de Centroamérica, en la tierra que fue dulce imán para Cristóbal Colón en su último viaje, allí donde los mayas alcanzaron una cúspide de su civilización, y había de nacer, por oscuros avatares, el hombre que se atrevió a intentar la primera reforma política en América Española: Francisco Morazán.

Habrán perdido validez varias de las afirmaciones científicas que hizo Valle, han sido superadas otras, pero su alto sentido de americanidad sigue prevaleciendo a pesar de las contingencias que median entre el Congreso de Panamá y las vicisitudes del Panamericanismo. A más de un siglo de haber esbozado su ideal nos damos cuenta de que supo atisbar hacia nuestro tiempo con mente diáfana y visión exquisita. "La proclama continental de Valle —ha dicho Pedro de Alba— está redactada con profunda y precisa dialéctica: de cada punto se pueden desprender planes de trabajo para el presente... Lo que él vislumbró como el sueño de un abad se ha vuelto realidad viva en la mente de estadistas contemporáneos. Ese ideal es factible en los tiempos actuales, porque se han vencido las distancias entre las naciones de América, porque se han desterrado los recelos entre vecinos, porque se ha adquirido la conciencia plena de que el destino continental es indivisible." Y cuando en la postguerra sean eliminados, hasta donde sea posible, los regímenes impopulares, el pensamiento de Valle quedará como el ojo avizor que supo precisar que las tiranías no pueden convivir en la familia decente de las naciones.

Su magnífica profecía continúa alumbrando: "La América no caminará un siglo atrás de la Europa: marchará a la par primero: la avanzará después; y será al fin la parte más ilustrada por las ciencias, como es la más iluminada por el Sol."

EL INDIGENISTA

La americanidad de José Cecilio del Valle explica su constante defensa del indio. He aquí un criollo que aboga por el más antiguo habitante de América, pues ha sido la costumbre que sean sus personeros los españoles más humanos —humanistas auténticos—, a la manera de Las Casas, Sahagún y Mendieta.

Con palabras justas, Valle hizo su elogio: "El indio a quien se ha supuesto indolente y perezoso, es activo y capaz de los trabajos más duros. Sus brazos son los que rompen montañas y pulverizan peñas para sacar el oro y la plata que explota el comercio: sus manos son las que han hecho esos millones que suponen tan grande trabajo."

Pedía que los indios se civilicen, que sean llamados a colaborar en el gobierno y que se procure casarlos "con individuos de las otras clases para que vayan desapareciendo las castas"; que haya honores y distinciones para los párrocos "que presenten mayor número de indios civilizados y vestidos como los españoles" y que se reparta tierra en pequeñas suertes a los indios que no las tengan.

Un año antes de declararse la independencia centroamericana, publicó en "El Amigo de la Patria" un breve artículo en que daba cuenta de haberse instalado el ayuntamiento constitucional de Cobán, integrado por indios; y tal noticia le dio pretexto para hacer rotundas declaraciones que le sitúan claramente entre los indigenistas de hoy: "El indio después de tres siglos no sabe hablar el idioma de Castilla por dos razones: 1ª Porque la ley le ha alejado de los que podían enseñársela; 2ª Porque no ha tenido confianza de los ladinos, y cuando no hay confianza, se inventa o conserva una lengua que haga impenetrable la expresión de sentimientos. Merezcamos la confianza del indio: acérquense a él todas las clases: reúnanse en los ayuntamientos de los pueblos los indios y los ladinos; y entonces la porción más grande de estas provincias, la que tiene más derechos a nuestra protección, avanzará en cultura, aprenderá el idioma que debe unirnos a todos y será más feliz. Los indios forman la mayor parte de la población, y es imposible que haya prosperidad en una nación donde no la gozare el máximo."

No era superficial su esperanza en el más antiguo habitante de América, que pudo elevarse a la categoría de hombre histórico al expresar profundamente su mensaje, que ahora está siendo reconstruido, no sólo en las ciudades como las de los mayas y los peruanos, sino en el aprovechamiento de plantas y de animales que enriquecen la economía mundial y en libros sibilinos que poco a poco han ido explicando los escoliastas, desde el "Popol Vuh" que halló Fray Francisco Jiménez, hasta la "Nueva Crónica y Buen Gobierno" de Guaman Poma de Ayala, el Códice Badiano en que Martín de la Cruz y Juan Badiano nos dejaron el más antiguo libro de medicina de América, y lo salvado por la amorosa paciencia de Sahagún, Landa y Durán.

Gran verdad la de Valle cuando en su disertación sobre la flora que conocían los aborígenes americanos proclama que éstos fueron sus descubridores; y si en la greca de Mitla, la orfebrería de Monte Albán, las telas de Paracas, los huacos de Nasca, revelaron una estupenda sensibilidad de artistas, en el hallazgo del maíz, la patata, la quina, el pavo y la llama dieron al mundo las preseas de una permanente y fecunda revelación.

Hay un momento en que Valle abandona la investidura del ensayista y se eleva al aire radioso de la poesía bucólica; y es cuando canta la grandeza del plátano —creyéndolo, al igual de sus contemporáneos estudiosos, oriundo de este hemisferio—, con la donosura de Andrés Bello al ensalzar la magnificencia de la Zona Tórrida y la de Juan Montalvo al hacer el elogio del maíz: "En la originalidad de su fisonomía, en la belleza de su forma, en el esmalte y extensión de sus hojas, en el poco costo de su cultivo, en el corto tiempo que tarda para fructificar, en la fecundidad con que se produce, en la cantidad alimenticia de su fruto, en la harina que da cuando es verde: en los manjares a que se presta cuando es en sazón: en todos los elementos que forman el valor de un vegetal se distingue el plátano, gloria de la América, riqueza de sus hijos, hermosura de la tierra." Maravillosa musácea que, en el devenir de los años, en vez de ser la bendición que él deseaba para los hijos de Centroamérica, se trocó en tormento y a veces en símbolo de esclavitud y fruto ensangrentado.

EL SOCIÓLOGO

En la cosecha fructuosa del ensayista pueden advertirse algunas esbeltas espigas que el sociólogo no puede desdeñar en su interpretación de la realidad americana. Valle se anticipó a las previsiones del sociólogo; se percibe en las huellas de su pensamiento cuál habría sido, si no hubiera muerto en plenitud cenital, uno de los estudios de su predilección.

Pedro de Alba apunta: "Difícilmente podrá encontrarse en la literatura social y política de América una obra de mayor significado y actualidad que la de aquel ilustre hombre de estudio y político militante de la primera mitad del siglo XIX. Trata centenares de temas con dominio, agudeza y valentía; puede considerarse como uno de los fundadores del ensayo político-social en América. Siendo hombre de severas disciplinas y de sólida formación literaria acierta con la nota comprensiva y fácil y así pasa lista entre los más esclarecidos escritores populares."

Valle decía: "El conocimiento de las sociedades: el de la fuerza, riqueza o poder de los pueblos: el de la capacidad para planes o proyectos no se adquirirá jamás sin el estudio de las ciencias que deben darlo." Y pudo recalcar esta afirmación: "El poder moral y político de un país es consecuencia precisa de su poder físico desarrollado por instituciones sociales meditadas con sabiduría."

Conoció, como nadie, entre sus contemporáneos, la terrible realidad humana de su país y lo vio agobiado por herencias crueles que aún impiden la marcha ascendente del hombre. Miseria y crimen, vicios consuetudinarios, enfermedades y endemias, vagancia y desdén por el trabajo, y en algunas zonas, un lento morir: he ahí los numerosos e implacables enemigos de una mayoría abandonada a su desventura, en el esplendor prodigioso de un mundo henchido de riquezas inéditas y en desorden. Discurrió sobre el fusilamiento de un infeliz que en 1820 era la víctima de una sociedad en que son "la miseria y la ociosidad, origen de vicios y crímenes" y sus observaciones continúan en pie, incitando a la meditación.

Al trazar el cuadro político de Centroamérica demostró que la división (económica, eclesiástica, militar y forense) de las provincias había sido hecha arbitrariamente, sin tomar en cuenta la población de los grupos humanos débiles. Ese cuadro permite explicar las rencillas lugareñas, los odios que fermentaron en la entraña de colectividades con profundas disimilitudes en lo económico y lo cultural, y que en breve plazo darían sobrados motivos para que las animadversiones, agravadas por choques sangrientos, culminaran en guerras fratricidas que dieron al traste con la unidad política de la Federación Centroamericana.

Dice bien la doctora Mary Wilhelmine Williams: "Centro América tuvo una ventaja sobre la mayoría del resto de la América Española al asegurar su independencia prácticamente sin guerra e inició su vida nacional libre de deuda pública y de tal desmoralización económica y social como la que fue producida por la sangrienta lucha de aquel tiempo. Sin embargo, las dificultades aparecieron pronto, debido a que los factores geográficos provocaron el separatismo, reanudaron las viejas disensiones y agudizaron las teorías políticas en conflicto."

EL ECONOMISTA

Fue Valle un apasionado estudioso de los problemas económicos y el fundador de esa disciplina en Guatemala. La constante lectura de los más respetables economistas de entonces le permitió hacer gala de conocimientos en una memoria sobre el abasto de carnes, apoyando sus afirmaciones en los textos de Adam Smith, Say, Bentham, Filangieri, Genovesi, Storch y Flores Estrada.

Era un defensor del capitalismo y formuló esta tesis: "Los capitalistas, necesarios para la producción de la riqueza en los artículos establecidos, son también precisos en la creación de los nuevos. Ellos aventuran los primeros ensayos de las teorías publicadas por los sabios u hombres de luces: ellos acometen en todos los ramos económicos las primeras empresas y corren los primeros riesgos: ellos hacen las primeras plantaciones de semillas o estacas que no son conocidas ni aclimatadas en un país: ellos establecen las primeras fábricas o manufacturas costosas: ellos emprenden obras que los gobiernos temen o no pueden empezar o concluir: ellos forman compañías de capitalistas millonarios para apertura de canales, construcción de caminos, explotación de minas, etc.; ellos tienen interés en las mejoras de la agricultura, perfección de la industria y extensión del comercio."

Pero antes había advertido: "La mayor o menor cantidad de contribuciones haría que la riqueza fuese el origen de la mayor o menor felicidad de los hombres: uniría a la aristocracia orgullosa de los títulos, la aristocracia insolente de la plata, y arrastraría a ver este metal como la fuente del bien o el principio de los derechos. La división de provincias y secciones de provincia debe hacerse en razón compuesta del territorio, población y contribución. Combinando estos tres elementos con imparcialidad y sabiduría es como puede hacerse una obra que, a más de los bienes que promete, parece en el nuevo sistema una de las que exige la necesidad. Ella prevendría los males que origina al fin, en el curso del tiempo, una distribución irracional de territorio: ella acercaría a todas las provincias en derredor de un centro común: ella establecería la igualdad posible de los pueblos; y esta igualdad, apretando los vínculos y distribuyendo la riqueza, los haría felices a todos."

Valle proclamaba la necesidad de tener más vías de comunicación; quería que se introdujeran nuevos cultivos y técnicas; que llegaran geógrafos, botánicos y mineralogistas; que se formara una tabla de los valores humanos y un inventario de las riquezas; y estimaba que "el que suda y trabaja es la base genuina de la patria". No disimulaba su obsesión: que las costas fueran pobladas y saneadas y que se construyesen barcos, porque —según decía— Centro América debe ser agricultora y marina; y se anticipó a explicar la importancia que tendría el Canal de Nicaragua en el porvenir de América.

Si el mar le era fantasma —a él, que no había querido cruzarlo, porque desdeñó una plenipotencia en Europa— tenía una dulce pesadilla que le atormentaba: era la imagen de una tierra en que el trabajo crea riqueza y los hombres conviven íntimamente con las fuerzas elementales sometidas: "Una lágrima menos, una espiga más." Acaso llevaba en su alma el boceto de un paraíso posible en que el hombre sea el rey de sí mismo en el Palacio de los Cereales.

UNOS MONOS VERDES

Humboldt, José Joaquín de Mora, Andrés Manuel del Río, Vicente Cervantes, Álvaro Torres de Estrada, el Conde de Pecchio, el Conde de Sack; pero, sobre todo, Jeremías Bentham: tales fueron los sabios con quienes sostuvo correspondencia.

Al Conde de Sack escribió interesante carta (3 octubre 1825):

"El señor don Andrés del Río, mi digno amigo, me ha escrito que Ud. desea la historia de esta nación, escrita por el padre don Domingo Juarros, y dos monitos verdes, macho y hembra, despanzurrados, y remitidos en dos vasijas con espíritu de vino.

"La recomendación del señor Río es poderosa para mí. En obsequio de ella y de lo que se merece un amigo de las ciencias, que por adelantarlas y cultivarlas ha pasado del Antiguo al Nuevo Mundo, he procurado hacer desde luego lo que se desea.

"Yo no he visto aquí monitos verdes ni encontrado sujeto que asegure su existencia. Como una rareza verdadera se mandó años ha de Nicaragua (Estado de esta República, donde abundan aquellos cuadrúmanos) un monito amarillo. De los verdes nadie me ha dado razón. Un hijo de Nicaragua me ha dicho que los que se han visto son negros, blancos y acanelados o de color canela.

"He escrito, sin embargo, a un amigo para que, si los hubiese verdes, me remita vivos los que desea. No es preciso matarlos o despanzurrarlos. Vivos traen los correos algunos, negritos, que se les encargan, y vivos tendré el honor de remitirlos, si los hubiere.

"Dirijo entretanto la Historia que desea Ud., señor Conde. Hay en ella artículos que hubiera sido útil suprimir por no tener interés que afecte, especialmente, a los hijos de otros Estados: hay también equivocaciones sobre la posición geográfica de algunos pueblos. La Geografía ha sido en Guatemala un campo inculto, que nadie se ha dedicado a labrar como era preciso. Las cartas de estas provincias hechas aquí y en Europa son romances geográficos. La menos inexacta es la que levantó el ingeniero don Juan B. Jáuregui, y ésta es la que procuro corregir en algunos puntos, reuniendo datos y recogiendo noticias.

"Con la Historia de Juarros envío algunos papeles que escribí por el destino que tenía o por dar a los extranjeros alguna idea de estos países. Tal es la descripción en miniatura de esta República y la de los campos de Ulúa, que se publicó en los números 1 y 6 del 'Redactor General'.

"No hay encarecimientos o exageraciones en lo que digo. La naturaleza es aquí grande y fecunda como en los lugares más singularmente distinguidos de la América. Un viajero ilustrado, digno de observarla en todos sus aspectos, viviría en admiración continua, encontrando a cada paso tantos prodigios en los tres reinos.

"Otras provincias del Nuevo Mundo han tenido la felicidad inestimable de ser observadas por sabios que les han dado nombre y representación en Europa. Las de esta República, por no sé qué fatalidad sensible para quien desea sus progresos, no han gozado igual honor. ¡Que todavía haya, después de tantos años, diamantes escondidos en la roca de su formación o perlas ocultas en la concha donde han sido producidas!

"Un viajero que viniese a recorrer campos que no ha pisado hasta ahora la planta de ningún sabio se cubriría sin duda de gloria inmortal. Sería como el descubridor del Nuevo Mundo que daría existencia a países que en este aspecto parecen no tenerla: enriquecería las ciencias, aumentando la masa de conocimientos y observaciones útiles; y haría a la humanidad en general y a mis conciudadanos en particular beneficios que no pueden calcularse en toda su extensión.

"Yo me atrevo, señor Conde, a suplicar a Ud. que extienda su viaje a estas provincias, dignas de ser vistas por sus ojos. No es la naturaleza de México ni más rica, ni más fértil, ni más variada que la de Guatemala. De México al puerto de San Blas no es muy grande la distancia: de Blas a Sonsonate es corta y sin riesgos la navegación; y de Sonsonate a esta capital, apenas hay cuatro o cinco días de camino.

"Quiera Ud., señor Conde, hacer a mi patria un bien que no sería olvidado. Los Jefes de los Estados por donde transitase darían órdenes eficaces para que se franqueasen a Ud. los auxilios que hubiese menester; y yo tendría la satisfacción de acompañarle en el todo o en alguna parte de su viaje: tendría la de reunir material para el gabinete de Historia Natural, que quisiera ver establecido en esta ciudad; y gozaría además el placer de ofrecerle la consideración y respeto con que soy su más atento servidor."

SU AMIGO BENTHAM

Pero ninguno de ellos le tuvo más estimación que Bentham, el pensador inglés que influyó profundamente en las ideas políticas y económicas de la América Española, en Argentina con Rivadavia, en Colombia con Santander y en Centroamérica con Valle. La carta que éste dirigió a Bentham desde Guatemala (3 agosto 1821) podría traducirse nuevamente al español así: "Mi siempre querido padre: ¡Cómo envidio a mi primo, con cuánto placer cambiaría yo mi suerte por la de él para que yo pudiera vivir en la residencia del mejor legislador del mundo!

"Me ocuparé en hacer circular su Código Constitucional. La luz de Westminster iluminará estas tierras.

"Usted desea, como yo, la instrucción universal: y yo trabajo para que ésta avance. Hay autoridades a las que es necesario referirse continuamente, en todas las ramas de la ciencia, y usted es una de ellas: en todos los países yo sigo sus huellas."

Cuando la asamblea de Guatemala le nombró miembro de la comisión que debía formar el Código Civil (1826), Valle volvió a pedirle inspiración. Bentham le envió varias sugestiones a lo largo de interesantísimas cartas; y en una le decía (19 marzo 1827): "De acuerdo con los medios de que dispongo para formarme un juicio, si por alguien puede su América Central salvarse de naufragar en el vórtice del despotismo en el que mucho me temo se encuentra ya Colombia, debe ser por usted. Si yo tuviera el don de hacer milagros, yo lo dividiría en tres personas para mi propósito: una debería ir a los Estados Unidos anglo-americanos, otro vendría aquí a Inglaterra y la otra se quedaría en ese país, en el cual, tal como van las cosas, las fuerzas íntegras deben indispensablemente ponerse en juego para salvar la Federación."

Y añadía Bentham: "Inclusa envío a usted la copia de una carta que en el año de 1823 recibí de Rivadavia, quien es ahora Presidente del Gobierno de Buenos Aires. Entre aquella fecha y la actual, él ha residido considerable tiempo en este país. Mi frágil memoria no me permite estar seguro de haberle ya enviado una copia en otra oportunidad. En cuanto a aptitudes intelectuales, teniendo en consideración las oportunidades que él ha tenido aquí y en Francia y sus habilidades naturales, no puedo imaginar que tenga su igual en la

América Española; pero gracias a las aptitudes morales, además de las intelectuales, usted es en cierto modo mi única esperanza."

Valle le escribió (18 abril 1827) anunciándole el envío de catorce publicaciones suyas y acusándole recibo de las que le había regalado. "Los sabios —le decía— son para mí los primeros seres de la tierra; y su correspondencia es en mi opinión de valor más grande que la de los negociantes que sólo piensan en intereses metálicos que no pueden compararse con los de las ciencias."

La consulta más interesante que Valle hizo a Bentham (19 mayo 1829) era así:

"La falta de portadores, producida por la de relaciones entre esta y esa capital, ha sido la causa de mi silencio en los meses anteriores. Yo no he podido dirigir mis letras: no he tenido el honor de hablar en ellas al señor Bentham. Pero he oído su voz respetable en las obras que ha escrito para bien universal del género humano. Usted, señor, se ha centuplicado en ellas: vive en todos los países del mundo civilizado: vivirá en todos los siglos. Un sabio es, entre todos los seres, el que se aproxima más a la Divinidad, que está presente en todo el universo.

"Yo aprovecho desde luego la ocasión que se presenta ahora. El señor J. Ackerman va a salir para esa ciudad; y con él tengo la satisfacción de remitirle una colección de las monedas de oro y plata de esta república.

"Ni las de aquí, ni las de otra nación del mundo antiguo y nuevo son como yo deseo que sean. En las monarquías tienen el busto del rey y sus armas: en los Estados Unidos el busto de la Libertad y un águila con la divisa del sistema federal Et pluribus in unum: en la república mexicana el gorro de la libertad, y un águila sobre un nopal con una serpiente en el pico: en la de Centroamérica el árbol de la Libertad, y cinco volcanes representantes de los cinco Estados que forman la república: en la peruana una dama que representa la Libertad, y las armas de Lima: en las Provincias Unidas de la Plata el sol, el símbolo de la unión, y el gorro de la Libertad: en Chile un volcán arrojando fuego, una columna sosteniendo una esferita, arriba una estrella, y más alto la palabra Libertad, etc.

"En todas las naciones que no sean oprimidas por tiranos o déspotas debe haber libertad legal. El símbolo que la representa podría a este respecto ponerse en las monedas de todos los gobiernos constitucionales: es por consiguiente demasiado general; y los de una moneda deben ser tan propios del país donde ha sido acuñada que no puedan extenderse a otros. Los demás símbolos de las repúblicas de América tienen igual defecto porque son diversas las naciones donde hay águilas, nopales, etc. En las pinturas de serpientes, soles, águilas, etc., veo no sé qué reliquias de la antigua barbarie, y el gorro de la Libertad me parece una afectación, innecesaria cuando la hay positivamente, y visible cuando ha llegado a ser nominal.

"Yo deseo que en las monarquías y en las repúblicas, las monedas tengan en el anverso una imagen que represente el congreso, parlamento, o cortes, y en el reverso el busto del rey o jefe supremo de la república: que en el primero se exprese el nombre del congreso, parlamento o cortes, y el número de diputados y senadores que deban formarlo; y en el segundo se manifieste el nombre del monarca y jefe respectivo de la nación.

"Las monedas participarían entonces del carácter augusto que distingue a los altos poderes. Serían para la historia monumentos preciosos de los períodos constitucionales, y oprobio eterno de los tiranos que sofocasen la constitución de los Estados para ser absolutos.

"Otro pensamiento que me ocurre en este instante sería a mi juicio de igual importancia. Podría ponerse en el anverso una imagen que representase los dos Poderes supremos, el legislador y el ejecutor; y en el reverso el mapa del reino o república, reducido a un punto mínimo.

"La carta de una nación daría a sus monedas el carácter más inequívoco de nacionales. Serían más conformes al espíritu del siglo que no se place, como los anteriores, en leones, castillos, escalas y monos, sino que busca lo que es positivamente útil y conforme a la cultura de los tiempos. Se inspiraría gusto por la geografía respectiva del país, y hasta los últimos hombres del pueblo tendrían alguna idea del mapa de su patria.

"No sé si usted, señor Bentham, ha vuelto alguna vez a las monedas el pensamiento que ha sabido fijar con tanta utilidad en la ciencia legislativa. Si los míos fueren dignos de sus votos, yo tendré esta pura satisfacción; y en caso contrario, gozaré al menos la de desear que se mejore lo que me parece exigir reforma."

LIBERTAD DE IMPRENTA

La respuesta de Bentham (8 al 13 de septiembre 1829) tiene singular interés, porque aborda el problema de la libertad de prensa:

"Monedas. Lo que Ud. dice sobre este tema muestra la amplitud y elasticidad de su mente. No obstante que más me habría agradado verla aplicada a asuntos en que el trabajo hubiera sido para producir efectos en que fuese más concreta e indispensable la felicidad pública.

"Primero, respecto a que exhiban el perfil del territorio del Estado. Por guerras y por tratados estaría éste constantemente expuesto a variantes; y en caso de una cesión lo estaría en peligro de excitar comparaciones y recuerdos penosos.

"Segundo, respecto al número de los miembros de las Asambleas Legislativas. También allí, sea cual fuere el número de las asambleas que compongan la legislación, continuamente sufrirían variaciones: natural y generalmente en cuanto a un aumento; tales variaciones se han producido en Inglaterra, en Francia y en los Estados Unidos anglo-americanos, etc., etc., y estoy inclinado a creer que en todas partes."

"La libertad de Prensa, en la acepción ordinaria de la palabra, hasta cierto punto es buena; pero en ese sentido puede tener lugar y al mismo tiempo ocurrir un estado de cosas opuesto a lo que se espera de ella. Bajo cualquier gobierno, y en particular en un gobierno democrático, el periódico es el instrumento literario más eficaz para el bien y para el mal; y entre las publicaciones periódicas, las más eficaces, aquellas cuya aparición es más frecuente: el diario más que los periódicos cada dos días; luego siguen los periódicos de cada dos días más que el semanario; y así sucesivamente. Supongamos que sólo existiese uno de estos periódicos y ningún otro; entonces la libertad sería mera ilusión; en vez de ser útil, dicho periódico podría ser peor que inútil. Primero, supongamos que sea más natural que tal periódico sea editado por el gobierno, o bajo la influencia del gobierno. Todas las verdades que señalen las imperfecciones del sistema de gobierno, o la mala conducta de los gobernantes, son suprimidas: todos los malos argumentos y las mentiras, tendientes a que el pueblo apruebe semejantes imperfecciones, o mala conducta, o falta de fe en su existencia, son insertadas; y todas las refutaciones a esas mentiras y las réplicas y las refutaciones de esos malos argumentos, son excluidas. Aun supongamos que, durante un tiempo, el editor del periódico —este amo de la opinión pública— es honrado, y permite la inserción de comunicaciones, que por cualquiera de las causas antedichas, son desagradables al Gobierno. Debido a ese estado de cosas, la duración siempre será precaria. Pues cuanto más activo sea él en esa línea de beneficio, más molesto será para las autoridades constituidas, y más fuerte será el interés que ellas tendrán para ganárselo a cualquier precio. Una vez ganado, él no sólo será inútil a la causa sino peor que inútil. El bien en la forma de recompensa, tan mal aplicado aquí, duplica el perjuicio que podría hacer el mal, así mal aplicado, en la forma de castigo. Todo lo que el miedo al castigo podría lograr, sería impedir que el hombre sirviese a la causa del pueblo; mientras que la esperanza de recompensa, además de producir ese mal efecto negativo, podría en diverso grado, producir el mal efecto positivo de obligarle a hacer perjuicios positivos a los intereses del pueblo.

"Lleguemos hasta a suponerle honrado, y honrado hasta el fin; aun dando publicidad a sus propias opiniones, con exclusión de todas las demás, puede desviar la opinión pública cuando quiera, y estaría seguro así de hacerlo, en un grado más o menos considerable, aún sin proponérselo.

"Habría, pues, que alejar este mal, o reducirlo a su menor expresión: o dicho con una de las nuevas palabras que he acuñado, habría que minimizarlo. Esto es poco fácil; y no se ha intentado jamás en parte alguna, que yo sepa.

"En cuanto a lo que se escriba firmado por el editor, eso es sin remedio: a este respecto, la tendencia será la que quiera darle por cualquier motivo. El único remedio contra semejante parcialidad es el que pueden aplicar otras personas con el carácter de corresponsales suyos. De poder arreglarse las cosas de modo que se obliguen a dar igual espacio a observaciones contrarias a las suyas, o a las de otro escritor del lado opuesto a lo que él sostiene, esto sería todo lo que se podría hacer. Cuando Miranda, hijo del célebre general Miranda, con quien estuve en términos de intimidad, salió hace algunos años de este país, en donde había nacido y se había educado, creo que para Colombia (en aquel tiempo Venezuela), a fundar un periódico a la inglesa, le redacté un breve plan, que tenía por finalidad esta especie de imparcialidad e independencia, en cuanto fuese practicable. Con tan poco tiempo que usted me concede, no he podido encontrarlo, pues si no lo habría enviado a usted, o una copia de él; si lo consigo se lo remitiré por el próximo correo. Mientras tanto, quizá tenga usted tiempo para meditar en qué forma puede obviarse la dificultad, tomando en cuenta la situación de ese país.

"El rey de Francia está decidido a esforzarse para restablecer el despotismo. Tengo a la vista las palabras de una conversación breve, pero decisiva, que sobre ese tema tuvo con el Duque de Orleans. Y ello procede de alguien que se la escuchó al propio Duque. El pueblo está resuelto a resistir al rey, caso en el cual, si ellos tienen éxito, el Duque de Orleans le sucederá en la corona: probablemente con anterioridad más limitada que hoy. Y ahí tendrá lugar una guerra civil, a menos que el rey se ausente y ceda, lo que parece más probable. En una prensa que tengo, un empleado está sacando copia litográfica de un folleto en defensa de la aspiración popular, destinado a que circule en Francia.

"Creo que esta hoja contendrá las últimas palabras de mi larga carta miscelánica. Tome lo largo de ella como una prueba del afecto con que soy de usted, etc."

SU IDEARIO ACTUAL

1.- "Elegid a hombres penetrados del entusiasmo heroico de la América: elegid talentos; buscad genios bastante grandes para formar la legislación que deba regiros en lo sucesivo."

2.- "Abramos al europeo las puertas de la República, si queremos que Centroamérica sea ilustrada y rica. Un europeo (sabio, capitalista u obrero) es un productor nuevo de riqueza."

3.- "¿No habrá algún día medallas o laureles para los que abran un camino, levanten un puente, funden una población o llenen alguna otra necesidad de las muchas que sufren las provincias?"

4.- "Quemad todos los libros: destruid todas las imprentas: cerrad todos los institutos y academias: formad planes para sofocar las ciencias: trabajad para llenar el vacío de ellas con lo que placiere a tus proyectos. La mano más poderosa no tiene imperio sobre el pensamiento; y mientras haya en el Globo un solo hombre que piense, las ideas de este hombre se irán dilatando por toda la tierra."

5.- "Varían las necesidades del hombre. Dale nuevos sentidos o perfecciona los que tiene. Que no sienta ya los estímulos del hambre, ni sea atraído por el sexo que adora. No habrá amor, ni existirán las ciencias que han nacido de esta dulce necesidad; no habrá agricultura ni conoceremos las artes que ha producido el cultivo. La armonía de Haydn dejará de serlo. Los encantos de la música serán sensaciones desagradables."

6.- "Los gobiernos que necesitan de la fuerza para sostenerse: los que no pueden existir sin ejércitos permanentes o renovados sin interrupción: los que mandan países donde hay más instrumentos de muerte que de vida, más fusiles que arados, son Gobiernos precarios, efímeros y de corta duración."

7.- "Arado, azadón, azadilla, hoz, hacha, piqueta, trillo, agramadera, espadilla: esto es lo que se ha inventado para labrar la tierra y dar riqueza a los hombres. Fusiles, escopetas, carabinas, arcabuces, esmeriles, trabucos, pistolas, espadas, sables, cutos, cuchillos, puñales, machetes, espadines, lanzas, flechas, cañones de batir, cañones de campaña, cañones de crujía, morteros, bombas, balas, granadas, mazas, pilos, arietes, etc.; esta es la nomenclatura horrorosa que ha sido necesario inventar para sostener a los Gobiernos que quieren sacrificar el mayor número al bien del mínimo."

8.- "Un operario, obrero o jornalero no es un siervo: es un coproductor de la riqueza. No es una servidumbre lo que se estipula: es un pacto el que se celebra."

9.- "¿Las clases que han gozado serán bastante justas para dividir sus goces con las demás? ¿Las que han sufrido serán bastante racionales para no excederse en su petición?"

10.- "Los pueblos tienen derecho para saber lo que se ha trabajado en su bien. Ellos son los que trabajando y sudando forman las rentas que mantienen a los funcionarios: ellos son los que uniendo fuerzas individuales forman la fuerza pública que sostiene el orden."

11.- "Los que creen que el dinero es preciso para todo, juzgarán imposibles sin él la apertura de caminos, la composición de puertos.

Yo veo la colmena hermosa que regala mi paladar. Sin dinero la han hecho las abejas: sin dinero han elaborado tanta miel y formado tantas celdillas unos insectos pequeños, incomparables con el hombre. El trabajo unido y constante que hace colmenas, puede abrir caminos, componer puertos y emprender obras de bien general. Uníos para las obras de común utilidad; y esa mano que eleva al hombre sobre los tigres y leones os hará poderosos y ricos."

CONCLUSIÓN

José Cecilio del Valle tiene derecho a que América —su paraíso entrevisto— le estime entre sus mejores hijos. Por sus anticipaciones sobre muchos de los problemas insolutos de América, por haberle interesado la grandeza y la miseria del hombre, porque vivió en una época en que todo le confabulaba para hacerle fracasar, Valle recobra la importancia que en la lejanía del tiempo asumen los héroes de la inteligencia amorosa. Y por lo que va dicho en esta disertación que pretende dar el perfil de su figura, volvemos a oír, claras, nítidas, sus palabras, y nos parece que con la voz más acendrada y con menos angustia, esa figura se desencarna del mármol y vuelve a andar.

RAFAEL HELIODORO VALLE

BIBLIOGRAFÍA

1.- Ramón Rosa. Biografía de don José Cecilio del Valle, Tegucigalpa, 1882.

2.- José Milla. Discurso en elogio de Fray Matías de Córdoba, Guatemala, 1867.

3.- Obras de José Cecilio del Valle, compiladas por José del Valle y Jorge del Valle-Matheu, Guatemala, 1929 y 1930.

4.- Rafael Heliodoro Valle. Cartas de Bentham a José del Valle, México, 1942.

5.- Lucas Alamán. Historia de México, México, 1852.

6.- Rafael Heliodoro Valle. La anexión de Centroamérica a México, México, 1924, 1928 y 1936, Tomos I, II y III.

7.- Obras de don José Cecilio del Valle, Tegucigalpa, 1914.

8.- Lorenzo de Zavala. Ensayo histórico, México, 1845.

9.- Mary W. Williams. The people and politics of Latin America, Nueva York, 1930.

10.- Rafael Heliodoro Valle. Bibliografía de don José Cecilio del Valle, México, 1934.

11.- "La Juventud Hondureña", Tegucigalpa, 1896.

ACTA DE INDEPENDENCIA DE CENTROAMÉRICA

POR JOSÉ CECILIO DEL VALLE

Palacio Nacional de Guatemala, quince de septiembre de mil ochocientos veintiuno.

SIENDO públicos e indudables los deseos de independencia del gobierno español que por escrito y de palabra ha manifestado el pueblo de esta Capital: recibidos por el último correo diversos oficios de los Ayuntamientos Constitucionales de Ciudad Real, Comitán y Tuxtla en que comunican haber proclamado y jurado dicha Independencia, y excitan a que se haga lo mismo en esta Ciudad: siendo positivo que han circulado iguales oficios a otros Ayuntamientos: determinado de acuerdo con la Exma. Diputación Provincial que para tratar de asunto tan grave se reuniesen en uno de los salones de este Palacio la misma Diputación Provincial, el Illmo. Sr. Arzobispo, los señores individuos que diputasen la Exma. Audiencia Territorial, el venerable Sr. Deán y Cabildo Eclesiástico, el Exmo. Ayuntamiento, el M. I. Claustro, el Consulado y M. I. Colegio de Abogados, los prelados regulares, jefes y funcionarios públicos: congregados todos en el mismo salón: leídos los oficios expresados: discutido y meditado detenidamente el asunto: y oído el clamor de ¡Viva la independencia! que repetía de continuo el pueblo que se veía reunido en las calles, plaza, patio, corredores y antesala de este Palacio, se acordó: por esta Diputación e individuos del Exmo. Ayuntamiento:

1.º Que siendo la Independencia del gobierno español la voluntad general del pueblo de Guatemala, y sin perjuicio de lo que determine sobre ella el congreso que debe formarse, el Sr. Jefe Político la mande publicar para prevenir las consecuencias que serían temibles en el caso de que la proclamase de hecho el mismo pueblo.

2.º Que desde luego se circulen oficios a las Provincias por correos extraordinarios para que sin demora alguna se sirvan proceder a elegir Diputados o Representantes suyos, y éstos concurran a esta Capital a formar el Congreso que deba decidir el punto de Independencia general y absoluta y fijar, en caso de acordarla, la forma de gobierno y ley fundamental que deba regir.

3.° Que para facilitar el nombramiento de Diputados, se sirvan hacerlo las mismas juntas electorales de Provincia que hicieron o debieron hacer las elecciones de los últimos Diputados a Cortes.

4.° Que el número de estos diputados sea en proporción de uno por cada quince mil individuos, sin excluir de la ciudadanía a los originarios de África.

5.° Que las mismas Juntas electorales de Provincia, teniendo presente los últimos censos, se sirvan determinar según esta base el número de Diputados o Representantes que deban elegir.

6.° Que en atención a la gravedad y urgencia del asunto se sirvan hacer las elecciones de modo que el día primero de marzo del año próximo de 1822 estén reunidos en esta Capital todos los Diputados.

7.° Que entre tanto, no haciéndose novedad en las autoridades establecidas, sigan éstas ejerciendo sus atribuciones respectivas con arreglo a la Constitución, decretos y leyes, hasta que el Congreso indicado determine lo que sea más justo y benéfico.

8.° Que el Sr. Jefe Político, Brigadier D. Gabino Gaínza, continúe con el Gobierno Superior Político y Militar; y para que éste tenga el carácter que parece propio de las circunstancias, se forme una Junta Provisional Consultiva, compuesta de los señores individuos actuales de esta Diputación Provincial, y de los señores D. Miguel de Larreynaga, Ministro de esta Audiencia; D. José del Valle, Auditor de Guerra; Marqués de Aycinena; Dr. D. José Valdez, Tesorero de esta Santa Iglesia; Dr. D. Ángel María Candina; y Lic. D. Antonio Robles, Alcalde 3.° constitucional: el primero por la Provincia de León, el 2.° por la de Comayagua, el 3.° por Quezaltenango, el 4.° por Sololá y Chimaltenango, el 5.° por Sonsonate, y el 6.° por Ciudad Real de Chiapa.

9.° Que esta Junta Provisional consulte al Sr. Jefe Político en todos los asuntos económicos y gubernativos dignos de su atención.

10.° Que la Religión católica, que hemos profesado en los siglos anteriores y profesaremos en los sucesivos, se conserve pura e inalterable, manteniendo vivo el espíritu de religiosidad que ha distinguido siempre a Guatemala, respetando a los ministros eclesiásticos seculares y regulares, y protegiéndoles en sus personas y propiedades.

11.º Que se pase oficio a los dignos Prelados de las comunidades religiosas, para que cooperando a la paz y sosiego, que es la primera necesidad de los pueblos cuando pasan de un gobierno a otro, dispongan que sus individuos exhorten a la fraternidad y concordia a los que, estando unidos en el sentimiento general de la Independencia, deben estarlo también en todos los demás, sofocando pasiones individuales que dividen los ánimos y producen funestas consecuencias.

12.º Que el Excmo. Ayuntamiento, a quien corresponde la conservación del orden y tranquilidad, tome las medidas más activas para mantenerla imperturbable en toda esta Capital y pueblos inmediatos.

13.º Que el Sr. Jefe Político publique un manifiesto haciendo notorios a la faz de todos los sentimientos generales del Pueblo, la opinión de las autoridades y corporaciones, las medidas de este gobierno, las causas y circunstancias que lo decidieron a prestar en manos del Sr. Alcalde 1.º, a pedimento del Pueblo, el juramento de independencia y fidelidad al Gobierno americano que se establezca.

14.º Que igual juramento presten la Junta Provisional, el Excmo. Ayuntamiento, el Illmo. Sr. Arzobispo, los Tribunales, Jefes políticos y militares, los Prelados regulares, sus comunidades religiosas, jefes y empleados en las Rentas, autoridades, corporaciones y tropas de las respectivas guarniciones.

15.º Que el Sr. Jefe Político, de acuerdo con el Excmo. Ayuntamiento, disponga la solemnidad y señale el día en que el Pueblo deba hacer la proclamación y juramento expresado de independencia.

16.º Que el Excmo. Ayuntamiento acuerde la acuñación de una medalla que perpetúe en los siglos la memoria del día quince de septiembre de mil ochocientos veintiuno, en que proclamó su feliz independencia.

17.º Que imprimiéndose esta acta y el manifiesto expresado se circule a las Excmas. Diputaciones Provinciales, Ayuntamientos Constitucionales y demás autoridades eclesiásticas, regulares, seculares y militares, para que siendo acordes en los mismos sentimientos que ha manifestado este Pueblo, se sirvan obrar con arreglo a todo lo expuesto.

18.º Que se cante el día que designe el Sr. Jefe Político una misa solemne de gracias con asistencia de la Junta Provisional, de todas las autoridades, corporaciones y jefes, haciéndose salvas de artillería y tres días de iluminación.

SOÑABA EL ABAD DE SAN PEDRO; Y YO TAMBIÉN SÉ SOÑAR

La América estaba dividida en dos zonas contrarias entre sí, obscura la una como la esclavitud, luminosa la otra como la libertad.

Nueva España, Guatemala, San Salvador, Comayagua, León y Panamá formaban una extensión inmensa de territorio sometido al Gobierno español. El nuevo reino de Granada, Santa Fe, Caracas, Buenos Aires y Chile formaban un espacio dilatado de tierra libre e independiente.

Si en el antiguo mundo los países septentrionales eran el suelo de la libertad, en el nuevo los australes fueron la tierra venturosa donde brotó primero[3].

El Sur se cubría de sangre por defender sus derechos; y el Norte mandaba millones al Gobierno que intentaba sofocar aquellos derechos.

No hubo simultaneidad en la causa justísima de nuestra independencia; y esta falta grave aumentó las fuerzas de España; entorpeció la marcha de América; y fue origen de males que llora el amigo de los hombres.

La unidad de tiempo es en los grandes planes la que multiplica la fuerza y asegura el suceso; la que hace que dos tengan más poder que un millón. Cien mil fuerzas obrando en períodos distintos sólo obran como una. Diez fuerzas obrando simultáneamente obran como diez.

No marchó la América con el plan que exigía la magnitud de su causa. Lo que hace derramar más lágrimas: lo que penetra más la sensibilidad: lo que más horroriza a la naturaleza en lo que vio en los países más hermoseados por ella. Sangre y revoluciones son los sucesos que refiere la Historia; muerte y horrores son los hechos de sus anales.

---

[3] No hablo de toda la América. Hablo de lo que se llama América Española.

La pluma se resiste a escribirlos: la memoria se niega a recordarlos... Volvamos los ojos a lo futuro. Ya está proclamada la independencia en casi toda la América: ya llegamos a esa altura importante de nuestra marcha política: ya es acorde en el punto primero la voluntad de los americanos. Pero esta identidad de sentimiento no produciría los efectos de que es capaz, si continuaran aisladas las provincias de América sin acercar sus relaciones, y apretar los vínculos que deben unirlas.

Separadas unas de otras, siendo colocadas en un mismo hemisferio, el mediodía no existe para el Norte, y el Centro parece extranjero para el Sur y el septentrión[4]. El reposo de las unas no es un bien para las otras: las luces de aquellas no son una felicidad para éstas. Chile ignora el estado de Nueva España, y Guatemala no sabe la posición de Colombia.

La América se dilata por todas las zonas, pero forma un solo continente. Los americanos están diseminados por todos los climas, pero deben formar una familia.

Si la Europa sabe juntarse en Congreso cuando la llaman a la unión cuestiones de alta importancia, ¿la América no sabrá unirse en Cortes cuando la necesidad de ser, o el interés de existencia más grande la obliga a congregarse?

Oíd, americanos, mis deseos. Los inspira el amor a la América que es vuestra cara patria y mi digna cuna.

Yo quisiera:

1.- Que en la Provincia de Costa Rica o de León se formase un Congreso general, más respetable que el de Viena, más interesante que las dietas donde se combinan los intereses de los funcionarios y no los derechos de los pueblos:

2.- Que cada provincia de una y otra América mandase para formarlo sus Diputados o representantes con plenos poderes para los asuntos grandes que deben ser el objeto de su reunión:

3.- Que los Diputados llevasen el estado político, económico, fiscal y militar de sus provincias respectivas, para formar con la suma de todos el general de toda la América.

---

[4] Hablo del istmo de Panamá del cual no sabemos si ha pronunciado su independencia.

4.- Que unidos los Diputados y reconocidos sus poderes se ocupasen en la resolución de este problema: Trazar el plan más útil para que ninguna provincia de América sea presa de invasores externos, ni víctima de divisiones intestinas.

5.- Que resuelto este primer problema trabajasen en la resolución del segundo: Formar el plan más eficaz para elevar las provincias de América al grado de riqueza y poder a que pueden subir.

6.- Que fijándose en estos objetos formasen: 1.º, la federación grande que debe unir a todos los Estados de América; 2.º, el plan económico que debe enriquecerlos:

7.- Que para llenar lo primero se celebrase el pacto solemne de socorrerse unos a otros todos los Estados en las invasiones exteriores y divisiones intestinas: que se designase el contingente de hombres y dinero con que debiese contribuir cada uno al socorro del que fuese atacado o dividido; y para alejar toda sospecha de opresión, en el caso de guerra intestina, la fuerza que mandasen los demás Estados para sofocarla se limitase únicamente a hacer que las diferencias se decidiesen pacíficamente por las Cortes respectivas de las provincias divididas, y obligarlas a respetar la decisión de las Cortes.

8.- Que para lograr lo segundo se tomasen las medidas, y se formase el tratado general de comercio en todos los Estados de América, distinguiendo siempre con protección más liberal el giro recíproco de unos con otros, y procurando la creación y fomento de la marina que necesita una parte del Globo separada por mares de las otras.

Congregados para tratar estos asuntos los representantes de todas las provincias de América, ¡qué espectáculo tan grande presentarían en un Congreso no visto jamás en los siglos, no formado nunca en el antiguo mundo, ni soñado antes en el nuevo!

No es posible enumerar los bienes que produciría. La imaginación más potente se pierde desenvolviendo unas de otras sucesivamente todas las consecuencias que se pueden deducir.

Se crearía un Poder que, uniendo las fuerzas de 14 o 15 millones de individuos, haría a la América superior a toda agresión: daría a los Estados débiles la potencia de los fuertes; y prevendría las divisiones intestinas de los pueblos sabiendo éstos que existía una federación calculada para sofocarlas.

Se formaría un foco de luz que, iluminando la causa general de la América, enseñaría a sostenerla con todos los conocimientos que exigen sus grandes intereses.

Se derramarían desde un centro a todas las extremidades del Continente las luces necesarias para que cada provincia conociese su posición comparada con las demás, sus recursos e intereses, sus fuerzas y riquezas.

Se unirían sabios que, teniendo a la vista el mapa económico y político de cada provincia, podrían meditar planes y discurrir medidas de bien para todas las provincias en particular y para la América en general.

Se estrecharían las relaciones de los americanos unidos por el lazo grande de un Congreso común: aprenderían a identificar sus intereses; y formarían a la letra una sola y grande familia.

Se comenzaría a crear el sistema americano, o la colección ordenada de principios que deben formar la conducta política de la América, ahora que empieza a subir la escala que debe colocarla un día al lado de la Europa, que tiene su sistema y ha sabido elevarse sobre todas las partes del Globo.

La América entonces: la América, mi patria y la de mis dignos amigos, sería al fin lo que es preciso que llegue a ser: grande como el continente por donde se dilata, rica como el oro que hay en su seno: majestuosa como los Andes que la elevan y engrandecen.

¡Oh patria cara donde nacieron los seres que más amo! Tus derechos son los míos, los de mis amigos y mis paisanos. Yo juro sostenerlos mientras viva. Yo juro decir cuando muera: Hijos, defended a la América.

Recibe, Patria amada, este juramento. Lo hago en estas tierras que el despotismo tenía incultas y la libertad hará florecer.

Cuando no era libre, mi alma, nacida para serlo, buscaba ciencias que la distrajesen, lecturas que la alegrasen. Vagaba por las plantas: estudiaba esqueletos: medía triángulos: o se entretenía en fósiles.

La América será desde hoy mi ocupación exclusiva. América de día cuando escriba: América de noche cuando piense. El estudio más digno de un americano es la América.

En este suelo nacimos: este suelo es nuestra patria. ¿Será el patriotismo un delirio?

DIÁLOGOS DE DIVERSOS MUERTOS SOBRE LA INDEPENDENCIA DE AMÉRICA

DIÁLOGO PRIMERO: CRISTÓBAL COLÓN Y J. J. ROUSSEAU

CC.-Elevado a estas alturas, distante de la tierra millones de leguas, no olvido, sin embargo, el descubrimiento que hice de la América. Pregunto por ella a cada uno de los que llegan a estas regiones. ¡Qué hermosa! ¡Qué rica! ¡Qué civilizada estará esa parte inmensa del globo! Mi alma se penetra de gozo cuando recuerdo que yo fui quien dijo: Debe haber otro mundo. Allí está. Veamos esa nueva naturaleza.

JJR.-La historia de ese descubrimiento no es muy hermosa para el género humano. Se sabía que la tierra no era una superficie cuadrada o cuadrilátera. Estaba probado que su figura era esférica, y de esta verdad era fácil inferir que debía haber otro hemisferio. No se dedujo, sin embargo, una consecuencia tan sencilla. Corrieron siglos y entre tantos millares de hombres no hubo uno que la adivinase. Tú solo la descubriste al fin, y la especie humana tuvo por loco al único que no lo era en este punto. Propusiste tus pensamientos al Senado de Génova, al rey de Portugal, al de Inglaterra, y a los de Castilla y Aragón; y los que gobernaban esas naciones no tenían bastante talento para conocer una verdad tan clara.

Despreciaron tu proyecto y hubieran sido vanas tus esperanzas si las recomendaciones de particulares no hubieran tenido más imperio que las demostraciones de las ciencias. Llegaste a las costas de Cuba; y la gloria de primer descubridor fue obscurecida con las manchas negras de la astucia y la conquista. Todo es bien al salir de las manos del autor de las cosas: todo degenera en las manos del hombre... Ese Dios, óptimo, máximo, que siento en mí mismo, y descubro fuera de mí en todas sus obras creó la América y parece haberse esmerado en su creación. Indios inocentes, felizmente ignorantes de la Europa, vivían en esa bella porción de la tierra. No hacían daño al asiático, al africano, ni al europeo. ¿Cómo podían hacerlo ignorando la existencia de ellos? Las ciencias que deben su nacimiento a nuestros vicios: las ciencias, vanas en el objeto que se proponen y mucho más peligrosas por los efectos que producen: las ciencias que corrompen las costumbres, te dieron luces para conocer lo que otros no habían visto. Fuiste el primer descubridor.

Pero tu descubrimiento fue funesto para la especie entera. Los españoles, los ingleses, los portugueses, los franceses, los rusos, se volvieron conquistadores inhumanos. La fuerza holló todos los derechos y sacrificó lo más sagrado. Un mundo entero fue víctima de la ambición y codicia. Epimeteo abrió la caja de Pandora, y todas las enfermedades que afligen al hombre salieron de ella, y se propagaron por la tierra. El europeo abrió los minerales de la América; y el oro y la plata, derramándose por el mundo, corrompieron a todos los hombres. Guerras sucesivas en Europa: tiranías horrorosas en América, han sido el cuadro triste del universo. Se subyugó al americano para gozar de sus riquezas; se hizo esclavo al africano para tener operarios que las extrajesen; se corrompió al asiático llevando a sus puertos las que se extraían; se degollaron unos a otros los europeos por ser poseedores exclusivos de ellas. El mundo entero sufre por tu falaz descubrimiento. ¡Qué hora tan triste aquella en que llegaste a hacerlo!

CC.-Si no lo hubiera hecho, la América ignoraría hasta ahora la religión divina de España. Continuaría idólatra, adorando al sol, a... Las luces del Evangelio no hubieran iluminado a los Andes.

JJR.-Yo confieso que la santidad del Evangelio es argumento que habla a mi corazón y sentiría encontrar respuesta sólida. Mira los libros de los filósofos con toda su pompa. ¡Qué pequeños son comparados con aquél! Un libro tan sencillo y tan sublime, ¿podrá ser obra de los hombres? ¿No será más que hombre aquel cuya historia refiere? ¿Su tono es por ventura el de un entusiasta o jefe ambicioso de secta? ¡Qué dulzura, qué pureza en sus costumbres! ¡Qué gracia tan patética en sus instrucciones! ¡Qué elevación tan grande en sus máximas! ¡Qué sabiduría tan profunda en sus discursos! ¡Qué presencia de espíritu, qué finura, qué precisión en sus respuestas! ¡Qué imperio sobre sus pasiones! ¿Dónde está el hombre, dónde está el sabio que sabe obrar, sufrir y morir sin debilidad ni ostentación? Cuando Platón pinta a su Justo imaginario, cubierto de todo el oprobio del crimen y digno de todos los premios de la virtud, pinta, rasgo por rasgo, a Jesucristo... Si la vida y muerte de Sócrates son de un sabio, la vida y muerte de Jesús son de un Dios... Pero en ese libro no hay una línea que legitime la fuerza ni aconseje la coacción. Jesús no dijo: Conquistad para propagar el Evangelio: haced esclavos para hacer prosélitos... Enseñad, dijo: predicad: llevad las luces al universo entero. Uno de los Padres publicó una verdad grande cuando manifestó que la Fe no se ha de mandar sino persuadir. Hacer uso de la fuerza para extender la religión es hacer odiosa a la misma religión. Perseguir, matar, quemar para propagar el Evangelio, es ofender a la religión e insultar a la razón. La Europa sería un pueblo de dioses, si respetando los derechos de la América se hubiera limitado a dar luces puras al americano. La caridad es la virtud que se recomienda más en el Evangelio. Medita todas sus páginas. En ellas verás que no se respira más que filantropía o amor a la humanidad. No dice que los hombres se armen. La caridad sublime que identifica a todos los individuos de la especie: el amor universal que de todos los hombres forma uno solo, es la virtud más recomendada en el Evangelio. La religión que dice: Ama a tus semejantes como a ti mismo, no quiere que les subyuguen o tiranicen. La religión que dice: vende cuanto tengas y dalo a los pobres infelices, no permite quitar un mundo entero a los indios, sus primeros ocupantes. Conquistar, hacer esclavos para plantar la religión, es hollar la moral para predicar el dogma: es destruir la caridad para establecer la fe. La Europa sería un pueblo de dioses si respetando la soberanía y derechos de la América se hubiera limitado a dar luces puras al americano. Pero sacrificó a la porción más desvalida de la especie, y su oprobio será eterno en todos los siglos.

CC.-El fuerte es señor del débil. Las naciones poderosas han sido conquistadoras de las desvalidas. Esta es la marcha de la naturaleza.

JJR.-El más fuerte no es jamás bastante fuerte para ser siempre señor si no erige su fuerza en derecho y la obediencia en deber... La fuerza es un poder físico: yo no veo moralidad alguna en sus efectos. Ceder a la fuerza no es un acto de voluntad sino de necesidad: es a lo sumo un acto de prudencia. ¿En qué sentido puede ser un deber? ¿Qué derecho puede ser aquel que perece cuando cesa la fuerza? Si un bandolero me sorprende en la salida de un bosque, yo le presentaré por fuerza el bolsillo entero. Pero si puedo sustraerme a su poder ¿seré, por conciencia, obligado a cederlo? Elige el extremo que quieras. O es derecho la fuerza o no lo es. En el primer caso, la

América puede pronunciarse independiente, conquistar a España y hacer esclavos a los españoles porque su fuerza es mayor que la de la Península. En el segundo, la conquista de la América es injusta y no da derechos a los europeos.

CC.-Los indios reconocieron de grado el imperio de los reyes católicos y sus sucesores. Voluntariamente se juraron vasallos de Fernando y de Isabel. Si la conquista no funda derechos, ¿podrá dejar de darlos la voluntad?

JJR.-El cálculo de cadáveres que hizo el obispo de Chiapas atesta lo contrario. Yo no veo que sea obra de la voluntad libre de un hombre la esclavitud de un mismo hombre. Decir que algo se vende o se entrega graciosamente es decir un absurdo que no puede concebirse. Semejante acto sería nulo, precisamente porque no puede hacerlo quien esté en su sano juicio. Decir que un pueblo entero se someta espontáneamente es suponer un pueblo de dementes; y la demencia no funda derechos. Aun permitiendo que cada uno pudiera enajenarse a sí mismo, es claro que no podría enajenar a sus hijos. Los hombres nacen libres. Si los caciques, maseguales, etc., quisieron vender su libertad a Cortés y los Almagros, ¿tendrían derecho para sacrificar la de sus descendientes?

CC.-Pero en la América, sometida a la Europa, habrá reposo y tranquilidad, y todo sería turbado proclamándose libre. En las Indias hay españoles europeos, españoles americanos, indios, mestizos, negros, etc. Las razas se batirían unas a otras: un mundo lucharía con otro mundo; y los campos de la fertilidad y los minerales del oro volverían a inundarse de sangre. Si eres filántropo, ¿no tienes horror a la que se derramaría?

JJR.-Un déspota mantiene en reposo y tranquilidad el Estado que gobierna. Pero ¿qué es lo que ganan sus vasallos, si las guerras que hace nacer su ambición, si su codicia insaciable y las vejaciones de su ministerio hacen más víctimas que las que harían sus disensiones interiores? ¿Qué es lo que ganan si esa misma tranquilidad que ponderan es una de sus miserias? En los calabozos viven tranquilos los presos; ¿y dirás que son felices? Los griegos encerrados en la cueva del cíclope estaban también tranquilos esperando que les llegase la hora triste de ser devorados. (Cont. soc. lib. I, c. 4.) La tranquilidad de un Estado, donde la hay porque cada uno de los individuos que lo componen respeta religiosamente los derechos de los demás, es la tranquilidad del cielo: la suma de la felicidad: el bello político de las naciones. Pero la tranquilidad del país donde existe porque los opresores no permiten movimiento alguno a los oprimidos que van sacrificando diariamente, es la tranquilidad de las cárceles: el silencio de los calabozos: el reposo de los cementerios. En un día de conmoción hay sangre y muertes. Pero en un año, en un decenio, en un siglo de despotismo, ¡cuántos cadáveres manda al sepulcro la mano dura de la tiranía! El cálculo, preciso para el geómetra, es aún más necesario para el estadista. Poco daño resulta cuando se equivocan algunas líneas. Es inmenso el que produce una sola equivocación en el gobierno de los hombres. Cuenta por una parte los heridos y muertos que hay en una sola noche horrorosa de motín. Cuenta por otra los infelices que mueren en muchos años por la desnudez, la pobreza, las pasiones, las pesadumbres, las proscripciones, el hambre, la injusticia, las vejaciones y todas las plagas que causa la tiranía suprema, ligada con las tiranías subalternas. ¿Cuál suma es mayor? ¡Qué se hace en alternativa tan dolorosa!

CC.-Se presenta respetuosamente el mal: se pide del mismo modo el remedio.

JJR.-Ya se ha representado el mal: ya se ha pedido, rogado y suplicado el remedio: ya se ha demostrado el uno y designado el otro. La nación sigue aquejada: la ley continúa hollada. ¡Qué medio se elige, Colón?

CC.-Se ora, se pide a Dios, a ese Ser supremo, que acabas de llamar óptimo, máximo.

JJR.-Ya han subido al cielo plegarias de mil infelices: ya han hecho sacrificios los eclesiásticos más dignos de la santidad de su ministerio. Los pueblos continúan sufriendo: la ley sigue infringida. Se ha formado contra ella una liga que no oye la voz de la razón. Los mismos que debían sostenerla son ya individuos de esa liga. ¡Cuál es el camino que debe elegirse?

CC.-Combinas las cosas de tal manera: formas los casos de tal suerte...

JJR.-Tú fuiste, Colón, el primero que pisó las costas del Nuevo Mundo. ¿Hay en él insectos, sabandijas o serpientes?

CC.-¡Oh! La América es el país de los bichos... Pero ¿qué significa eso? ¿Por qué cortas el hilo de nuestro diálogo?

JJR.-Cuando te picaba un bicho, o te mordían algunas serpientes, ¿te estabas tranquilo para que no se turbase el reposo?

CC.-¡Pequeña es la diferencia!

JJR.-Es grande. ¿Cómo puede ser lo mismo el piquete de una pulga y la opresión de déspotas o tiranos?

CC.-Parece que tú deseas motines, disensiones o guerras intestinas.

JJR.-Para que no las haya, manifesté en mis obras que todos los hombres son individuos de una misma especie, son criaturas de un mismo Ser benéfico, que los sacó de la nada: que un hombre no puede hacer daño a otro hombre, ni una nación a otra nación: que el origen primero de las guerras exteriores es la ambición del gobierno de un pueblo que quiere conquistar o deprimir a otro pueblo, y la causa principal de las guerras intestinas es la injusticia de los déspotas que quieren oprimir a una nación: que no debe haber ambición ni despotismo para que no haya guerras ni se derrame sangre: que la ley es la que debe gobernar, y debe haberse por ley la voluntad de la mayoría. Soy hombre de la naturaleza. Hablo lo que hay en mi alma. Ninguno ha levantado la voz más alta que yo para defender el imperio de la Justicia en la administración de los pueblos.

Desprendámonos de todo interés individual: entremos en nosotros mismos. ¿Cuál es el espectáculo que nos agrada más, el de los sufrimientos o el de la felicidad de otro? ¿Qué es lo que deja impresiones más dulces, un acto de beneficencia o un acto de crueldad? ¡Conciencia! ¡Conciencia! Instinto divino: voz inmortal y celeste: guía segura de un ser ignorante y limitado, pero inteligente y libre: juez del bien y del mal que haces al hombre semejante a Dios!

Tú eres la que me has inspirado amor al bien de mis semejantes, odio al mal y horror a la tiranía. ¡Tú eres la que me has enseñado a defender la causa santa de las naciones! ¡Tú eres la que me has dicho que la primera y más importante máxima de un gobierno legítimo es seguir en todo la voluntad general: que solo los hombres de bien saben gobernar y solo los hombres de bien saben obedecer: que aquel que desprecia los remordimientos llega también a despreciar los suplicios.

CC.-¿Y tus obras políticas circulan libremente por la Europa? ¿No las han recogido los gobiernos?

JJR.-¡Qué injustos son los habitantes de la tierra! Yo dije: El origen de los movimientos intestinos es la tiranía. No seáis tiranos, hombres que dictáis leyes, o que gobernáis. Respetad la justicia: buscad la felicidad de los pueblos: preferid el bien del mayor al interés del menor número para que no haya conmociones, tumultos, ni motines. La voluntad del máximo será entonces vuestro apoyo. Las maquinaciones del mínimo serán entonces impotentes. No habrá revoluciones; y será más grande la suma de felicidad. Otros dijeron por el contrario: Los gobiernos democráticos no son posibles: los representativos son tumultuosos. Solamente los absolutos son tranquilos y enérgicos. Preferid el interés del mínimo al bien del máximo. No respetéis otra Constitución que vuestra voluntad y la de aquellos que os circundan. Irritad al pueblo con vuestras injusticias. Reunid soldados sacados del pueblo para tener oprimido al mismo pueblo. A mí se me dio el nombre de Padre de las revoluciones; y a los otros se honró con el título de conservadores del orden.

CC.-¿Ya las Indias habrán pasado tus libros?

JJR.-Se han hecho muchas ediciones en París, en Londres, en Ginebra, etc. Seguramente han llegado a los países que descubrió tu talento.

CC.-Se perdió, pues, la América. Movimientos más espantosos que los terremotos del Pichincha, el Antisana y el Chimborazo turbarán el sosiego de ese mundo tranquilo en el goce de una paz envidiable. Los mares desconocidos que surqué serán menos borrascosos.

JJR.-Descubrir un mundo para que sean envilecidos y hollados sus habitantes: proponer su conquista: cooperar a ella: recibir en premio títulos de Almirante y armas de nobleza: hacer la guerra más homicida a la inocencia más pura: destruir los gobiernos establecidos por la voluntad de los pueblos: sacrificar millares de víctimas para levantar sobre ellas el trono de reyes lejanos: derramar sangre, matar, quemar: nada de esto es alteración del orden ni turbación del reposo y tranquilidad.

La obra del señor Sepúlveda en que dice que los españoles tienen derecho para subyugar a los indios no es subversiva y corre libremente por las manos de todos. Las mías, en que demostré que el gobierno de una nación no tiene derecho para subyugar a otra nación, son subversivas y deben ser prohibidas.

DIÁLOGO SEGUNDO: HERNÁN CORTÉS[5] Y EL BARÓN DE MONTESQUIEU

M.-En la tierra jamás existen juntos los que han vivido en tiempos y países distintos. Se van sucediendo las generaciones; y cuando están brillando unos, ya han desaparecido otros. En estas regiones no hay sucesión. Son coetáneos los hombres de siglos más distantes. Allí veo uno que me parece del XVI. ¿No es Hernán Cortés?

CC.-Yo soy el que di a Carlos I un número de Estados mayor que el de las ciudades que había heredado de sus padres.

M.-Eras sin duda dueño de esos Estados.

CC.-No era señor de ellos. Pero mi valor los conquistó. Llegué a las costas; fundé la ciudad de Veracruz; subí a México; puse grillos a su Emperador; sometí la América septentrional; y la presenté a Carlos I. Tengo más títulos que César para decir: Veni, vidi, vinci.

M.-Tus ejércitos serían más grandes que los de Jerjes.

CC.-¡Oh! Con un puñado de españoles derroté a millares de mexicanos; levanté en México las banderas de Castilla; y subyugué todas aquellas tierras.

M.-He allí un prodigio que quisiera saber cómo fue operado. Yo busqué historias y encontré romances más o menos verosímiles. El de Solís es muy donoso. La guerra injusta de los españoles que querían hacer esclavos a los indios que amaban su independencia, es a sus ojos la lucha de Dios que deseaba plantar la religión, y del diablo que la resistía.

CC.-El valor español fue positivamente auxiliado por Dios.

M.-¡Para devastar la obra más grande de sus manos! ¡Para destruir la inocencia y hollar la justicia!... Olvidemos el idioma que se habla en la tierra. El de estas regiones debe ser el de la verdad... ¿Podré decirla francamente? Lo que aseguró el triunfo de los españoles fue: 1°, el valor que inspiraba a una codicia insaciable la brillantez del oro

---

[5] CC equivale a Conquistador Cortés.

y la plata. El candor de Moctezuma te enviaba presentes muy ricos para que te retirases de las costas; y esos presentes, avivando el amor a aquellos metales, te llevaban a la capital de su imperio; 2°, la disciplina de tus tropas. Cuerpos matemáticos formados a compás debían batir a masas desorganizadas; 3°, la superioridad de armas. Era preciso que la artillería triunfase de las flechas; 4°, la hipocresía, el ardid, la astucia. El engaño es en todos los países el instrumento con que el mínimo se burla del máximo.

CC.-Los castellanos no hacen uso de esos instrumentos. La verdad pura es su divisa.

M.-No fue ella la que los caracterizó en la conquista de la América... Se publicaba que no tenían otro objeto que la religión... Se referían prodigios. Apareció un cometa. Salió de sus márgenes la laguna de México. Se quemó uno de los templos. Se pescó un pájaro que tenía en la cabeza una lámina resplandeciente donde se veía un ejército de gente armada. Se oían en la atmósfera voces lastimosas que predecían el fin del imperio de Moctezuma. Se presentaban monstruos de deformidad nunca vista. Se decía que una profecía infalible pronosticaba que los descendientes del monarca del Oriente habían de ir a Nueva España a darles leyes... Los indígenas de Jamaica escaseaban los víveres a Colón; y sabiendo este por el almanaque que había de haber un eclipse de luna, les dijo que, para vengarse de ellos, el Dios de los españoles oscurecería aquel astro. Se oscureció en efecto, y los indígenas tuvieron a Colón por profeta y le proveyeron de cuanto necesitaba... Cuando saliste de Cuba para conquistar México pusiste en el estandarte estas palabras: Sigamos la cruz, que con esta señal venceremos... En la isla de Cozumel, para animar a la conquista o esclavitud de los indios decía: En las dificultades vencidas conozco la mano de Dios, y entiendo que en su altísima providencia es lo mismo favorecer los principios que prometer los sucesos... Agasajabas a los indios dándoles cuentas de vidrio y otras bujerías que pasaban por buena moneda... Enviaste a Moctezuma una gorra adornada con una medalla en que estaba la imagen de San Jorge... Le mandaste decir que eras embajador pacífico de un gran rey, y sin hostilidades querías tratar cosas muy importantes al mismo Moctezuma y su monarquía... Con astucias y engaños le llevaste de su palacio al cuartel de tus soldados; y teniéndolo con grillos, divulgabas que estaba libre... Hacías que desde la prisión dictase las órdenes que convenían para la ejecución de tu proyecto; le obligaste al fin a decir que quería ser vasallo del rey de España y a hacer esa declaración ante los caciques y grandes de su imperio. Protestaste que el rey de los españoles no intentaba quitarle la corona sino reclamar el derecho de sucesión en caso de muerte para que se cumpliese la profecía... Murió Moctezuma, y tú sabrás cuál fue la mano que le arrojó la piedra... Dios peleará por nosotros, decías cuando matabas a los infelices que sentían la muerte de su emperador... Aprovechabas los enconos y resentimientos; sublevabas contra México las naciones vecinas; jugabas todas las artes; empleabas todos los talentos.

CC.-¿Podía sin ellos hacer una conquista tan vasta? ¿No eres tú mismo el que acabas de decir que la astucia es el instrumento con que el mínimo triunfa del máximo?

M.-¿Y con las mismas artes se extendió y ha conservado la conquista?

CC.-El plan de los reyes de España fue bien meditado. Expedían cédula real al adelantado o cabo que quería ir a las Indias: le autorizaban en ellas para levantar gente en los reinos de Castilla y de León, para nombrar capitanes, arbolar banderas, tocar cajas y publicar la jornada. Podía el adelantado llevar los españoles que querían ir aunque hubiesen cometido delitos; hacía descubrimientos y conquistas; tenía en su distrito la jurisdicción civil y criminal en apelación; no pagaba alcabala por espacio de 20 años; se le daban vasallos para siempre y se le concedía un título para honra de su persona y casa conforme a lo que había pactado con el rey.

M.-Tu título sería de los más honrosos.

CC.-Carlos I y Juana su madre me hicieron merced de veinte y tres mil vasallos en la Nueva España, y me nombraron e intitularon Marqués del Valle de Oaxaca el día 6 de julio de 1529. Fundé mi mayorazgo en la villa de Colima el 9 de enero de 1535; señalé para su dotación las cuatro villas marquesanas, las de Tehuantepec, Cuernavaca, Guatepec y demás de aquella jurisdicción, Matalzingo, Toluca, Coyoacán con sus términos y linderos, el Peñol de Xico y su isleta, las casas y solares que poseía en México y todos los demás bienes de que me habían hecho merced los reyes; y llamé a la sucesión a mi hijo don Martín Cortés y descendientes legítimos.

M.-Es original la idea que se ha tenido de los indios. Alejandro VI los regaló a los reyes de España. Estos donaron muchos a los cabos o adelantados. Carlos I te hizo merced de 23,000. Y se disciplinaban perros, y se les daba ración como a los soldados para que sofocasen y devorasen a los indígenas. El ganado vacuno, caballar o lanar ha merecido mejor opinión. Ningún pontífice ha regalado hatos de ovejas a los reyes, ni los monarcas han hecho merced de los potros o cabros que pacen en los cortijos, ni hombre alguno ha dado instrucción a los perros para que maten las vacas y caballos.

CC.-Pero esas donaciones han producido bienes inmensos a la América y a España

M.-A la América se han hecho los bienes siguientes: 1°, se mataron más de 15 millones de indios, asolando más de diez reinos mayores que toda España; 2°, se hizo merced de los que quedaron vivos a los adelantados o cabos, o encomenderos, para que fuesen vasallos suyos y tributarios; 3°, se destruyeron todos los gobiernos que tenían establecidos en el centro de sus mismas naciones, y se les sometió a un gobierno distante, separado de ellos por la inmensidad del océano; 4°, se les mantuvo en pupilaje e ignorancia perpetua prohibiendo que viviesen en sus pueblos los individuos de clases que podían civilizarlos, y haciendo que la América fuese en la extensión de la tierra un pueblo aislado, sin relaciones con los demás del mundo; 5°, se les condenó a trabajos destructores; no se les permitió el cultivo de artículos que podrían enriquecerlos; se les prohibió la industria fabril que pudiera disminuir sus miserias [6]; y se les negó la facultad de montar una caballería (m); 6°, se les enviaron reos criminales para que fuesen pobladores de sus tierras y corruptores de sus costumbres. A España se han hecho los beneficios que siguen: 1°, se le despobló, sacando colonias de ella para poblar y tener sujeta a la América; 2°, se depravó su moralidad abriendo a las pasiones los campos dilatados del oro corruptor; 3°, se encarecieron los jornales de sus trabajos y

---

[6] En Real orden de 12 de septiembre de 1783 se mandó al virrey de Nueva España que destruyese los telares de México en que se fabricaban hamacas, tafetanes, etc. En otra Real orden se le previno que mandase arrancar las cepas.

los artículos de su cultivo e industria por la abundancia de plata que se llevaba a sus puertos; 4°, se complicaron sus relaciones, y se le hizo sufrir guerras para conservar las Indias; 5°, se le obligó a ser ignorante para que la América lo fuese también y no pasasen de la una luces dañosas a la otra.

CC.-El cálculo de indios muertos en la conquista es exagerado. Extranjeros, envidiosos de las glorias de España, alteran la verdad para llenar sus deseos.

M.-No es extranjero el que ha computado 15 millones. Es don Fray Bartolomé de las Casas, obispo de Chiapa. Disminuye más de la mitad el número de muertos. ¿La sangre de siete millones de hombres será de pequeño valor? ¿Las mujeres de América no se hacían abortar para que sus hijos no tuviesen amos tan crueles? Los hombres excesivamente felices y los hombres extremadamente infelices son igualmente inclinados a la dureza.

CC.- "El efecto común de las colonias es debilitar el país de donde se sacan sin poblar aquel a donde se envían. Los hombres deben permanecer en el suelo donde existen. Hay enfermedades que nacen precisamente de la mutación de la atmósfera. El número prodigioso de negros que se han llevado a las Indias no las han poblado. Después de la devastación de la América, los españoles que han querido ocupar el lugar de sus antiguos habitantes, tampoco han podido poblarla. Al contrario, por una fatalidad que podría llamarse Justicia Divina, los destructores se destruyen ellos mismos todos los días. Los cartagineses descubrieron antes que los españoles la América o las islas donde hacían un comercio prodigioso; pero al momento que vieron la disminución sucesiva de sus habitantes, prohibió esa sabia República el comercio y navegación de sus ciudadanos. Los imperios pueden compararse con los árboles. Las ramas muy extensas quitan todo el jugo al tronco".

CC.-¿Pero la riqueza podrá ser causa de miserias? ¿El oro y la plata podrán serlo de miserias y desventuras?

M.- "El oro y la plata son signos, o riqueza de representación. Duran mucho tiempo sin destruirse y sucede en ellos lo mismo que en las demás mercaderías. Cuando abundan se disminuye su valor porque representan menos cosas. Después de la conquista de México y del Perú, los españoles abandonaron las riquezas naturales para tener signos de riquezas. El oro y la plata eran muy raros en Europa: la que se llevó de Indias hizo que se duplicase la que había y entonces el precio de las cosas fue también doble del que tenían anteriormente. Los españoles trabajaron las minas. La plata se fue aumentando en Europa, y la ganancia disminuyendo para España. Supóngase que el gasto de la extracción del oro y la plata de las minas sea como 1 a 64. Duplicándose la cantidad de plata, su valor baja una mitad menos y el gasto llega a ser como 2 a 61. Las flotas que llevaban a España la misma cantidad de oro llevaban una cosa que valía la mitad menos y costaba la mitad más. Siguiendo sucesivamente la progresión del duplo, se descubre la causa de la impotencia de las riquezas de España. Doscientos años ha que se trabajan las minas. Figúrese que la masa de plata que hay ahora en el mundo sea a la que había antes del descubrimiento de las Indias como 32 a 1. Si a los 200 años de haberse comenzado a trabajar las minas, 50 quintales de mineral dan 4, 5 o 6 onzas de oro, cuando solo den 2, el minero no podrá sacar más que los gastos. Los reyes de España son como aquel monarca insensato que pidió a los dioses se convirtiese en oro cuanto tocase y después se vio obligado a suplicarles que pusiesen término a su miseria".

CC.-¡Con que los reyes de España deben abandonar sus más ricos y vastos dominios! Reducir su imperio a una parte de Europa, siendo señores de esa misma parte y de un mundo entero. Eso es no discurrir sino delirar.

M.-El propietario que tiene una legua de tierra bien cultivada es más rico que el dueño de diez leguas incultas. Solo la mente divina es inmensa. Los talentos de los hombres tienen esferas limitadas de capacidad. El genio más prodigioso no podría gobernar bien un continente tan vasto como el de la América. El celo se debilita cuando se divide en multitud de pueblos dispersos en una extensión muy grande de tierras; y ese mismo celo es activo y enérgico cuando se fija en un espacio proporcionado a su fuerza. El gobierno de Castilla no puede administrar bien a España y a la América. El resultado preciso de su ambición es el atraso de una y otra: la miseria, ignorancia y despoblación de las dos. Las conquistas de Oriente llevaron riquezas a Roma y con ellas su destrucción y ruina. Al momento en que España comenzó a ser señora de las Indias, empezó también a ser pobre o menos rica en Europa. Todo fue decadencia desde aquel instante en que se creía feliz.

Si se envían a la América familias de españoles que influyan en la conservación de aquellos dominios, España irá perdiendo todos los que se vayan muriendo, y la América irá adquiriendo todos los que vayan naciendo de ellos. Esta posición es embarazosa.

Los hijos de españoles son españoles en opiniones y sentimientos si nacen en España; y son americanos en uno y otro si nacen en América. Los primeros aman los fueros y prosperidad de España. Los segundos aman los derechos y prosperidad de la América.

DIÁLOGO TERCERO: CARLOS I Y CARLOS III

C.I.-Tú admiras las regiones desconocidas del cielo, y yo deseo noticias de las de la tierra. ¿Cuál es el estado actual de España? ¡Más de dos siglos ha que salí de ella! ¡Cuántos sucesos habrán ocurrido! ¡Cuántas mutaciones se habrán sucedido unas tras otras!

C.III.-España era un cuerpo lánguido, sin alma que lo animase y diese energía. Era preciso regenerarla; y ese fue el plan de mi reinado. Puse al frente de los negocios a un hombre digno del primer ministerio de la nación; protegí la agricultura, la industria y el comercio; establecí sociedades económicas de amigos de su patria para que diesen luces y premios a los labradores y artesanos; establecí cátedras de agricultura y difundí los conocimientos útiles por medio de los periódicos agrónomos y mercantiles; fundé poblaciones nuevas en los campos más fértiles; abrí canales que facilitasen el riego y llevasen la fecundidad a las tierras más incultas; erigí el Banco Nacional que da vida a la circulación; establecí la Compañía de Filipinas; ajusté con la Puerta Otomana el Tratado que abrió el Levante a las especulaciones del español; extendí las relaciones comerciales abriendo doce puertos en España y veinticuatro en América; quité las trabas que lo ligaban, y lo declaré libre entre americanos y españoles; di al jardín botánico y a la academia de pintura, escultura y arquitectura toda la protección que merecen unos establecimientos tan importantes; crié y enriquecí el gabinete magnífico de historia natural; envié al Nuevo Mundo expediciones científicas que han engrandecido el sistema de los conocimientos humanos; ordené la redacción de un código legislativo digno de los progresos del siglo, y mandé con este fin que se formase una comisión de juristas ilustrados; mejoré la milicia, instruyéndola en la táctica que dio tanta superioridad a las fuerzas de Prusia; reformé los planes de estudios en las universidades; fomenté la ilustración universal; moderé las instituciones severas de la Inquisición; expelé de todos mis dominios a los jesuitas; y humillé al gobierno británico auxiliando la insurrección de sus colonias y reconociendo su independencia.

C.I.-¡Qué has hecho, Carlos? ¿Puedo creer que haya rubricado tales decretos la mano de un rey de España? ¡Ah! Yo debí ser eterno en el trono de Madrid. Se perdió la obra más grande de mis desvelos. ¡Qué trastorno! ¡Qué error! ¡Qué injusticia!

C.III.-¿Abrir las fuentes de riqueza será trastorno? ¿Disipar tinieblas será error? ¿Ilustrar a los hombres será injusticia?

C.I.-Pero, ¡ilustrando a los españoles, no conocerán sus derechos? Difundiendo luces en el mundo antiguo, ¿no pasarán sucesivamente al nuevo? Auxiliando la insurrección de las colonias inglesas, ¿no se preparará la de las españolas? Tú olvidaste el secreto de los reyes. Yo abrí los cimientos de una monarquía universal, y tú has abierto el abismo a donde irá a hundirse la de España. Fomentando la ilustración, los españoles recordarán sus fueros y libertades (a); habrá entre ellos y sus reyes y señores naturales una lucha peligrosa que al fin hará derramar sangre; pedirán primero Cortes y querrán después Constitución; se sucederán unas a otras las revoluciones; la América aprovechará los momentos; pasarán a ella las luces odiosas de España; se oirán en aquellas regiones voces que no deben resonar en su atmósfera; se imitará el ejemplo de los anglo-americanos; se proclamará Independencia; y el mundo viejo quedará separado del nuevo; los soberanos de España no podrán mantenerse en su trono sin el auxilio de los demás soberanos; todos los monarcas de Europa se verán en la necesidad de formar una alianza o federación santa para conservar sus cetros y coronas; los demagogos, tribunos o directores de los pueblos querrán a su vez formar en secreto otra liga horrorosa, y cuando estén acordes los de todas las naciones europeas, habrá una explosión general; temblará la tierra; se abrirán sus abismos; caerán en ellos precipitados los unos sobre los otros reyes y sus cetros; se levantarán repúblicas libres y orgullosas sobre las ruinas de las monarquías. Entonces puedes subir a la altura más elevada de estas regiones y contemplar desde allí la obra grande de tus manos. ¡Qué vocinglería de igualdad y libertad! ¡Qué gritos de derechos imprescriptibles! ¡Qué algazara y confusión de pasiones en las cortes y congresos! No es preocupación. Es arcano de la política sublime, descubierto después de vigilias y meditaciones por la experiencia de los siglos. Para tener paz, silencio y tranquilidad, es preciso jurar reyes absolutos. Para que existan los soberanos dueños de vidas y haciendas, deben ser ignorantes los pueblos; y para conservar la América, debe haber Inquisición en España. La luz es un fluido tan sutil que pasa por los poros más diminutos de los cuerpos más densos. Solo la mano diestra de los Torquemadas y Mendozas puede impedir que penetren esos rayos peligrosos que alumbran, pero queman y abrasan. No debe haber otra luz que la de las hogueras en el silencio y tranquilidad de la noche.

C.III.-Pero ¿será justo hacer infelices a centenares de pueblos para que sea absoluto un solo individuo? ¿Será justo privar de los bienes de la ilustración y riqueza a doce millones de españoles para mantener sometidas las Indias?

C.I.-Que renazca, pues, el orgullo aragonés. Que los vasallos digan a su soberano: Nosotros, que juntos somos más poderosos que tú, te prometemos obediencia si mantienes nuestros derechos y libertades; pero si no, no. Que se restablezcan las antiguas cortes y se arroguen el derecho de dictar leyes, imponer contribuciones, declarar la guerra, hacer la paz, acuñar moneda y observar los pasos del gobierno. Que el rey sea un alguacil mayor sin poder ni autoridad. Que haya revoluciones, sangre y muertes.

C.III.-Las revoluciones... puedo decirlo sin peligro. Los habitantes de la tierra no oyen lo que se platica en las alturas. Las revoluciones nacen del choque de los gobiernos con los pueblos. Cuando un gobierno es sabio en observar la voluntad general de la nación y antes de conmoverse esta manda ejecutar lo que desea ella misma, no hay revoluciones, ni muertes, ni horrores. Las reformas no parecen obra de los pueblos. Se hacen en paz y sosiego por la mano misma del gobierno. Son una transición moral; no son una reacción física. Lo que hace derramar sangre es la resistencia de los gobiernos obstinados en hacer oposición al voto universal de las naciones. Entonces hay cadáveres, y sobre ellos triunfa por fin lo que es justo.

C.I.-Y los destinos de la América ¿cuáles serían si se volvieran a instalar las Cortes anárquicas de Aragón y Castilla? ¿No resonaría en las Indias el eco de las voces que se diesen en esas Asambleas turbulentas y atrevidas? Diciendo el español: La soberanía reside en la nación, ¿no gritará el americano: La voluntad de la mayoría es la ley; la América es mayor que España; y la América quiere independencia? Se ha olvidado la ciencia de gobernar. España es un volcán, y los reyes están sentados en el cráter. Antes de un siglo vendrá tu hijo o tu nieto con la noticia infausta de revolución en España, e independencia en América.

C.III.-Las Indias fueron en lo más secreto de mi gabinete el objeto más constante de mis pensamientos y los de Floridablanca. No hay asunto que me haya ocupado más tiempo. Pero es preciso confesarlo. Los intereses de España no pueden conciliarse con los de América. La ilustración es el origen primero de todo bien. Si se protege en España, pasará al Atlántico y hará que los indios vean claros sus derechos. Si se prohíbe en la Península, se hará la infelicidad de los españoles y los americanos. Conozcamos la verdad. Una nación no puede estar por muchos siglos sometida a un gobierno lejano. Es luchar con la naturaleza que la ha separado por océanos o montañas. Gobernándola con los rigores del despotismo, se irrita y rompe enfurecida las cadenas de la opresión. Administrándola con justicia, se ilustra y proclama su libertad. España gobernó con dureza a las Provincias Unidas; estableció en ellas la Inquisición; dio el mando a Alba; y al fin gritaron independencia en 1579. Inglaterra dio a sus colonias instituciones liberales; les comunicó luces; les enseñó fueros; y los anglo-americanos se proclamaron independientes en 1776. Si es necesaria la separación, debe elegirse el plan más humano y justo. Si no es posible hacer infeliz al americano sin hacer desgraciado al español, debe procurarse la felicidad de uno y otro. La independencia no será entonces la reacción del oprimido que se vuelve con saña contra su opresor. Será la emancipación del hijo que, llegando a la edad viril, se aparta de la casa de su padre, reconocido a la beneficencia que supo darle educación y fuerzas.

DIÁLOGO CUARTO: FILÁNTROPO Y PALEMÓN

F.-Existiendo el gobierno a larga distancia, el hombre injusto sabe que deprimiendo al desvalido no puede este interponer los últimos recursos de la ley. Existiendo el gobierno en el centro de la nación, el que no respete la justicia conoce que si agravia al pobre, puede el ofendido elevar sus quejas en último grado. El poder del primero sofoca en el primer caso la voz del segundo. Pero los acentos de la naturaleza triunfan al fin proclamándose la independencia del gobierno lejano. El imperio de la razón es grande; las causas que obran son constantes.

P.-¿No podrá calcularse la energía de su acción? Si puede predecirse que en tal año a tal hora y minuto estará en oposición el astro que antes estaba en conjunción, ¿no será posible pronosticar también que en tal tiempo será independiente la nación que antes estaba sometida?

F.-No hay todavía datos para la resolución de tamaño problema. Puede haberlos en lo sucesivo. Dependen del sistema físico y político de cada nación; y no se ha formado hasta ahora el cuadro exacto de los de cada país. El Norte de América estuvo sometido al gobierno de Inglaterra menor espacio de tiempo que el centro y mediodía al de España. Varían los períodos según el clima, gobierno y circunstancias. Pero no nos extraviemos. Fijémonos en esta verdad. La independencia de una nación regida por gobierno lejano es ley de la naturaleza, tan constante como todas las demás del mundo físico.

P.-El marqués de Laplace escribió un Ensayo filosófico sobre las probabilidades; y en él dijo estas palabras que aprendí de memoria: "Es contra la naturaleza de las cosas querer que un pueblo esté sometido a otro, separado de él por un océano vasto o por una distancia grande. Se puede afirmar que esta causa constante (la de la distancia), uniéndose sin cesar con las causas variables que obran en el sentido y desarrolla el curso del tiempo, terminará al fin dando al pueblo sometido su independencia natural."

F.-Es una verdad que tiene a su favor el testimonio universal de todas las historias. En ellas se ve el cuadro de los conquistadores que han desenvuelto sus resortes para arrojar la opresión...

INVESTIGACIONES SOBRE AMÉRICA

Un mundo nuevo, descubierto cuando se dudaba o creía imaginaria su existencia, era objeto que debía interesar.

Todos los ojos se volvieron a él. Los geólogos estudiaban su estructura; los economistas calculaban sus riquezas; los políticos barruntaban sus destinos; los viajeros recorrían sus provincias; los botánicos clasificaban sus plantas; los mineralogistas examinaban sus fósiles; los zoologistas observaban sus animales; los historiadores escribían su historia. Casas lloraba; y Paw deliraba.

Fija la vista de los sabios en este grande continente, cada uno le miraba en aspecto distinto. Todos pensaron y observaron; y sus pensamientos y observaciones produjeron la multitud de obras escritas sobre la América.

Hay en ellas errores vergonzosos. El espíritu sistemático de Europa se descubre aun en los libros de los filósofos... Pero hay también principios luminosos, observaciones importantes, raciocinios sublimes.

Reunir esta suma de conocimientos sería acumular las riquezas de más precio para nosotros: sería poseer lo que más nos interesa.

Una colección de mapas, de planos, de historias, de viajes, de floras, de ensayos y obras de todas clases escritas sobre la América sería un tesoro para los americanos.

Pero esta colección sería superior a las facultades de un particular. Solo los autores de gramática y diccionarios de las lenguas mexicanas, otomita, zapoteca, mixteca, maya, popoluca, huaxteca, cakchiquel, tepehuana, etc., formarían una pequeña librería.

Es necesario que los gobiernos vuelvan la atención a uno de los objetos más dignos de ocuparla; y yo quisiera:

1° Que en la capital de cada uno de los Estados de América hubiese una biblioteca pública formada de todas las obras escritas sobre la América; que todos los días se abriese y franqueasen en ella los libros; y que a más de esto se diese recado de escribir a quien lo pidiese.

2° Que se estableciese en la misma capital una Academia americana compuesta de los hombres más ilustrados en cualquiera ciencia; que los académicos fuesen divididos en cinco clases o secciones: políticos, economistas, moralistas, físicos y matemáticos; que el instituto de cada clase fuese extractar de las obras escritas sobre la América lo más interesante en su ciencia respectiva; y que se publicasen los extractos en periódicos mensuales o semanarios.

Son incalculables los bienes de uno y otro establecimiento. Cualquiera los conoce, y no hay necesidad de indicarlos. El conocimiento de un país es el primer elemento de su riqueza.

LA HISTORIA Y LOS HISTORIADORES DE INDIAS

La historia de una nación es un curso de ciencias morales, políticas y económicas. Presenta el cuadro del país donde se han unido los hombres para vivir en sociedad; indica su clima, aguas, vientos, producciones, etc.; descubre el origen primitivo del Estado; manifiesta las formas de gobierno que ha adoptado sucesivamente, las leyes que se han dictado o recibido, y las influencias de su sistema físico y político en la moralidad, ilustración y riqueza de los pueblos; desarrolla la cadena de sucesos derivados unos de otros y ligados todos entre sí, los progresos o retrocesos, las causas que dan impulso a los primeros o producen los segundos, los tiempos de luz y los días de tinieblas, las épocas de vida y los períodos de muerte. La historia presenta simultáneamente la teoría y la práctica. Es la Política en acción; la Crisología obrando; la ciencia moral demostrando sus principios con hechos.

Escrita con este plan no he visto todavía en América una sola historia de las naciones en que ha sido dividida, ni era fácil que la hubiese.

La América ha tenido tres épocas eternamente memorables: la de los siglos anteriores a su conquista; la de los tiempos en que estuvo sometida al gobierno de sus conquistadores; la de su justa y gloriosa emancipación.

La primera es de tinieblas para nosotros. Ignoramos el grado a que se elevaba la ilustración de los indígenas; no tenemos datos bastantes para medirla; desaparecieron sus archivos y monumentos; fueron destruidos, unos por el tiempo, otros por el sable de los conquistadores; pereció la clase ilustrada, y quedó solamente la de indios ignorantes y desgraciados; el imperio de la conquista los fue embruteciendo más; y a vista del estado en que los vemos parece inverosímil que sus mayores fuesen capaces de escribir una historia digna de este nombre.

La segunda no era propia para estudios de este género. En un país subyugado por la fuerza, donde la ley cerraba las puertas del Estado a los hijos de otras naciones, solo existían dos clases de personas: conquistadores y conquistados.

Los conquistadores no tenían la opinión de imparciales donde hay necesidad más grande de serlo. Se juzga por el contrario que sus intereses eran opuestos a la verdad; se les cree impelidos por ellos a suprimirla en algunos hechos y desfigurarla en otros. Los conquistados carecían de libertad para publicarla. Debían callar, o ser ecos de los conquistadores; sus acentos eran también sospechados de parcialidad. Y los hijos de otras naciones, alejados de nuestras costas, no habían sido espectadores de los sucesos; no tenían relaciones con los americanos; solo oían la voz de los conquistadores; y eran prevenidos por el espíritu de rivalidad que existía desde entonces y continúa hasta ahora entre las naciones de Europa. Solís, hijo de Alcalá, presenta la conquista de México como una campaña de Santiago, un milagro de la cruz, una obra del cielo. Niza, hijo de Tlaxcala, lisonjea al gobierno español cuando refiere la de su patria. Y Robertson, nacido en Escocia, manifiesta en su obra las influencias del país donde fue formado. La historia escrita por un conquistador o un conquistado tiene (en lo general, sin perjuicio de excepciones) la presunción de obrepticia o subrepticia; la de suprimir verdades o publicar falsedades.

La tercera época ha sido de entusiasmo, de exaltación, divisiones y guerras intestinas. Cerca de tres siglos de gobierno absoluto produjeron resentimientos y enconos que estuvieron reprimidos por igual espacio de tiempo. Llegó al fin el de exhalarlos; se gritó Independencia; y empezó la lucha, tan obstinada como sangrienta, entre los españoles que querían conservar sometida, y los americanos que deseaban emancipar la América. Vencidos los primeros por la energía que da siempre el espíritu de libertad, empezó otra contienda tan horrorosa como la primera. Los que estaban acordes sobre la independencia de la América, no lo estaban sobre la forma de gobierno. Faltaban luces en las ciencias administrativas que no se han cultivado; faltaba experiencia en los actores que por la primera vez se presentaban en las tablas; faltaba el conocimiento científico de los pueblos a quienes se habían de dar leyes. Lucharon unos contra otros los que debían ser hermanos. Se derramó su sangre, y hubo muertos y horrores. En las crisis violentas, dice un escritor, de revoluciones y guerras jamás son atendidos los verdaderos intereses de los individuos, ni los de las naciones, ni los de los reyes. Escrita por los mismos combatientes la historia de sus guerras hubiera tenido contra sí las probabilidades de parcial y las prevenciones de injusta. El idioma de Murillo debía ser muy distinto del de Bolívar; y la lengua de Calleja muy diferente de la de Morelos. Era preciso que corriese el tiempo; que se fuese asentando el lodo de las pasiones, y quedase al fin la verdad clara y pura como las aguas de la superficie del río.

Cada época ha presentado dificultades más o menos graves. La verdad es siempre la que tiene número mayor de enemigos; los que intentan decirla son los que se ven más amenazados. Pero otras repúblicas han sido, sin embargo, más felices que la nuestra. No sé qué hado triste hace derramar lágrimas en los paralelos que se forman. Centro América, tan distinguida por la naturaleza, queda siempre atrás en lo que es obra de arte.

Si las demás repúblicas no tienen todavía una historia general de todo lo que ha sucedido desde el principio de los pueblos que las han formado hasta la actual fecha, pueden no obstante presentar:

México (a más de las historias de sus conquistadores Hernán Cortés, Bernal Díaz del Castillo, Alfonso de Mata, Alfonso de Ojeda, etc., y de sus indígenas Fernando Pimentel Ixtlilxóchitl, Antonio Tobar Moctezuma, Gabriel de Ayala, Pedro Ponce, etc.), la que escribió Clavijero en italiano2 y tradujo Mora, cuya pluma ha hecho servicios tan distinguidos a la América; las Memorias escritas en inglés por William Davis Robinson y traducidas por el mismo Mora; y el cuadro histórico de la revolución mexicana que ha dado a luz D. Carlos María Bustamante;

El Perú la de Zárate, la de Jerez, la de Garcilaso, la de Fernández, la de Cobo, etc., y las Memorias del general Miller publicadas en Londres el año anterior de 1829;

Colombia la de Piedrahita, la de Oviedo, la de Simón, etc., y últimamente la que ha escrito de su revolución el señor José Manuel Restrepo, secretario del interior de aquella República; Chile la de Ovalle, la de Molina, etc., las Memorias políticas de D. Juan Egaña, senador de aquella República, y la Historia de la revolución de la América Meridional, publicada en Francia.

Todas las repúblicas tienen diversos historiadores en cada una de sus épocas. La de Haití, que al principio se creía más atrasada, se gloría de varios, y especialmente del Barón de la Croix, que en sus Memorias para la historia de aquel pueblo ha sabido descubrir con filosofía las causas de su revolución, manifestar la marcha que ha seguido, y dar a los que gobiernan en América lecciones que no deberían olvidar jamás.

Centro América presenta la Historia general de las Indias Occidentales y particular de la gobernación de Chiapa y Guatemala, publicada a principios del siglo XVII por fray Antonio Remesal; las Apuntaciones para la Historia de Guatemala escritas por D. Francisco Fuentes en el XVIII; y el Compendio de la Historia de Guatemala que el Br. D. Domingo Juarros dio a luz en 1808.

El escritor3 que supo dar leyes a los historiadores como Horacio las dictó a los poetas y Pope a los críticos, dijo hablando del P. Mariana: "Yo no lo conozco; pero me atrevería a apostar que un jesuita español ha escrito seguramente una historia imperfecta de España. Un mal religioso solo conoce la intriga; un buen religioso ignora las verdades políticas." Yo no arrojaré expresiones tan generales; pero respetaré siempre la verdad, y la publicaré con franqueza.

La Historia de Remesal es un cronicón semejante al que escribían los regulares sobre los sucesos de sus conventos o provincias. La de Fuentes es una descripción histórica y geográfica de lo que se llamaba reino de Guatemala; y la de Juarros tiene el mismo carácter.

En todas tres se ve el espíritu común en los conquistados que hablan de conquista a presencia de sus conquistadores. Los reyes cakchiqueles ofrecieron voluntariamente obediencia a Carlos V (que intentaba privarlos de su independencia y someterlos a un gobierno absoluto). Quicap (que no quería entregar su monarquía a invasores injustos) era un rey obstinado... El Eterno fue el que quiso reducir los tzendales (que sostenían sus derechos) al camino de la verdad por la buena industria y gloriosos trabajos del M. I. Sr. D. Toribio Cosío, presidente de la Real Audiencia... Este idioma es el de Estrada que, escribiendo la Historia de los Países Bajos, no dejaba, dice Mably, obrar las causas naturales; hacía que el cielo interviniese en todo; y creía permitido a Felipe II hollar las leyes antiguas, los tratados y los pactos porque había recibido su corona de Dios.

Guatemala cuenta muchos siglos desde que empezó a existir. No tiene historia alguna de los anteriores a su conquista: hay un cronicón de aquel en que fue conquistada; y le falta aún esto de los posteriores. Está a merced de los papeles fugitivos que quieran publicar partidos contrarios, divididos en sus intereses, opuestos en sus pensamientos. No existe una Historia que fije la opinión pública en Europa y en América por la imparcialidad de su narración, la filosofía de su doctrina y la elocuencia de su estilo. No se ha formado el cuadro que debe presentarle las causas que la han llevado de un estado a otro estado, los resortes que la han puesto en movimiento, los agentes que la han elevado o deprimido. Son muertos los siglos corridos. No recibe experiencia de ello. Vive en el momento presente; no ve lo pasado; no presiente lo futuro; y montada sobre un torrente no sabe si las aguas la llevan al edén, o la arrastran a un abismo.

Es honor de una nación; es interés suyo tener la Historia de su origen, progresos y retrocesos. El año de 1825 publiqué el Prospecto de la que correspondía escribir. "Si Guatemala, dije desde entonces, ha tenido cuatro estados principales, y en cada uno de ellos ha sido regida por gobiernos diversos; si dividida en naciones pequeñas, y gobernada como lo eran las de los indígenas antes del descubrimiento del Nuevo Mundo, fue conquistada después por los españoles y sometida a su imperio cerca de tres siglos; si proclamándose independiente del gobierno de Castilla fue, cuando empezaba a gozar de su independencia, sujetada a México y administrada por el Gobierno de la Nueva España; si pronunciada segunda vez su libertad, se ha erigido en República Independiente y Federal, parece que su historia debe tener cuatro secciones grandes: Guatemala india; Guatemala provincia de España; Guatemala provincia de México; y Guatemala República libre. Estos son los cuadros que debe pintar el historiador digno de la nación."

Todos ellos serían de alta importancia: todos influirían en la felicidad del Estado.

El cuadro de Guatemala india, describiendo su gobierno, religión, leyes, lenguas y costumbres; manifestando hasta dónde llega la influencia de esos agentes, modificadores del hombre; descubriría lo que eran en realidad los indígenas que formaban entonces toda la población y forman ahora los dos tercios de ella.

El de Guatemala provincia de España, refiriendo la historia de su conquista, pintando la lucha y designando las causas por que el máximo fue víctima del mínimo, haría ver lo que fue desapareciendo de la religión, lenguas, hábitos y costumbres de los cakchiqueles y lo que se fue introduciendo de la religión, idioma y usos de los españoles; diría lo que quedó últimamente de esta fundición de elementos tan contrarios, lo que llegó a ser esta mezcla de la religión de Jesús y la del Sol y la Luna, de la lengua Chinautla y la de Salamanca, de la popoluca y la de Castilla.

El de Guatemala provincia de México, presentando a los indígenas emancipados al principio de la antigua, y sujetos posteriormente a la Nueva España, desarrollaría un fenómeno tan curioso como interesante: los pintaría elevados primero desde lo más oscuro de una monarquía absoluta hasta lo más alto de una república libre, y descendidos después por el peso de su gravedad específica desde las alturas de la república hasta las profundidades del imperio.

El de Guatemala Estado soberano y federado con otros Estados manifestaría la caída del Imperio en México, el segundo grito de libertad en esta capital, la Constitución política de la República y Estado, la marcha que siguieron los gobiernos de aquella y de este, la guerra civil y sus horrores, el movimiento que tienen los asuntos, y la perspectiva de lo futuro.

Cuatro comisiones de hombres positivamente ilustrados harían mucho bien dedicándose a reunir datos y acumular noticias sobre cada una de estas grandes secciones de la Historia de Guatemala, y presentándolas después a quien fuese capaz de escribirla con filosofía.

Este método, seguido en otras naciones con suceso muy feliz, reúne dos ventajas grandes: emplea muchas manos en la colección de hechos, y fía a una sola el trabajo de escribir. La Historia es rica porque se apoya en multitud de datos, noticias y documentos compilados por muchos colaboradores; y tiene al mismo tiempo el carácter de unidad que debe tener, siendo escrita por una pluma.

Terminada la revolución que cubrió de gloria a España, e influyó en la libertad de Europa, el gobierno de la Península nombró una comisión para la Historia de la guerra contra Napoleón Bonaparte; y la que se ha escrito ha merecido los votos de los hombres de luces. "La franqueza de su idioma, dicen los editores de la Revista enciclopédica, y la equidad de sus juicios anuncian que llamados los autores de ella a consagrar la memoria de todos los hechos gloriosos, han llenado este honroso oficio sin desconocer los talentos distinguidos de sus enemigos."

Nosotros hemos nacido en el Estado; andamos sobre su territorio; respiramos su atmósfera; vivimos con sus habitantes. No lo conocemos, sin embargo, como es preciso conocerlo; y sin ese conocimiento es difícil dictar leyes y acordar medidas que estén en armonía con él. El estudio de la Historia no es un estudio vano. Es necesario para saber gobernar.

Una Academia de amigos de las ciencias y artes sería muy importante en la República. Ciento treinta años ha que se establecieron las primeras sociedades sabias, y en este tiempo no se ha hecho un descubrimiento que no esté en sus registros o cuyo autor no haya sido individuo suyo. La Academia debe dividirse en seis secciones, ocupadas la primera en las ciencias físicas y naturales, la segunda en las ciencias exactas, la tercera en las ciencias económicas, políticas y morales, la cuarta en las bellas letras, la quinta en las artes y la sexta en la instrucción elemental.

En "El Águila Mexicana" de 8 de marzo de 1828, se manifestó que el señor Esteban Gonin, que de los Estados Unidos había pasado a México, ofreció enseñar a escribir en el término de treinta días: que cumplió su palabra y lo acreditó con certificaciones publicadas en el mismo periódico. Sería importante traer profesores para los departamentos de los Estados. Enseñando a los indios en treinta días, poca falta podrían hacer a sus padres en un término tan corto, y la instrucción sería universal.

La Estadística no puede formarse sino por hombres que sepan determinar la posición geográfica de un lugar, hacer cálculos de su población, etc. No hay esos hombres en la República. Es preciso traerlos de Europa. Sería conveniente que viniese un geógrafo para cada Estado: que se le diesen instrucciones sobre los puntos que debía ilustrar; y que se diese orden para que se le franqueasen los documentos y datos que pidiese.

El equilibrio posible de los Estados es de suma importancia para que no sean unos víctimas de otros. Debe hacerse la división territorial sobre esta base.

La ilustración es del mayor interés; y uno de los medios más eficaces es que los centroamericanos tengan relaciones con los extranjeros que residen en Centro América y procuren tomar noticias de ellos sobre el idioma que hablan, sobre los caminos, canales, escuelas, etc.

La mayor parte de los publicistas se ha ocupado en discutir derechos como si la fuerza física no los redujera al rango de vanas abstracciones cuando no está de su parte. El general Tarayre tiene razón para decir que los Gobiernos son resultado efectivo de la distribución de las fuerzas. El primer objeto de todo gobierno, despótico o representativo, es mantenerse: su primer cuidado debe ser organizar una fuerza análoga a su naturaleza y a los intereses que quiere hacer prevalecer.

En cada República de América convendría publicar un Anuario político y literario, dividido en varias secciones. Debe tenerse presente el plan que Lesure siguió en su Anuario, y el que Julien pensaba seguir en el suyo y manifiesta en el tomo 4, p. 291 de la Revista Enciclopédica.

La América debe ocuparse en el examen y discusión de este problema: decidir si, descubierto un nuevo método, conviene más enviar hijos suyos que lo aprendan del inventor y vuelvan a enseñarlo, o traer a los hijos de otras naciones que lo hayan aprendido. El primer medio fue seguido por diversos gobiernos cuando el abate L'Epée inventó el método de enseñar a hablar a los sordomudos.

Debe establecerse una biblioteca en la capital de cada Estado. Pero esta biblioteca debe franquear sus libros por una mínima cantidad a cualquiera que los pida y sea abonado. Las bibliotecas de esta especie son más útiles y menos gravosas que las permanentes.

El establecimiento de una Sociedad de amigos de la Constitución sería importante para consolidar la opinión. La Sociedad debería publicar un periódico análogo a su Instituto.

En los Estados Unidos se pintó, de orden del Congreso, el cuadro grande que representa a Franklin, Adams, Jefferson, etc., ofreciendo el dictamen que escribieron sobre la independencia.

El Congreso federal debe acordar que se pinte el cuadro importante del 15 de septiembre de 1821.

El Congreso de Buenos Aires mandó que en la plaza de la Victoria se erigiese un monumento a la memoria de los primeros fundadores de la independencia.

En México se ha dado el nombre de Morelia a la ciudad de Valladolid.

El establecimiento de una clase de derecho constitucional es de absoluta necesidad. Es preciso propagar los principios en que se funda la ley que organiza y dirige la República.

Debe mandarse que, sin haber acreditado el curso constitucional, ninguno sea cura ni teniente de cura; ninguno sea abogado, etc.

En Londres se estableció una Sociedad de Amigos de la Paz. Sería importante que en las Repúblicas de América se estableciesen iguales sociedades y que las establecidas tuviesen correspondencia con la de Londres.

Al fin de la guerra, cuando se haga la paz, debe publicarse el párrafo hermoso de Ségur, que está en el tomo 19, página 360, de la Revista Enciclopédica.

A la misma época deben publicarse los bellos versos de Miss Williams, que están en el tomo 17, página 552, de la Revista Enciclopédica.

La influencia de las mujeres es grande. Importa nacionalizarlas, y a este fin sería conveniente que en cada periódico se publicase un artículo que llamase su atención. Esto las inclinaría a leer el periódico, y la lectura de este les iría dando conocimientos. El bosquejo de un curso de Historia, publicado en el tomo 10, página 8, de la Revista Enciclopédica, debe traducirse y publicarse. La noticia de las mujeres ilustradas de Mme. Staël, de Mme. Williams, etc., debe también darse a luz para estimularlas a la imitación.

Nacionalizar todas las clases es lo que debe formar el plan de un gobierno paternal: convendría un periódico que, dividido en partes, presentase a los eclesiásticos el modelo de los que han sido más patriotas; a los aristócratas, el ejemplo de los que han hecho servicios más distinguidos; a las mujeres, el de las más ilustradas; y al pueblo, los principios de Derecho Constitucional, la necesidad de la instrucción elemental, etc.

La libertad de imprenta es la base grande de todas las libertades. No hay despotismo donde hay libertad de imprenta. Si se han establecido sociedades para fomentar la agricultura e industria, para proteger los adelantamientos de las ciencias, de la poesía, de la elocuencia, etc., ¿no sería de la mayor importancia establecer una Sociedad de Amigos de la libertad legal de pensar? Su instituto debería ser sostenerla en el país donde se halle establecida, y censurar a los que la opriman en otros.

Son innumerables las sociedades y academias establecidas en el mundo con diversos objetos. Sería útil que se crease una sociedad que se ocupase en manifestar el plan que convendría seguir en la creación de sociedades, y manifestar que con los mismos fondos que gastan y la misma masa de trabajos podría hacerse mayor bien, reduciendo las sociedades a lo que deban ser, conservando unas, suprimiendo otras y dando a todas diversa forma.

Es imposible hacer que progrese un país sin conocerle, y para conocerle es necesario que sea observado por hombres ilustrados.

Será importante que cada República de América haga venir de Europa un geómetra-geógrafo, un químico-naturalista, un mineralogista, un agrónomo-botánico, un médico y un pintor: que esta academia ambulante recorra uno a uno cada departamento y siga el plan propuesto para el Instituto nómade en la Revista Enciclopédica, tomo 6, página 246.

AMÉRICA

El nuevo Continente estaba por la naturaleza separado del antiguo. Paralelos distintos los demarcaban; zonas diversas los dividían; océanos inmensos los alejaban.

Eran hombres los que habitaban el nuevo; lo eran también los que poblaban el antiguo. Unos y otros habían sido formados por una mano; ambos tenían un mismo origen: los de un hemisferio eran como los del otro, libres, iguales y señoriales de las propiedades que poseían.

Los americanos ignoraban la existencia de Europa; los europeos ignoraban la de América; y esta ignorancia de una y otra parte del globo garantizaba la libertad de los dos.

El sabio que todo lo indaga descubrió al fin lo que era escondido. «Debe haber otro continente», dijo Colón; y este descubrimiento del genio fue el primer origen de los sufrimientos del nuevo y de las riquezas del viejo.

España mandó a Cortés y Alvarado, a Pizarro y Almagro, a Solís y Rojas, a Bastidas y Heredia. Los españoles pisaron la América; y el americano empezó a sufrir.

Era cobrizo el color del indio, y más claro el de los españoles. Pero más blancos y más rubios que los españoles eran los alemanes; y cuando la casa de Austria quiso dominar a España, los españoles se levantaron contra ella y proclamaron a la de Borbón. El color no es título de superioridad o esclavitud. Cobrizo, moreno o blanco, eres hombre, americano infeliz; y la esencia de hombre te da derechos imprescriptibles. Las lavas del Izalco te pueden abrasar; las aguas del Lempa te pueden inundar. Pero la mano de la arbitrariedad no tiene derecho para oprimirte.

No había en América la suma de conocimientos que poseía España. Pero tampoco había en España la cantidad de sabiduría que se admira en París; y cuando París quiso regenerar a España, los españoles se alzaron contra Francia; los pueblos repelieron agresión tan injusta; y las Cortes dijeron: «La fuerza no es derecho».

No manifestaban talentos los naturales, ni se barruntaba en su descendencia la potencia divina de perfeccionarlos. Pero las obras de Anáhuac, las maravillas de Tenochtitlán, los atestaban iguales o mayores que los del español en sus primeros siglos; y cuando Cartago, ilustrada y rica, oprimió a España, ignorante y pobre, los españoles lucharon primero y quebrantaron después el yugo de Cartago. El suelo de América ha sabido brotar talentos grandes. Hijo de ella era Olavide; y este americano fue el que ilustró al conde de Aranda, uno de los ministros más dignos de serlo. En América nació Dávila, y este sabio guayaquileño fue el fundador y primer director del Gabinete de Historia Natural que no tenía Madrid y le hace tanto honor. Natural de Tizicapán era Velázquez; y este geómetra de la Nueva España, fundador del Tribunal de Minería de México, fue el que ejecutó nivelaciones y emprendió trabajos trigonométricos dignos del elogio de un sabio; formó la carta de aquel vasto imperio; hizo observaciones astronómicas, justamente celebradas; y comunicó, dice Humboldt, a los astrónomos de Europa la verdadera longitud de California, antes que estos hubiesen podido hacer observación alguna.

Los sabios no son opresores ni detractores de los ignorantes. Son amigos del hombre; preceptores de los pueblos; bienhechores de su especie. Si era ignorante el indio y sabio el español, el segundo debía dar luces al primero, hacerle bien, enseñarle sus derechos. Pero sofocar los que tenía, conquistarle, someterle a pupilaje perpetuo, a ignorancia eterna… Hombres imparciales: ¿esto es lo que dicta la razón? ¿Esto es lo que inspira la justicia?

Era despótico el gobierno de Moctezuma II. Pero los mismos españoles confiesan que lo era también el de Carlos IV. La constitución mexicana prevenía los males de la sucesión hereditaria y aseguraba los bienes de la electiva. Mandaba que hubiese elección de emperador; pero obligaba a hacerla de un individuo de la familia real. No sucedía el hijo del emperador: uno de sus hermanos era el sucesor; y el cetro no se daba a un niño sin luces, ni el gobierno era encomendado a un regente tirano. España no tenía Constitución. El despotismo había abolido la de sus antiguas Cortes. Un joven sin conocimientos ni moralidad, Godoy, era quien gobernaba la monarquía a placer de su arbitrio, sin ley ni Constitución. Bonaparte quiso darla a España; y los españoles gritaron: «Los representantes de los pueblos son los que deben formar su Constitución; solo ellos tienen este derecho; solo ellos pueden decretar leyes».

Un pueblo degradado por la tiranía puede ser protegido por un gobierno sabio y bienhechor. Pero no existe ahora ni ha habido jamás derecho alguno para destruir el despotismo que aqueja a una nación y sustituir otro despotismo, igual o más opresivo que el destruido. Pudo Roma proteger a los españoles en su alzamiento contra Cartago; pero no tuvo derecho para quebrantar el yugo cartaginés e imponer seguidamente el romano.

Ignoraba la América la religión que profesaba España. Pero España también ignoraba la de la Meca, la de los bárbaros del Norte, la de Roma y la de Cartago; y ni los sarracenos, ni los godos, ni los romanos, ni los cartagineses tuvieron derecho para conquistar a España. La ignorancia de una religión predicada en el antiguo continente no era título para sojuzgar el nuevo. Su autor divino no mandó que se conquistase el mundo. Mahoma fue el que ordenó sangre y fuego. El carácter distintivo de Jesús era la lenidad. En toda la extensión del globo se calculan ciento dieciséis millones de católicos y quinientos veintisiete de protestantes, griegos, mahometanos, etc. Los americanos no combatían la religión católica: la ignoraban solamente; y su ignorancia no era crimen suyo. Los protestantes, los griegos, etc., la desprecian, la combaten y persiguen. Si los ciento dieciséis millones de católicos no tienen derecho para conquistar a los quinientos veintisiete que desprecian nuestra religión, ¿lo tendrían para dominar a los que la ignoraban? ¿Se ha creído alguna vez que los españoles tengan derecho para conquistar a los discípulos de Confucio o a los vasallos de Kon, a los tártaros o a los chinos, a los persas o a los japoneses?

La historia comparada de España y América, el paralelo de una y otra, primero salvajes y después civilizadas, el cuadro de la primera repeliendo a sus invasores y de la segunda luchando con sus conquistadores, sería el monumento más grande de los derechos de América derivados de los mismos que ha creído tener España. Es obra que no se ha publicado hasta ahora. Algún día la escribirá algún americano ilustrado, hijo digno de su patria, defensor celoso de sus derechos.

Publiquemos entretanto la verdad. Su confesión es siempre honrosa. Aun recorriendo los espacios infinitos hasta donde puede extenderse la razón, no se encuentra título legítimo para la conquista de la América. El cañón fue el que la sometió; y la fuerza del cañón ha sido siempre fuerza y jamás derecho.

Se abolieron los gobiernos que regían al imperio de Anáhuac, a la república de Tlascala, a las naciones de los Tzutujiles, Quichés, Zapotitlecos, Choles, Cakchiqueles o Guatimalas. Se estableció otro gobierno; y el principio fundamental de este gobierno fue reservar todos los poderes a los españoles, no permitir relaciones más que con ellos, separar unas de otras las clases de americanos, aislar la América y mantenerla subordinada.

Las poblaciones debían fundarse en el centro del continente, lejos del mar que multiplica las relaciones facilitando el trato y la comunicación. Las costas debían ser yermas, salvajes y brutas para que no arribasen a ellas pabellones de otros Estados; y los puertos debían cerrarse para todos y abrirse solamente a los españoles.

En los pueblos no podían vivir unidos por vínculos de sociedad los indios, ladinos y españoles. La ley los separaba unos de otros; su mano injusta levantaba el vallado que los dividía.

Los indios debían existir aislados, distantes aun de las otras clases que vivían en la misma provincia; no podían hablar al gobierno y autoridades sino por la boca de un fiscal nombrado por el gobierno español; debían ser perpetuamente pupilos y existir bajo una tutela que les prohibía el uso de sus derechos.

Los ladinos también debían vivir alejados de las otras clases. No podían entrar en la carrera del honor; no podían pisar las universidades y colegios, unirse en las aulas con los jóvenes de otras clases, ni tener fuera de ellas las relaciones que estrechan a los funcionarios.

Los españoles americanos tampoco podían tenerlas con todos los españoles europeos. La ley prohibía a los empleados el trato, la comunicación y las relaciones; quería que viviesen aislados en la sociedad; y para que el amor no los uniese con las americanas se procuraba que viniesen casados con españolas, y se prohibía a los célibes casarse sin licencia del rey.

Ni los indios, ni los ladinos, ni los blancos podían tener otras opiniones que las que inspiraba la educación española, las que dictaba el gobierno de España o enseñaban libros escritos en la Península.

La facultad de dictar leyes, la de imponer contribuciones, la de proveer empleados, los dos poderes Legislativo y Ejecutivo, eran reservados al gobierno de España. Los virreyes eran militares nacidos y formados en la Península. La administración de justicia, la de rentas, el mando de tropas, la comandancia de puertos, las magistraturas y primeros empleos eran, en lo general, puestos en manos de españoles hijos de la Península.

El derecho de hablar es natural como el de andar; y el de escribir es lo mismo que el de hablar. Pero no era permitido este derecho de la naturaleza. No había libertad de hablar; era coartada la de leer; se prohibía la de escribir, y no se conocía la de imprenta.

Parecía imposible mudar un gobierno que había tomado medidas no combinadas para perpetuarse en los siglos. El americano volvía los ojos a su patria y veía en ella un caos de tinieblas separado del mundo que podría darle luces. Los levantaba al cielo, y en él leía escrito: «Por mí reinan los reyes y existen los legisladores».

La religión y la política parecían unidas para alejar más allá de lo posible la esperanza lisonjera de libertad. Pero los sabios penetran futuros que otros no pueden prever. Su ojo descubría lo que no veían los pueblos; su genio barruntaba la marcha progresiva del tiempo.

«No desconfíe V. M. de los indios, decía Antonio Pérez a Felipe II. Desconfíe de los españoles criollos y de los europeos aventureros que pasan a la América sin destino».

«La reina Isabel, decía Montesquieu, ha revelado al mundo un gran secreto. Es que las Indias solo están pendientes de un hilo».

«¿Cuándo serán los hombres, decía Buffon, bastante sabios para sofocar sus pretensiones, renunciar dominios imaginarios, posesiones lejanas, muchas veces ruinosas o al menos más gravosas que útiles? El imperio de España, tan extenso como el de Francia en Europa y diez veces más grande en América, ¿es acaso diez veces más poderoso? ¿Lo es tanto como si esta fiera y grande nación se hubiera reducido a sacar de su tierra venturosa todos los bienes que podía ofrecerle? Los ingleses, ese pueblo tan sensato y profundamente pensador, ¿no cometieron una gran falta extendiendo tan lejos los límites de sus colonias?

Los antiguos tenían, a mi juicio, ideas más sanas: no proyectaban emigraciones sino cuando sobreabundaba su población y no bastaban a sus necesidades sus tierras y comercio.

«Cuando se descubrieron las Indias, decía Smith, los europeos tenían tal superioridad de fuerza que podían cometer impunemente toda especie de injusticias en aquellos remotos países. Puede que en adelante lleguen sus naturales a ser más fuertes que los europeos, y puede que todos los habitantes del globo tengan algún día aquella igualdad de fuerza, que por el temor mutuo que inspire, contenga la injusticia de las naciones independientes. El comercio parece que es el agente más propio para producir esta feliz revolución... Librémosle de las trabas antipolíticas que le sujetan, y el interés bien entendido de todas las naciones llevará las luces y beneficios al más alto grado a que puedan llegar.

«La sabiduría o divisiones insensatas de los pueblos europeos, decía Condorcet, auxiliando los efectos lentos, pero infalibles, de los progresos de sus colonias, ¿no producirán en breve tiempo la Independencia del nuevo mundo? Y entonces, la población europea, haciendo rápidos progresos sobre este territorio inmenso, ¿no civilizará o hará que, sin conquistas, desaparezcan las naciones salvajes que ocupan todavía regiones vastas?»

«La decadencia pronta y rápida, decía Raynal, de nuestras costumbres y fuerzas, los delitos de los que mandan y las desgracias de los pueblos harán universal esa catástrofe fatal que debe separar al mundo nuevo del antiguo. La mina es preparada bajo los cimientos de nuestros vacilantes imperios: los materiales de su ruina se acumulan con los fragmentos de nuestras leyes, el choque y fermentación de nuestras opiniones, la destrucción de nuestros derechos que hacían nuestro valor, el lujo de nuestras Cortes y la miseria de nuestros campos, el odio eternamente irreconciliable entre los hombres bajos que poseen todas las riquezas, y los hombres robustos y virtuosos que no tienen más que la vida. A proporción que nuestros pueblos se debiliten y sucumban unos al poder de otros, la población y agricultura harán progresos en América: las artes nacerán en breve, transportadas por nuestros cuidados. Ese país, salido de la nada, arde por hacer figura en la faz del globo y la historia del mundo. ¡Oh posteridad! ¡Tú serás acaso más feliz que tus tristes y miserables abuelos! Quiera el cielo que se cumpla este último voto, y que la generación que expira se consuele con la esperanza de otra mejor.»

Dios ha oído tus voces, hombre sabio y previsor. La naturaleza habló primero en la América del Sur, después en la del septentrión, y últimamente en la del centro.

El pueblo inglés no ha cesado de luchar por ir corrigiendo su carta y conquistando sus derechos, usurpados por el trono, el clero y la nobleza. Los holandeses, los de Utrecht, Zelanda, Güeldres, Frisa, Over-Isel y Groninga se alzaron para quebrantar el yugo de España y defender su libertad, y el 23 de enero de 1583 firmaron el tratado grande de su unión. Los portugueses se levantaron para proclamar su independencia del gobierno español, y el 1.º de diciembre de 1640 manifestaron el poder que tiene la voluntad unida de un pueblo. Suecia se movió impelida por el resorte que hace obras contra el despotismo; y a principios del siglo XVIII formó la Constitución que admira a los filósofos, pone cadenas a la arbitrariedad y sostiene los derechos del pueblo.

El norte de América se puso en movimiento el año de 1774; y declarándose independiente del gobierno inglés dio esta lección a México y Guatemala, a Chile y Buenos Aires. Francia se conmovió después de 1789; y derramando luces sobre sus hijos y los de todo el globo, defendió su libertad y enseñó a los hombres a defender la suya. Los españoles se movieron también gloriosamente en 1808; y arrojando con una mano al conquistador injusto de Castilla, escribieron con otra la Constitución, que dice: «La soberanía reside en la Nación». Los castellanos volvieron a levantarse en 1820 para restablecer esa ley fundamental que garantizaba sus fueros y debía hacer su felicidad.

Los portugueses quisieron también recobrar sus derechos y, alzándose heroicamente, dijeron a la faz del mundo: «Nuestra justicia no debe ser administrada en el Brasil a dos mil leguas de distancia, con excesivos gastos y dilaciones: es imposible dar un giro regular a los negocios públicos y particulares de una monarquía, hallándose a tal distancia el centro de sus movimientos, y siendo estos muchas veces impedidos o retardados por la malignidad de los hombres, por la violencia de las pasiones y aun por la fuerza de los elementos».

Los napolitanos fueron movidos por el mismo impulso. Conocieron sus derechos; se armaron para sostenerlos; y fuerzas superiores sofocaron los primeros pasos de un pueblo que quería ser libre. El poder de la opinión triunfará al fin de esas fuerzas, y hará renacer el imperio de la justicia.

El movimiento, que en lo político es comunicativo como en lo físico, se propagó del antiguo al nuevo continente. «También soy hombre», dijo al fin el modesto y sensible americano. «Yo también he recibido de la naturaleza los derechos que ha sabido defender el europeo. Los grados de latitud hacen helado el polo, ardientes las costas de Honduras, bello al georgiano, negro al congo y cobrizo al indio. Pero el hombre es uno en todos los paralelos. Hay en Madrid más frío en invierno y más calor en estío que en Guatemala, dulcemente templada.

Pero el madrileño no tiene más derechos que el guatemalano. Aquende y allende del océano, separados por montañas o divididos por lagos o ríos, todos somos individuos de una misma especie, iguales y libres por naturaleza. Si el europeo, habitante del antiguo mundo, resiste ser administrado por gobierno establecido en el nuevo; si el español repugnó la traslación a México del gobierno de Madrid cuando Castilla era amenazada por fuerzas que se creían invencibles; si el portugués levantó al cielo sus voces cuando el rey de Lisboa se transportó a Río Janeiro; si unos y otros han creído imposible ser bien regidos por un gobierno distante de sus hogares, los americanos tenemos iguales derechos para dar el mismo grito y publicar la misma opinión.

La voluntad es la base de los pactos que someten a un hombre al poder de otro hombre; y jamás ha debido suponerse en los americanos la de estar sujetos a un gobierno tan lejano. Son prudentes, y por serlo cedieron a la fuerza cuando esta era mayor. Cesó al fin de serlo, y reclamaron al momento sus derechos, suspensos algún tiempo por la prudencia y nunca extinguidos por la justicia. La Constitución de España, declarando la soberanía de la Nación, declaró que el soberano moral eran todos los pueblos que formaban la monarquía. La mayoría de votos es la que debe decidir; y si quince millones de americanos pronuncian la voluntad de ser libres, nueve millones de españoles deben respetar los votos del mayor número. Sabedlo, hombres de todos los climas: la misma ley de España es la que ha declarado la independencia de América; ella es la que, confesando la soberanía de la Nación, mandó respetar la mayoría de esta misma Nación.

»No odio a los españoles, ni me gozo en su mal. Españoles eran los que me comunicaron la vida, los que me enseñaron la religión santa que profeso, los que me dieron el idioma hermoso de Castilla, los que formaron el patrimonio que asegura mi conservación, los que engendraron a la que es objeto de mis amores y madre de mis hijos. Recibid, padres amados de mi ser, los votos de mi gratitud. Respetaré siempre la memoria de los autores de mi existencia; pero los deberes de la filiación no son contrarios a las obligaciones del patriotismo. En América me engendrasteis. La América es mi patria, y todo ciudadano debe amar la que tenga. Si el castellano no ofende a sus hijos sosteniendo la causa de Castilla, el americano no agravia a sus padres defendiendo la causa de América. Debo sostener la de este caro continente; pero no violentaré jamás la naturaleza del americano. Que haya en Francia Robespierres sanguinarios. El carácter de un americano es la dulzura; la sensibilidad pintada en su cara, expresada en sus acentos. No seamos perseguidores injustos: amemos a todos los que respetan el orden y confiesen la justicia de nuestra causa.»

Es una la voz desde el cabo de Hornos hasta Texas. Oponerse a la libertad de América hubiera sido luchar contra el espíritu del siglo, resistir las fuerzas de la opinión, ser injusto, y hacerse objeto de la execración. Guatemala, colocada en el centro de los movimientos del mediodía y del septentrión, recibió al fin el que era preciso que tuviese. Las dos Américas han proclamado su independencia; y este suceso grande, más memorable que el de su descubrimiento, producirá en la marcha progresiva del tiempo efectos que lo serán también.

El Nuevo Mundo no será en lo futuro como ha sido en lo pasado, tributario infeliz del antiguo. Trabajará el americano para aumentar los capitales productivos de su propiedad; trabajará para presentar al gobierno, protector de sus derechos, las rentas precisas que exija la conservación del orden. Pero no se arrastrará en las cavernas de la tierra para sacar de sus entrañas los metales que debía enviar al otro continente; no remitirá la propiedad del indio acumulada con penas; no enviará los ocho o nueve millones que enviaba anualmente.

Esta suma supone cantidad inmensa de trabajo, y de este trabajo será aliviado en lo venidero, cuando las contribuciones sean únicamente para el gobierno de América, y medidas por las necesidades del mismo gobierno.

Las costas de América, dilatadas majestuosamente del Norte al Sur, se abrirán a todas las naciones amigas o neutrales. Pabellones de todos colores pintarán sus puertos y bahías. El mundo entero vendrá a ofrecerle los productos de su industria. El concurso de comerciantes de todos países hará bajar los precios; y la América, entrando al goce de uno de sus más preciosos derechos, hará lo que hace España. Comprará a quien le ofrezca mercaderías mejores y más baratas; no será ligada a la voluntad de una sola plaza de comercio; no pagará el tributo de millones impuesto por la ley que daba a un solo vendedor la facultad de señalar precio a sus mismos géneros y a los productos de un continente entero.

El americano, que apenas tenía interés en ir a costas salvajes, rara o ninguna vez frecuentadas, abrirá caminos o formará calzadas para aproximarse a puertos que le llamarán ofreciéndole las riquezas de todas las naciones. Los fletes, costosos ahora más que los valores de los frutos, no retraerán a los especuladores activos. No será el añil el único producto capaz de sufrir el transporte. Todos los vegetales útiles que puede producir un suelo que abraza todas las temperaturas serán porteados a la costa y llevados a las plazas de todo el mundo.

La agricultura, que multiplica el número de espigas a proporción que se aumenta el número de consumidores, dilatará sus cosechas abriéndose el mundo entero a sus consumos. Las pendientes de los Andes, las faldas de esas montañas, las más elevadas del globo, serán cubiertas de frutos; y los campos que ostentan en vegetaciones inútiles la energía de su fecundidad, la manifestarán en plantas provechosas, origen de la riqueza.

La marina, que hace siempre que se multipliquen las relaciones entre pueblos separados por mares, será la primera en un continente que suda hierro y cobre, brota algodones, derrama alquitranes, resinas y breas, y se ve cubierto de bosques útiles para la construcción.

La población, numerosa o menguada, según la facilidad o dificultad de las subsistencias, se reproducirá prodigiosamente en razón de la riqueza distribuida sabiamente por la libertad. No habrá desiertos sin vida ni campos sin verdor. Si en 15,005 leguas cuadradas de tierras menos fecundas hay en España 10.351,071 almas, en 408,000 leguas cuadradas de suelo más fértil habrá en América, aun suponiendo la misma proporción, 322.845,799 almas.

Los extranjeros, atraídos por la riqueza que prometerá un suelo libre y fecundo, vendrán a aumentar más la población. Traerán sus talentos, sus máquinas y sus manos. Brillará la industria europea en los talleres de América; y los hijos de ella, desenvolviendo su genio, imitarán primero y crearán después.

Cruzándose los indios y ladinos con los españoles y suizos, los alemanes e ingleses que vengan a poblar la América, se acabarán las castas, división sensible de los pueblos: será homogénea la población; habrá unidad en las sociedades; serán unos los elementos que las compongan.

Las ciencias, recibiendo luces de todos los pueblos en el comercio con todos ellos, harán progresos rápidos. La Europa, que hasta ahora no ha existido para nosotros, será un mundo nuevo descubierto a nuestros ojos: desenvolverá todas sus riquezas; presentará todos sus conocimientos. La América, no conocida más que en la superficie de algunos puntos, será otro mundo, descubierto también a nuestra vista. Los sabios, que no osaban penetrar regiones vastas asechadas para la desconfianza, vendrán a observar los tres reinos y derramar sobre ellos nuevas luces. Caerán los sistemas existentes, y se levantarán otros apoyados en bases más sólidas y observaciones más numerosas. El americano, dulce y sensible, dará su carácter a las artes y ciencias.

Recordando su antigua esclavitud hará llorar a sus semejantes; cantando su libertad penetrará de dulce gozo a la especie entera. Su imaginación fecunda creará nuevos géneros de poesía y elocuencia, otras ciencias, modelos nuevos de sentimental, tipos originales de bello. Si en la temperatura feliz de Italia fue donde se escribió el arte de amar, en el clima dulce de Quito es donde se hermoseará, glosará y perfeccionará.

La América no caminará un siglo atrás de Europa: marchará a la par primero; la avanzará después; y será al fin la parte más ilustrada por las ciencias, como es la más iluminada por el sol.

La lengua castellana, hablada por naciones independientes de Castilla, se irá mudando insensiblemente. Cada Estado americano tendrá su dialecto; se multiplicarán los idiomas; y cada idioma será un método nuevo de análisis.

Las lenguas que han conservado los indios para expresar quejas que no entienden los españoles desaparecerán en lo sucesivo cuando no sean oprimidos aquellos infelices: cuando, cayendo el muro de separación que los ha dividido de los ladinos y españoles, sea uno el idioma de todos.

Los de la América se irán hermoseando y elevando a proporción que se borren las sensaciones de tiranía y nazcan las de libertad; a medida que cesen de ser imagen de desigualdades injustas, y comiencen a ser expresión de la unidad social y la igualdad de los ciudadanos que la forman.

Los elementos, los principios, los métodos de las ciencias, poseídos ahora por un número mínimo de hombres, serán al fin populares. Habrá sabios entre los ladinos; habrá filósofos entre los indios; todos tendrán mayor o menor cantidad de civilización; y esta parte de la tierra será la más iluminada de todas.

Ilustrados con las luces de las ciencias; restituidos al goce de sus derechos; libres bajo un gobierno protector; iguales en una legislación justa e imparcial; sin reglamentos en la elección de trabajo, ni opresión en el goce de sus productos; ricos con el desarrollo progresivo de gérmenes nuevos de prosperidad, los americanos conocerán al fin que son hombres: sentirán toda la dignidad de su ser; sabrán que el rico y el pobre, el sabio y el ignorante, el título y quien no lo tenga, Newton y el indio son hijos de una familia, individuos de una especie.

El alma del americano se elevará como la del europeo. No será el indio un ser degradado que en su misma cara, en los surcos de su frente, manifiesta las señales de su humillación. Será lo que es el hombre: un ser noble que en la elevación de sus miradas da a conocer la de su esencia.

Se mudarán las fisonomías y tallas, las organizaciones y caracteres. Esos americanos tristes y desmedrados que solo hablan ayes y suspiros, se tornarán en hombres alegres, altos y hermosos como los sentimientos que darán vida a un ser. No serán humildes como los esclavos. Tendrán la fisonomía noble del hombre libre.

El indio, el ladino, que se abandonaban a los placeres del crimen, sabiendo que aun negándose a ellos no recibían los premios de la virtud, harán en lo futuro los sacrificios que exige el honor. Tendrán mérito, porque su posesión les dará derecho a la remuneración. Se ilustrarán, sabiendo que pueden entrar en el campo de las ciencias; harán servicios a los pueblos, sabiendo que los empleos se dan a quien los haga; trabajarán para poseer todas las especies de mérito, sabiendo que un gobierno imparcial les abre las puertas del sacerdocio y la guerra, de las letras y hacienda.

No se verá en los hospitales el espectáculo sensible de infelices heridos por hombres rabiosos que se exasperan viendo que hay siempre penas para sus vicios y jamás premios para sus virtudes.

Habrá ricos y pobres, ignorantes y sabios, porque en el sistema de las sociedades es difícil y acaso imposible distribuir las fortunas y dividir las luces con igualdad absoluta. Pero el pobre y el millonario, el ignorante y el sabio, serán iguales ante la ley: la riqueza no será título para oprimir; la ilustración no se ocupará en engañar; se acercarán las distancias, y el hombre andrajoso, sabiendo que es ciudadano como el rico, será menos vil, o más digno de la especie de que es individuo.

Las rentas, los hospitales, la casa de moneda, las tropas, los palacios de justicia, no estarán reunidos en un lugar acumulando la riqueza, enorgulleciendo a sus hijos, dando a una ciudad superioridad sobre todas. Se hará distribución justa para que haya equilibrio. Se establecerán en una provincia las rentas y su intendente; en otra los tribunales de apelaciones y sus magistrados; en otra las tropas y sus jefes; en otra los hospitales y sus administradores. Los hijos de una provincia tendrán entonces necesidad de los de otras; los de esta la habrán de los de aquella; se estrecharán los vínculos. Los pueblos no serán esclavos de una capital; y la sociedad será lo que debe ser: compañía de socios; familia de hermanos.

Estos sentimientos de justa libertad, estas sensaciones de igualdad bien entendida, harán nacer la moral que no puede existir entre amos y esclavos, entre opresores y oprimidos. No hollarán los unos los derechos de los otros: el hombre se respetará a sí mismo en sus semejantes; y la moralidad, que es el respeto mutuo de los derechos de todos, brillará al fin en las tierras donde ha sido más ofuscada.

No vendrán negros a las costas de América, porque a los blancos interesa que no los haya. Cesará el comercio que ofende más a la razón: no venderá el hombre a sus semejantes; y la libertad de América hará que se respete la de África.

La voz de haberse la América pronunciado independiente correrá por todo el globo. El asiático, el africano, subyugados como el americano, comenzarán a sentir sus derechos; proclamarán al fin su independencia en el transcurso del tiempo; y la libertad de América hará por último que la tierra entera sea libre.

El tiempo que antes iba estrechando los vínculos de América y España, a proporción que se generalizaban en la primera los usos, leyes, idioma y costumbres de la segunda, los irá disolviendo a medida que la una vaya mudando las instituciones, lengua, legislación y modales que había recibido de la otra. Todo se irá variando con la marcha de los siglos; y cada paso del tiempo será un espacio más de distancia entre América y Castilla.

La América será por último lo que debe ser. Colocada en la posición geográfica más feliz; dueña de tierras más vastas y fecundas que las de Europa; señora de minerales más ricos; poblada con la multiplicación de medios más abundantes de existencia; ilustrada con todos los descubrimientos del europeo, y los que estos mismos descubrimientos facilitarán al americano; llena de hombres, de luces, de riquezas y de poder, será en la tierra la primera parte de ella: dará opiniones, usos y costumbres a las demás naciones; llegará a dominar por su ilustración y riqueza; será en lo futuro, en toda la extensión del globo, lo que es al presente en Europa la rica y pensadora Albión.

Pero antes de llegar a esa cima de poder es necesario trepar rutas escarpadas, andar caminos peligrosos, atravesar abismos profundos. No nos ocultemos los riesgos de la posición en que estamos. Publiquemos la verdad para que su conocimiento nos haga más prudentes.

Somos en el punto más peligroso de la carretera; nos hallamos en el período más crítico de los Estados. Vamos a formar nuevas instituciones, a hacer nuevas leyes, a crearlo todo de nuevo.

Una población heterogénea, dividida en tantas castas y diseminada en territorios tan vastos, ¿llegará a unir sus votos sobre el gobierno que debe constituirse? ¿Las clases que han gozado serán bastante justas para dividir sus goces con las demás? ¿Las que han sufrido serán bastante racionales para no excederse en sus peticiones? ¿La opinión, varía siempre según las temperaturas, los paralelos, intereses y estados, podrá uniformarse en una extensión de tantos grados y climas? ¿La juventud, vana siempre y persuadida de saber más grande que el que tiene, respetará las luces de la experiencia juiciosa y previsora? ¿Los impostores de los pueblos olvidarán sus artes y sacrificarán a los del público sus intereses privados?

La justicia es en caos tan grande el lazo único que puede ligar intereses tan contrarios; y justicia en lo político es el mayor bien posible del mayor número posible.

Es necesario preferir la forma de gobierno menos peligrosa en circunstancias tan críticas. Pero es necesario presentar un plan que tienda al bien del máximo: es necesario formar una Constitución que haga felices a todas las clases: es necesario dictar leyes que lejos de dividir hagan una a la sociedad: leyes que no sacrifiquen los derechos de unos para distinguir o aumentar los derechos de otros: leyes que ofrezcan iguales premios a méritos iguales, y solo tengan por mérito los servicios útiles al bien del máximo: leyes que castiguen con iguales penas a delitos de una especie, y solo tengan por delito la violación de los derechos del hombre: leyes que no sean el voto de una clase, sino la expresión de la voluntad general de los pueblos pronunciada por sus representantes.

La Constitución española ha derramado luces, enseñado principios, y dado lecciones que no es fácil olvidar. Si se forma para la América una Constitución menos liberal; si se niegan a los pueblos derechos que les daba la de España, la causa justa de nuestra independencia tendrá en su mismo origen el germen de su destrucción.

Los pueblos que la proclamaron llenos de esperanzas lisonjeras; los pueblos que se pronunciaron independientes para mejorar sus destinos futuros: «Nada hemos avanzado en la ley que debe regirnos», dirían tristes primero, irritados después. «La Constitución española, respetando nuestros derechos, declaraba que la soberanía reside esencialmente en la Nación: que los pueblos son los que deben elegir sus representantes en Cortes, sus diputados provinciales, sus alcaldes, regidores y síndicos. Reservaba a los representantes de los pueblos el poder legislativo, y procuraba la unidad de la Nación estableciendo la de sus Cortes. Daba a los ayuntamientos el gobierno interior de los pueblos. Daba el de las provincias a las diputaciones provinciales y jefes políticos. No concedía a unos pueblos más derechos que a otros en el acto grande de elecciones. Los declaraba iguales a todos, porque todos son compuestos de hombres, y los hombres son iguales ante la ley».

Si en todos tiempos ha exigido la justicia que la ley fundamental respete los derechos de los pueblos, en los presentes la necesidad es mayor que en otros. Si en todos países la Constitución es la obra que más debe meditarse, en América es este deber más grande que los demás.

Que los americanos marchen gradualmente sin dar saltos precipitados, pasando del extremo en que eran a otro absolutamente contrario; que aquellos que elija la voluntad de los pueblos para legisladores de América formen una legislación que sea desarrollo exacto del principio grande de sociedad o compañía; que los escritores dignos de serlo trabajen en uniformar la opinión para que no haya divisiones sensibles; que el patriotismo de todos los ciudadanos se interese en que la América del septentrión no sea como la del mediodía, teatro funesto de guerras intestinas; que se modere la ambición, persuadida de que primero es ser que tener empleos, y que es imposible ser no habiendo orden y tranquilidad. Estos son los votos de la razón en nuestro actual estado: mis deseos, y los de todos los que aman racionalmente la América.

IDEARIO SOCIAL

TRES SEMBLANZAS

PALEMÓN

Las primeras semanas del mes de agosto no habían dado un día que no fuese diluvial. La atmósfera parecía océano inagotable. Caían torrentes que inundaban los valles; se creía derramada toda el agua del cielo; se esperaba una atmósfera limpia y luminosa; y volvía a amanecer henchida y oscura. No se veía ser alguno de la creación animal. Los vegetales estaban doblados al peso de tantas aguas; el cielo encapotado; la tierra inundada. Era el cuadro triste del diluvio.

Al fin cayó la última gota; y anunció un día más bello que los de primavera. Todos los seres salían contentos a gozar de la luz y pasearse por la naturaleza. Unas aves cantaban alegría en las cimas de los árboles; otras giraban por el aire en tornos veloces. Las plantas levantaban sus ramas abatidas; la cabra trepaba colinas; el potrillo jugaba por el llano; y los pastores y labradores se unían alegres para contarse mutuamente sus tristezas y cuidados en los días anteriores.

Palemón, el más anciano, habló a todos en estos términos: «La alegría universal ha hecho fiesta el que debía ser de trabajo. Hagamos útil este gozo general. El mes anterior vi un suceso que no he podido olvidar. Un labrador llevaba al pueblo dos fanegas de maíz. La caballería que las portaba no pudo afirmar los pies en el pendiente peligroso que domina una barranca lateral: siguió deslizándose a pesar de las diligencias con que el labrador le tiraba del cabestro; cayó al fin en lo profundo de la quiebra, hecha piezas sin duda; y el infeliz, penetrado de dolor, dio un suspiro y se sentó a llorar».

«Volemos todos a componer el declive; hagamos que no vuelvan a repetirse desventuras que atormentan y hacen derramar lágrimas. No hay delicia más pura; no hay gozo más plácido que el de hacer bien. Es sabrosa la leche de la vaca de Polión: es dulce la miel de la colmena de Aminta. Pero es más sabrosa, es más dulce la beneficencia. El día en que se hace bien es día de contento: más rico que los de cosecha abundante; más hermoso que los que alegran el campo».

Un enjambre que descubre jardines poblados de flores no vuela a los nectarios de ellas con más rapidez que los pastores y labradores. Todos corrieron a traer azadones, piquetas, hachas, barras, etc., y regidos por Palemón, cantando unos, saltando otros, llegaron al pendiente; le aplanaron al momento; empedraron algunos puntos; y volvieron gozosos con la luz de la luna a entonar jácaras, merendar y bailar.

MENALCO

Menalco había sufrido los rayos abrasadores del mediodía en un campo sin agua, sin verdor, sin otros seres vivientes que arbustos secos, imágenes tristes de la esterilidad y desolación.

Afectado de sensibilidad por los que sufren lo mismo que él había sufrido, su sueño había sido profundo como el de los hombres laboriosos que trabajan el día entero. Pero despertó con la aurora, y su primera idea fue el sufrimiento de sus semejantes.

Era hermoso el día. Jamás se había visto otro más bello. Parece que la naturaleza rebosaba gozo por la acción que lo iba a distinguir.

Menalco cortó estacas de los árboles más útiles y hojosos; hizo un haz pequeño de ellas, y poniéndolas a la espalda salió para el mercado a vender las frutas de su huerto.

Las iba plantando a orillas del camino, a proporción que avanzaba en él; las cercaba de espinos para que nadie se aproximase a quitarlas; y cuando terminó su trabajo, volviendo los ojos a las que eran plantadas: «Creced, decía, gérmenes tiernos, escondidos en las yemas de estas estacas; brotad, desarrollaos con las lluvias que comienzan en esta bella estación. Ya la atmósfera está hermosa y llena de vida. Mañana, el día siguiente, serán regadas las tierras con las aguas puras del cielo. Las estacas que he plantado serán árboles frondosos, poblados de hojas verdes, cubiertos de frutas sabrosas como las que llevo. Los pájaros vendrán alegres a posar en ellos y cantar sus amores. El caminante; mis hijos, Juanito y Tonito (delicias de mi pecho), cuando vayan al mercado a vender frutas no serán abrasados de calor: tendrán sombras que los refresquen, frutas que los regalen. ¡Qué gozo tan puro el que penetra todo mi ser! Generaciones enteras van a sufrir menos, solo por el trabajo pequeño de una hora. Los ricos tienen alamedas para ir a regalar después de mesas de vinos y manjares; y para los pobres que les llevan frutas regaladas no hay un árbol que dé sombra. Con los fondos públicos, con las erogaciones de los vecinos se han hecho obras suntuosas; y mi abuelo, mi padre ni yo, vimos jamás gastar una moneda en alivio del caminante. Dios es padre universal de los infelices. Su bondad hará que esta hermosa estación sea más abundante que todas. Alejo, mi vecino, destinó un árbol de su huerta para dar frutas a los pasajeros indigentes. Ese árbol es el más copado, el que da manzanas más grandes».

TIRRENO

Tirreno, labrador de edad, encontró llorando a Aminta. ¡Qué bella era esta joven vestida con sencillez, sin otras gracias que las del pudor, la inocencia y el aseo!

Mi padre, dijo Aminta, sufrió mucho atravesando esta costa bruta y salvaje, sin caminos ni posadas. Fabricó una pajiza; pero limpia y cómoda: juró tener siempre alimentos sanos y agua fresca para los pasajeros que transiten. Yo fui a traer la que ves al riachuelo que corre en lo profundo de aquella barranca, y al volver me hirió la espina que me hace derramar lágrimas.

Las que viertes, dijo Tirreno, deben ser de gozo y alegría. ¡Qué placer tan grande sufrir por hacer bien! Yo beso las que derramas. Ven, joven amable. Ya he sacado la espina que te hería. Ven: quiero conocer al padre que hizo voto tan útil a los hombres.

Tirreno caminó gozoso, penetrado de placer; y al ver a Milón: Dios te conserve, le dijo, padre digno de Aminta, amigo del caminante. Enseñaste hospitalidad a tu hija; y Aminta sabe ejercerla. Yo te abrazo, anciano venerable. El cielo haga feliz a quien socorre a los infelices. ¡Oh! Si los que viven en las ciudades tuvieran corazón sensible! No hay casa que no tenga gentes. Los perros inútiles del rico tienen agua más abundante que los arrieros que le llevan alimentos, o los pobres que caminan para buscarlos.

EL ESCRUTADOR SOCIAL

Un filósofo que amaba a la especie de que era individuo y se interesaba en su felicidad; un sabio que trabajaba en la perfección del hombre, precisamente en el tiempo en que el hombre, hollando su más precioso derecho, le tenía recluso en prisiones, formó el bosquejo de una obra que preparaba para bien universal de todos.

En ella, observando los progresos que ha hecho el espíritu humano; examinando su actual estado, y vaticinando los destinos futuros de la especie, discutió estas tres cuestiones:

1.ª ¿Se acabará al fin la desigualdad que hay entre las naciones?
2.ª ¿Hará progresos la igualdad en los individuos de un pueblo?
3.ª ¿Podrá perfeccionarse realmente el hombre?

La base primera de sus raciocinios es digna de la filosofía: «Si el hombre, dice, puede pronosticar con seguridad los fenómenos de la naturaleza cuando conoce sus leyes; si aun en el caso de ignorarlas puede, por la experiencia de lo pasado, prever con probabilidad los sucesos de lo futuro, ¿podrá mirarse como empresa quimérica la de trazar con alguna verosimilitud el cuadro de los destinos futuros de la especie humana según los resultados de su historia? El único fundamento de creencia en las ciencias naturales es que las leyes conocidas o ignoradas que rigen los fenómenos del universo son necesarias y constantes; ¿y por qué razón ha de ser este principio menos cierto para el desarrollo de las facultades intelectuales y morales del hombre que para las otras operaciones de la naturaleza?».

Animado por este raciocinio entró a tratar de las cuestiones propuestas; y he aquí sus discursos sobre cada una de ellas. Meditémoslos detenidamente. No es una sola lectura la que puede descubrir todo su mérito.

Si volvemos los ojos al actual estado del globo, veremos desde luego que en Europa los principios de la Constitución francesa son ya los de todos los hombres ilustrados: los veremos demasiado extendidos y muy altamente profesados para que los esfuerzos de los tiranos puedan impedir que penetren hasta las cabañas de sus esclavos..

La sabiduría o divisiones intestinas de las naciones europeas, auxiliando los efectos lentos pero infalibles de los progresos de sus colonias, producirán, en breve, la independencia del Nuevo Mundo; y entonces la población europea, dilatándose rápidamente sobre ese territorio inmenso, ¿no civilizará o hará desaparecer, aun sin conquistas, las naciones salvajes que ocupan vastos espacios?

Recorred la historia de nuestros establecimientos en África o en Asia. Veréis nuestros monopolios de comercio, nuestras traiciones, el desprecio sanguinario con que vemos a hombres de diverso color, la insolencia de nuestras ocupaciones, etc..., destruir ese sentimiento de respeto y benevolencia que nos habían granjeado la superioridad de nuestras luces y ventajas de nuestro comercio.

El cultivo del azúcar, estableciéndose en el continente inmenso del África, destruirá el latrocinio vergonzoso que la corrompe y despuebla dos siglos ha.

Ya en la Gran Bretaña algunos amigos de la humanidad han dado el ejemplo; y si su maquiavélico gobierno, obligado a respetar la razón pública, no ha osado oponerse: ¡cuánto no deberá esperarse del mismo espíritu, cuando reformada una Constitución servil y venal sea digno de una nación humana y generosa! ¿La Francia no se moverá también a imitar esas empresas que la filantropía y el interés bien entendido de la Europa han dictado igualmente? Las especerías han sido llevadas a las islas francesas, a la Guayana y a algunas posesiones inglesas; y en breve se verá destruido el monopolio que los holandeses han sostenido con tantas traiciones, vejaciones y crímenes. Las naciones de Europa conocerán al fin que las compañías exclusivas no son más que una contribución impuesta sobre ellas, para dar a sus gobiernos un instrumento nuevo de tiranía.

Entonces los europeos, contentándose con un comercio libre, bastante ilustrado sobre sus propios derechos para burlarse de los otros pueblos, respetarán esa independencia que han violado hasta ahora con tanta audacia. Sus establecimientos, en vez de llenarse de favoritos que, a beneficio de un empleo o de un privilegio, vuelan a acumular tesoros para volver a Europa a comprar honores y títulos, se poblarán de hombres industriosos que irán a esos climas venturosos a buscar la felicidad que no encuentran en su patria. La libertad los fijará en ellos; la ambición cesará de llamarlos; y esas factorías de ladrones serán poblaciones de ciudadanos que derramarán en África y en Asia los principios y el ejemplo de la libertad, las luces y la razón de la Europa.

Estos sucesos serán consecuencia infalible, no solo de los progresos de la Europa, sino también de la libertad que la Francia y la América Septentrional tienen interés en restituir al comercio del África y del Asia: deben nacer también o de la nueva sabiduría de las naciones europeas o de la adhesión obstinada a sus preocupaciones mercantiles.

Una invasión del Asia por los tártaros podría impedir esta revolución... Pero todo prepara la decadencia próxima de esas religiones orientales o asiáticas que, abandonadas al pueblo, no tienen ya a la razón humana en infancia eterna, en esclavitud sin esperanza.

La marcha de esos pueblos será más pronta y segura que la nuestra, porque recibirán de nosotros lo que nosotros hemos tenido que descubrir; y para conocer estas verdades elementales, los métodos ciertos a que hemos llegado después de largos errores, les bastará conocer su desarrollo y pruebas en nuestros discursos y libros.

Si los progresos de los griegos se perdieron para las demás naciones fue por la falta de comunicación entre los pueblos: fue por la dominación tiránica de los romanos. Pero, aproximados todos los hombres por mutuas necesidades, cuando las naciones más poderosas pongan en la clase de principios políticos la igualdad de los pueblos como la de los individuos, el respeto a la independencia de los Estados débiles, como la compasión o humanidad con la ignorancia y miseria; cuando a máximas que tienden a comprimir el resorte de las facultades humanas sucedan aquellas que favorecen su acción y energía, ¿podrá temerse todavía que queden sobre el globo espacios inaccesibles a la luz o que el orgullo del despotismo pueda oponer a la verdad barreras largo tiempo insuperables?

Llegará, pues, el momento venturoso en que el sol no alumbre sobre la tierra más que hombres libres, que no tengan otro dueño que su razón; en que los tiranos y los esclavos no existan más que en la historia y los teatros; en que los hombres solo se ocupen en compadecerse de los que hayan sido víctimas, para vivir en útil y continua vigilancia; para saber conocer y sofocar con el peso de la razón los primeros gérmenes de la tiranía, si osaran alguna vez aparecer.

Recorriendo la historia de las sociedades, hemos hecho ver que muchas veces existe una diferencia grande entre los derechos que la ley reconoce en los ciudadanos y los derechos que gozan positivamente; entre la igualdad establecida por las instituciones políticas y la que existe entre los individuos: hemos hecho observar que esta diferencia ha sido una de las causas principales de la destrucción de la libertad en las repúblicas antiguas, de las tempestades que las han turbado, de la debilidad que las ha entregado a tiranos extranjeros.

Estas diferencias tienen tres causas principales: la desigualdad de riqueza, la desigualdad de estado y la desigualdad de instrucción.

Estas tres especies de desigualdad deben disminuirse continuamente, pero no llegarán jamás a destruirse enteramente porque tienen causas naturales y necesarias que sería absurdo y peligroso querer destruir; y no podría ensayarse la destrucción total de sus efectos sin abrir fuentes más fecundas de desigualdad y atacar más directa y funestamente los derechos de los hombres.

Es fácil probar que las fortunas tienden naturalmente a la igualdad y que su desproporción excesiva no existiría o cesaría muy pronto si las leyes no establecieran medios facticios para perpetuarlas y reunirlas; si la libertad de comercio y de industria hicieran desaparecer las ventajas que toda ley prohibitiva, todo derecho fiscal dan a la riqueza adquirida; si las contribuciones en los contratos, las restricciones puestas a su libertad, la sujeción a formalidades embarazosas o deprimentes, la incertidumbre y gastos necesarios para su ejecución, no contuvieran la actividad del comercio y consumieran sus pequeños capitales; si la administración pública no abriera a algunos hombres fuentes abundantes de opulencia, cerradas a los demás ciudadanos; si las preocupaciones y espíritu de avaricia no presidiesen a los matrimonios; si por la sencillez de costumbres y sabiduría de las instituciones, las riquezas no fueran como son medios de satisfacer la ambición o vanidad...

Comparemos en las naciones ilustradas de Europa su población actual y la extensión de su territorio. Observemos en el espectáculo que presentan su industria y cultivo la distribución de trabajos y medios de subsistencia; veremos que sería imposible conservar esos medios en el mismo grado y mantener la misma masa de población, si un gran número de individuos cesara de ser reducido a su industria y lo que sacan de capitales empleados en adquirirla o aumentar su producto. Pues la conservación de estos recursos depende de la vida y salud del padre o cabeza de cada familia: es un fondo vitalicio o dependiente del azar; y resulta una diferencia positiva entre esa clase de hombres y la de aquellos cuyos recursos no están sujetos a los mismos riesgos, porque las rentas de algunas tierras o los intereses de un capital independiente de su industria ocurren a sus necesidades.

Existe, por consiguiente, una causa necesaria de desigualdad, de miseria y dependencia que amenaza incesantemente a la clase más numerosa y activa de las sociedades políticas.

Pero en mucha parte se puede destruir aquella causa oponiendo el azar a él mismo, asegurando a quien llega a ser anciano un socorro producido por sus ahorros y los de aquellos individuos que, haciendo el mismo sacrificio, mueren antes de llegar el momento en que necesitan recoger el fruto; procurando por igual compensación a los niños y mujeres que pierdan a sus padres y esposos un recurso semejante adquirido al mismo precio; y preparando últimamente a los niños que llegan a la edad de trabajar por sí mismos la ventaja del capital necesario para el desarrollo de su industria; y aumentándolo y formándolo con los ahorros o contribución de aquellos que por una muerte prematura no llegan a aquel término.

A la aplicación del cálculo a las probabilidades de la vida y al destino o imposición del dinero se debe el pensamiento de estos arbitrios, empleados ya con suceso, sin haberlo sido jamás con aquella extensión y variedad de formas que verosímilmente los haría útiles, no solo para algunos individuos sino para la masa entera de la sociedad, a la cual librarían de la ruina periódica de un gran número de familias, fuente siempre viva de corrupción y miseria.

Estos establecimientos pueden formarse a nombre del poder social, o ser obra de asociaciones particulares que puedan establecer sin riesgo, cuando sean más populares, los principios que deben organizar a aquellos establecimientos y cesen de ser temibles para las mismas asociaciones los errores que han destruido a muchas de ellas.

Nosotros expondremos otros medios de asegurar aquella igualdad, sea impidiendo que el crédito continúe siendo privilegio exclusivo de los grandes caudales, y dándole, sin embargo, una base igualmente sólida; sea haciendo los progresos de la industria y la actividad del comercio más independiente de la existencia de los grandes capitalistas; y a la aplicación del cálculo deberemos también estos arbitrios.

La igualdad de instrucción que puede esperarse y estimarse suficiente es la que excluye toda dependencia forzada o voluntaria. Nosotros manifestaremos en el estado actual de los conocimientos humanos los medios fáciles de llevar a aquel término, aun a los que no pueden dar al estudio sino un pequeño número de sus primeros años, y en el resto de su vida algunas horas de ocio. Nosotros haremos ver que, por medio de una lección feliz de los mismos conocimientos y de los métodos de enseñanza, se puede instruir a la masa entera del pueblo en todo lo que un hombre necesita saber para la economía doméstica, para la administración de los asuntos, para el desarrollo libre de su industria y facultades, para conocer sus derechos, defenderlos y ejercerlos, para juzgar de sus acciones y de las de los demás por sus propias luces y no ser incapaz de los sentimientos elevados o delicados que honran a la naturaleza humana, para no depender ciegamente de aquellos a quienes se ve obligado a confiar el cuidado de sus asuntos en el ejercicio de sus derechos, para ponerse en estado de saber elegirlos y vigilarlos, para defenderse de las preocupaciones con las fuerzas de su propia razón; y últimamente para escapar a los prestigios del charlatanismo que tendiese redes a su capital, a su salud y a la libertad de sus opiniones, a pretexto de enriquecerle, curarle y librarle de errores.

Los habitantes de un país, no siendo entonces distinguidos entre sí por el uso de una lengua más grosera o más culta, pudiendo gobernarse por sus propias luces, no estando reducidos al conocimiento maquinal de las operaciones de un arte y la rutina de un oficio, no dependiendo aun para los menores asuntos y la más pequeña instrucción de hombres hábiles que los manejen por un ascendiente necesario, debe resultar una igualdad positiva, puesto que la diferencia de luces o talentos no puede levantar barreras entre hombres a quienes sus sentimientos, sus ideas, su lengua permiten extenderse; y unos pueden tener el deseo de ser instruidos por otros, pero no la necesidad de ser guiados por ellos: unos pueden tener la voluntad de confiar a los más ilustrados el cuidado de gobernarlos, pero no la de abandonarles aquel cuidado con ciega confianza.

Entonces esta superioridad es una ventaja aun para aquellos que no dividiéndola la poseen exclusivamente. La diferencia natural de facultades entre hombres cuyo entendimiento no ha sido cultivado produce, aun entre salvajes, charlatanes y seducidos, hombres hábiles y hombres fáciles de ser engañados. La misma diferencia existe sin duda en un pueblo donde la instrucción es positivamente general; pero solo existe entre los hombres ilustrados y los de espíritu recto que sienten el valor de las luces sin ser deslumbrados: entre el talento o el genio y el buen juicio que sabe estimarlos y gozar de ellos. Y aun cuando fuese mayor esta diferencia, comparadas solamente las fuerzas y extensión de facultades, no sería menos insensible si se comparan los efectos en lo que interesa a su independencia y felicidad.

Estas diversas causas de igualdad no obran en un mundo aislado: ellas se unen, se penetran, se sostienen mutuamente y de sus efectos combinados resulta una acción más fuerte, más cierta y más constante. Si la instrucción es más igual, nace de ella una igualdad más grande en la industria y en las fortunas; y la igualdad de estas contribuye necesariamente a la de instrucción, al mismo tiempo que la igualdad de los pueblos, así como la de los individuos, influye mutuamente una sobre otra.

En fin, la instrucción bien dirigida corrige la desigualdad natural de facultades, del mismo modo que las buenas leyes remedian la desigualdad natural de los medios de subsistencia; así como en las sociedades donde las instituciones han producido esta igualdad, la libertad, sin embargo de estar sometida a una constitución regular, será más completa que en la independencia de la vida salvaje. Entonces el arte social llena su objeto, que es el de asegurar y extender a todos el goce de los derechos comunes a que son llamados por la naturaleza.

Los beneficios que deben resultar de los progresos que podemos prometernos con seguridad no pueden tener otro término que el de la perfección misma de la especie humana, porque a proporción que se establezcan aquellos diversos géneros de igualdad con medios más vastos para ocurrir a nuestras necesidades, con una instrucción más extensa y una libertad más completa, la igualdad se aproximará más a abrazar todo lo que interese realmente a la felicidad de los hombres; y, de consiguiente, solo examinando la marcha y leyes de aquella perfección podemos conocer la extensión o término de nuestras esperanzas.

Nadie ha pensado jamás que el espíritu humano pueda agotar todos los hechos de la naturaleza, los últimos medios de precisión en el análisis de ellos, las relaciones recíprocas de los objetos y las combinaciones posibles de ideas. Solamente las relaciones y combinaciones de esta idea, cantidad o extensión, forman un sistema tan inmenso que el espíritu humano no puede abrazarle en su totalidad, y una porción de este sistema, más vasta que la que ha penetrado, queda siempre desconocida.

Se ha creído que el hombre, no pudiendo conocer jamás sino una parte de los objetos que le permite percibir la naturaleza de su inteligencia, debe llegar últimamente a un término en que el número y complicación de los que conozca, consumiendo todas sus fuerzas, sea realmente imposible todo nuevo progreso.

Pero como el hombre, a medida que se multiplican los hechos, aprende a clasificarlos y generalizarlos; como los instrumentos y métodos que sirven para observarlos y medirlos con exactitud adquieren al mismo tiempo una precisión nueva; como a proporción que se descubren relaciones más multiplicadas de número, más grandes de objetos, se llega a elevarlos a relaciones más extensas, reducirlos a expresiones más sencillas y presentarlos bajo formas que abrazan número más grande de ellos; como a medida que el espíritu se eleva a combinaciones más complicadas, fórmulas más simples las hacen más fáciles; las verdades que han costado más esfuerzos y solo han entendido hombres capaces de meditaciones profundas son al momento desarrolladas y probadas por métodos que están al alcance de una inteligencia común.

Si se agotan los que guiaban a combinaciones nuevas; si su aplicación a cuestiones no resueltas hasta ahora exige trabajos superiores a las fuerzas o tiempo de los sabios, métodos más generales, medios más sencillos abrirán al genio un campo nuevo.

El vigor, la extensión positiva de las testas humanas será la misma; pero los instrumentos que pueden emplear se multiplicarán y perfeccionarán; la lengua que fija y determina las ideas adquirirá más precisión y generalidad; y si en la mecánica no se puede aumentar la fuerza sino disminuyendo la velocidad, en las ciencias los métodos que dirigirán al genio en el descubrimiento de la verdad aumentarán su fuerza y la rapidez de sus operaciones.

Estas mutaciones, siendo consecuencia necesaria de los progresos en el conocimiento de las verdades de detalle y produciendo los medios de obtener nuevos recursos, por la misma causa que hace sentir la necesidad de ellos, resulta que la masa de verdades que forma el sistema de las ciencias de observación, de experiencia o de cálculo puede aumentarse de continuo; y las partes de este sistema no podrían perfeccionarse incesantemente si las facultades del hombre no progresaran en fuerza, actividad y extensión.

Aplicando a las ciencias estas reflexiones generales, pondremos ejemplos que no dejarán duda alguna sobre la perfección sucesiva que debemos esperar. En las ciencias que se juzgan más agotadas indicaremos los progresos más probables y próximos que debemos esperar. Manifestaremos también la extensión, precisión y unidad que debe dar al sistema entero de los conocimientos humanos una aplicación más general y filosófica de las ciencias de cálculo. Observaremos cuánto debe aumentar nuestras esperanzas una instrucción más universal que dé en cada país a un número más grande de hombres los conocimientos elementales, el gusto a un género de estudios y la facilidad de hacer progresos en él. Hablaremos también de las causas que deben aumentar aquellas esperanzas, si una comodidad más general permite a mayor número de individuos ocuparse en su instrucción, puesto que en los países más ilustrados apenas la quincuagésima parte de aquellos a quienes la naturaleza ha dado talentos recibe la instrucción necesaria para desarrollarlos; y de este modo el número de hombres destinados a extender los límites de las ciencias debería crecer entonces en la misma proporción.

Demostraremos la velocidad que la igualdad de instrucción y la que debe haber entre las naciones darán a la marcha de las ciencias que dependen de observaciones repetidas en mayor número y extendidas sobre territorio más vasto: todo lo que deben esperar la Mineralogía, la Botánica, la Zoología y la Meteorología; la enorme desproporción que existe entre la pequeñez de los medios que nos han conducido hasta ahora a tantas verdades útiles y la grandeza de aquellos que el hombre podría emplear en tal caso. Expondremos, en las ciencias cuyos descubrimientos son obra exclusiva de la meditación, cuánto puede contribuir a sus progresos la ventaja de ser cultivadas por número más grande de hombres.

Si pasamos a las artes, cuya teoría depende de las mismas ciencias, veremos que sus progresos deben ser proporcionales a los de la teoría, y por consiguiente a los de la ciencia; que las operaciones de las artes son susceptibles de la misma perfección que los métodos científicos; que los instrumentos, las máquinas y los oficios darán más fuerza y destreza a los hombres, aumentarán la perfección y precisión de los productos disminuyendo el tiempo y el trabajo necesarios para lograrlos; y desaparecerán entonces los obstáculos que oponen todavía a sus progresos los accidentes que aprenderemos a prever y prevenir, y la insalubridad de los trabajos, de los hábitos o de los climas.

Entonces un espacio de terreno más reducido podrá producir una masa de géneros de utilidad más grande o de valor más alto; placeres más extensos podrán gozarse con menor consumo; el mismo producto de industria será de uso más durable o se logrará con menor destrucción de materias primeras; se sabrá escoger para cada terreno la producción relativa a mayor número de necesidades entre las producciones que pueden satisfacer las de un mismo género, puesto que exigen menor trabajo y consumo las que satisfacen número más grande; y de este modo, sin sacrificio alguno, los medios de conservación y economía en el consumo, seguirán los progresos que haga el arte de producir las diversas sustancias, de prepararlas y manufacturar sus productos.

El mismo espacio de tierra podrá alimentar más personas; y cada una de ellas, trabajando con menor pena, será, sin embargo, ocupada de un modo más productivo, y podrá satisfacer mejor sus necesidades.

Pero en estos progresos de la industria y del bienestar, de que resulta una porción más ventajosa entre las facultades, el hombre y sus necesidades, cada generación es llamada por los mismos progresos que se hagan a placeres más extensos y a una multiplicación más grande de individuos. Y en tal caso, ¿no llegará un término en que estas leyes, igualmente necesarias, vengan a contrariarse? En que la multiplicación de hombres, siendo superior a la de sus medios, resulte precisamente, si no una disminución continua de bienestar y de población, al menos un movimiento retrógrado o una especie de oscilación entre el bien y el mal. ¿Esta oscilación en las sociedades que han llegado a ese término no será una causa siempre subsistente de miserias en cierto modo periódicas? ¿No manifestará la línea en que llega a ser imposible toda mejora y el término a que, en la inmensidad de los siglos, puede llegar la perfectibilidad de la especie humana, sin poder pasar más adelante?

Todos ven, sin duda, la distancia que nos separa de esos tiempos. Pero ¿llegaremos a ellos algún día?

Es igualmente imposible decidir a favor o contra la realidad futura de un suceso que no podría realizarse sino en la época en que la especie humana hubiese adquirido luces de que apenas podemos formar idea. ¿Quién osará adivinar lo que puede ser algún día el arte de convertir los elementos en sustancias útiles para nuestro uso?

Pero suponiendo que llegase aquel término, el resultado no sería temible para la felicidad de la especie humana, ni para su perfectibilidad indefinida, si se supone que los progresos de la razón han marchado, antes de aquel tiempo, a la par de los de las artes y ciencias. Los hombres sabrán entonces que, si tienen obligaciones con seres que todavía no existen, no deben consentir en darles existencia sino proporcionándoles felicidad. Tendrán por objeto el bienestar general de la especie humana o de la sociedad en que viven y de la familia a que pertenecen, y no la idea pueril de cargar la tierra de seres inútiles e infelices. De consiguiente, podría tener límite la masa posible de subsistencias y la mayor población posible, sin que resultase esa destrucción prematura tan contraria a la naturaleza y prosperidad social de una parte de los seres que han recibido la vida.

Como es reciente el análisis exacto de la metafísica, de la moral y de la política, y fue precedido de muchas verdades de detalle, se recibió fácilmente la preocupación de que habían llegado a su último término: se supuso que nada había que hacer porque no había errores groseros que destruir ni verdades fundamentales que establecer.

Pero es fácil conocer cuán imperfecto es todavía el análisis de las facultades intelectuales y morales del hombre; cuánto puede extenderse el conocimiento de sus deberes, que supone el de la influencia de sus acciones sobre el bienestar de sus semejantes y de la sociedad de que es miembro, observando aquel influjo con más profundidad y precisión; cuántas cuestiones faltan por resolver y relaciones sociales por examinar para conocer con exactitud la extensión de los derechos del hombre y de aquellos que el estado social da a todos respecto de cada uno.

¿Se han fijado hasta ahora con precisión los límites de esos derechos entre las diversas sociedades o entre las sociedades y sus miembros en las agitaciones que las dividen? ¿Se han fijado los de los individuos o asociaciones espontáneas en el caso de una formación libre o de una separación necesaria? ¿Se han fijado reglas precisas para elegir con seguridad, entre el número casi infinito de combinaciones posibles en que sean respetados los principios generales de la igualdad y derechos naturales, aquellas que aseguran más la conservación de estos derechos y aquellas que dejan a su ejercicio y goce una extensión más grande?

La aplicación a estas ciencias del cálculo de las combinaciones y probabilidades promete adelantamientos tanto más importantes cuanto que es el único medio de dar a sus resultados una precisión casi matemática y apreciar el grado de certidumbre o verosimilitud. Los hechos en que descansan estos resultados pueden, sin cálculo, sólo por la observación, conducir algunas veces a verdades generales y enseñar si el efecto producido por tal causa ha sido favorable o contrario. Pero si estos hechos no han podido ser contados ni pesados, si estos efectos no han podido ser sometidos a una medida exacta, no podrá conocerse la del bien o del mal que resulte de aquella causa; y si uno y otro se compensan con alguna igualdad. Si la diferencia no es muy grande, tampoco se podrá saber a qué lado se inclina la balanza.

Sin la aplicación del cálculo sería muchas veces imposible elegir con seguridad entre dos combinaciones formadas para lograr el mismo objeto, cuando en las ventajas que presentan no hay diferencia evidente. En fin, sin la aplicación del cálculo, aquellas ciencias serán siempre groseras y limitadas por falta de instrumentos bastante finos para alcanzar la verdad fugitiva y de máquinas bastante seguras para penetrar la profundidad de la mina donde se esconde una parte de sus riquezas.

La perfección de las leyes e instituciones públicas ¿no tiene por efecto identificar el interés común de cada hombre con el interés común de todos? ¿El objeto del arte social no es destruir esa oposición aparente? ¿Y el país donde las leyes se conforman más exactamente con el voto de la razón y de la naturaleza no es aquel donde la virtud es más fácil y las tentaciones del vicio más raras y débiles?

¿Cuál es el hábito vicioso, el crimen o el uso contrario a la buena fe que no tenga su origen o causa primera en la legislación, en las instituciones, en las preocupaciones del país donde se observa ese uso o se comete ese crimen?

El bienestar que sigue a los progresos de las artes útiles, apoyándose en una teoría sana, o los de una legislación justa que se funda en las verdades de las ciencias políticas, ¿no dispone a la humanidad a la beneficencia, a la justicia?

Todas estas observaciones no prueban que la bondad moral del hombre es, como todas las demás facultades, susceptible de una perfección indefinida y que la naturaleza liga con cadena indisoluble estas tres cosas: verdad, felicidad y virtud.

Podríamos inferir de todo que la perfectibilidad del hombre es indefinida, aun suponiendo en él la misma organización y las mismas facultades naturales. ¿Cuál sería la extensión de las esperanzas si se pudiera creer que esas facultades naturales, esa organización, pueden también mejorarse?

La perfectibilidad o degeneración orgánica de las razas en los vegetales y animales puede mirarse como una de las leyes generales de la naturaleza. Esta ley se extiende a la especie humana; y todos saben que los progresos en la medicina conservatriz, el uso de alimentos y habitaciones más sanas, un modo de vivir que desarrolle las fuerzas con el ejercicio sin destruirlas por el exceso, la destrucción de las dos causas más activas de degradación —la pobreza extrema y la grande riqueza— deben prolongar la duración de la vida común, asegurar una salud más constante y una constitución más robusta.

Los progresos de la medicina preservatriz, siendo más activos por los de la razón y del orden social, harán desaparecer al fin las enfermedades transmisibles o contagiosas y aquellas enfermedades generales que deben su origen al clima, a los alimentos y a la naturaleza de los trabajos. No sería difícil probar que esta esperanza debe extenderse a casi todas las enfermedades cuyas causas remotas es probable que aprendamos a conocer.

¿Sería absurdo suponer que esta perfección de la especie humana debe ser susceptible de progresos indefinidos; que debe llegar un tiempo en que la muerte no sea más que efecto de accidentes extraordinarios o de la destrucción cada vez más lenta de las fuerzas vitales; y que, últimamente, la duración del intervalo medio entre el nacimiento y la destrucción no tenga término asignable?

El hombre no será inmortal. Pero la distancia entre el momento en que comienza a vivir y la época común en que, naturalmente, sin enfermedades ni accidentes, sienta la dificultad de ser, ¿no podrá aumentarse sin cesar?

Debemos creer que esta duración media de la vida humana debe aumentarse de continuo, si no se oponen las revoluciones físicas. Pero ignoramos cuál es el término que no puede pasar jamás; ignoramos si lo han determinado las leyes generales de la naturaleza.

Las facultades físicas, la fuerza, la destreza, la finura de los sentidos, son de aquellas cualidades cuya perfección puede transmitirse. Al menos, la observación de las razas de animales domésticos inclina a creerlo; y sería útil que lo confirmásemos con observaciones directas hechas sobre la especie humana.

1822

SABIOS, CAPITALISTAS Y OBREROS

(Discurso pronunciado en el acto de la instalación de la Sociedad Económica, por su Director, el 29 de noviembre de 1829.)

El objeto de la Asamblea que acordó, y del Gobierno que ha cumplido el Decreto de 30 de septiembre último, es importante en todos sus aspectos.

La Sociedad Económica fue fundada en 1795 por el patriotismo del señor don Jacobo Villaurrutia, que amó el bien de Guatemala y supo promoverlo.

Las sociedades o academias creadas en el siglo XVII, aumentadas en el XVIII y multiplicadas en el XIX, han sido en Europa uno de los motores más activos de su prosperidad. La de Amantes de Guatemala hizo mucho bien en los períodos de su existencia y fue la primera en difundir conocimientos útiles. El principio grande de la ciencia social consiste en formar un espíritu único de los espíritus diversos de una nación compuesta de millares de individuos. Y la divisa de los Gobiernos benéficos es unir a los hombres, así como la de dividirlos es de los despolíticos.

No debía haber dudas en el acuerdo. "Se establecerá —dijo la Asamblea— una Sociedad de Amantes de la Patria bajo la protección de ella misma y del Poder Ejecutivo del Estado. El objeto de esta asociación será el de fomentar la ilustración y progreso de las artes, del comercio y la agricultura".

A esta voz, agüero feliz de grandes bienes, nos hemos reunido para corresponder a la voluntad del primer Poder del Estado. Hoy se instala la Sociedad, y yo, electo para ser individuo suyo, voy a unir mi voz con la del Gobierno, que acaba de oírse: voy a presentar algunos pensamientos sobre el instituto de nuestra Sociedad.

Cuando se establece un cuerpo, el primer paso que debe darse es evidenciar la importancia y latitud de su objeto. Convencidos de ella, los que son miembros suyos trabajan con celo más activo; y los que no lo son, quieren serlo para el mismo fin. Se forma una suma hermosa de patriotismos individuales; y la divisa de la Sociedad (el celo unido produce la abundancia), llega a ser una demostración de la experiencia.

El Centro de la América puede serlo de luces y riquezas. Está colocado en medio de un continente inmenso, venero inagotable de preciosidades. El Atlántico baña al Norte sus costas, y dándole puertos por aquel lado, le facilita las comunicaciones de la América Septentrional, de la Europa y el África. El Pacífico fecunda al Sur su litoral, y proporcionándole puertos por aquel rumbo, lo abre a las relaciones del Asia y de la Oceanía. Un lago grande y hermoso de ciento cincuenta leguas de bojeo puede facilitar la unión de los mares que circundan la República y hacer que sea centro de civilización y comercio. Una cordillera empinada, dividida en ramales diversos, atraviesa de un extremo a otro, y alzándola sobre el nivel del mar, varía las temperaturas y forma escalas útiles desde el calor que abrasa, hasta el frío que hace tiritar. Ríos de aguas frescas y claras, partidos en riachuelos más o menos grandes, deslizándose por las laderas, llegan hasta el Océano fertilizando las tierras de su tránsito. Vegetales de todas clases presentan en ella otra escala tan maravillosa como la de los climas. Mangles en las playas, cedros en las costas, árboles de países templados en el medio, plantas del Norte en las alturas, deleitan al viajero que camina desde los puertos hasta las poblaciones del centro.

No es una hipérbole nacida del amor al país natal. Es una verdad de hecho, patente a todos los ojos. Son inmensas en Centro América las ventajas de su figura, de su posición, de su suelo y de todos los seres físicos que la pueblan.

Penetrado de ellas, un Gobierno digno de este título puede hacer iguales o mayores prodigios que los operados por el de otros países menos distinguidos. La Naturaleza presenta los gérmenes en abundancia: la mano del hombre debe desarrollarlos, y el Gobierno, para hacer que se ejecute esta operación, la más importante de todas, debe dar su protección a los cooperadores primeros de ella.

La riqueza, objeto de todas las voluntades, es producto de los sabios que presentan sus conocimientos, de los propietarios que franquean sus capitales y de los operarios que ofrecen sus brazos para labrar la tierra o hermosear las producciones de ella. En todo lo que tiene valor: en los granos de las trojes, en los artefactos de los talleres, en los fardos de los almacenes, yo veo las luces de los sabios, los capitales de los propietarios y los trabajos de los obreros.

Los sabios observan toda la naturaleza sin arredrarles su inmensidad: estudian todas las creaciones: buscan todas sus leyes: recogen todas las observaciones: forman al fin las ciencias y las artes; y cada ciencia, cada arte, es productora de artículos de riqueza.

Recorriendo las secciones grandes en que se dividen los seres físicos, estudiando primero los minerales, subiendo después a los vegetales, y trepando últimamente a los animales, los sabios abrazan la tierra en su inmensidad: clasifican todos los cuerpos que existen en ella: manifiestan sus caracteres más inequívocos; dan a conocer sus propiedades más eminentes; indican sus destinos más provechosos; y abren las puertas de las tres creaciones. Los empresarios entran al museo de las ciencias naturales: perciben la utilidad de lo que pisaban o desdeñaban como inútil: hacen ensayos felices: meditan especulaciones importantes; y presentan a los mercados artículos nuevos, desconocidos hasta entonces. Se aumenta la masa de riquezas. El comerciante ve que las tablas mineralógicas de Karsten, la nomenclatura de Werwel, los cuadros de Cuvier, son depósitos de riquezas útiles para los pueblos, importantes para sus hijos. El economista publica como un descubrimiento experimental, que los hombres ilustrados son coproductores necesarios de la riqueza. Y el estadista conoce que la balanza de las naciones es equilibrada o inclinada por un fósil, por una planta, por el capullo de un insecto, por la cera de una flor, por la piel o lana de un animal descubierto, observado y clasificado por un sabio.

No se limitan a tamaños bienes los que tienen el honor de serlo. Suben a la región de lo más abstracto y sublime. Estudiando las leyes del movimiento, de los fluidos, de la luz, del sonido, etc., forman las ciencias que se llaman exactas, después de haber formado las que se denominan naturales. Crían un mundo que se cree de abstracciones, y es en realidad el mismo mundo de que somos partes. Con números y líneas: haciendo figuras que parecen entretenimiento de ociosos: contando, midiendo y pensando, hacen verdaderos prodigios, honor del genio, provecho de los Estados. Ellos han llenado el mundo de instrumentos que multiplican los ojos, las manos y los poderes del hombre: han logrado que el trabajo de millones de individuos sea ejecutado por máquinas inanimadas que no exigen salarios por sus trabajos. Ellos han triunfado de la naturaleza, haciendo que las aguas condenadas por ella a bajar, sean superiores a sus leyes y suban a regar las siembras del labrador. Ellos han creado tres épocas, que serán gloria inmortal de su especie. Enseñaron primero a servirse del hombre para la producción de la riqueza: hicieron después que emplease animales menos costosos que el hombre; sustituyeron últimamente seres inanimados, menos gravosos que los animales. Jornaleros que era necesario alimentar y vestir servían en la primera época para los trabajos de la industria rural, fabril o mercantil. El buey, que tiene menores necesidades, era colaborador del hombre en la segunda. El agua, el viento, el vapor, que no las tienen de ninguna especie, acaban sin gastos crecidos obras cuya ejecución exigiría pueblos enteros de operarios. Los artefactos son baratos: las clases más infelices pueden gozar de ellos: el bienestar no es un estanco de ricos; la prosperidad se extiende a todos; y esta influencia bienhechora de las máquinas, estos milagros del talento, estos triunfos de las ciencias cubren de honor a sus autores.

Servicios tan eminentes no bastan a su infatigable celo. La filantropía de su alma es inmensa como ella misma. Continuando la progresión de sus trabajos, se elevan al hombre y lo observan en todos los climas y gobiernos. Viajan por todos los pueblos, contemplando su marcha ascendente y descendente; miran a Roma subiendo desde el estado humilde de aldea formada de cabañas fabricadas sin orden, hasta el de ciudad eterna, capital respetable del mundo conocido; ven a los Estados Unidos volando desde la miseria de los desiertos hasta la altura de primera potencia de América; buscan hechos de toda clase, y reúnen datos de toda especie; y fuertes con los poderes de la experiencia, ilustrados con las luces de la razón, trabajan la teoría de más interés para los Estados. La ciencia de los Gobiernos, que con una orden pueden abrir o cerrar las fuentes de la riqueza, es como las demás ciencias experimentales. El progreso de los Estados, su prosperidad más brillante, su decadencia y ruina, son fenómenos producidos por causas tan invariables o constantes como el ascenso de unos cuerpos y el descenso de otros. Reuniendo hechos individuales, el físico llegó a conocer las leyes de la gravitación; y recogiendo observaciones particulares, el estadista aspira a descubrir las leyes de las sociedades. Posesor de ellas un gobierno instruido en el arte de aplicarlas, siguiendo el desarrollo natural del hombre, dando a los pueblos niños las leyes que convienen a su tierna edad, dictando a las naciones adultas las que exige su madurez, la marcha de los Estados sería natural como la de las plantas regadas en un jardín. Florecerían y darían frutos en sus períodos respectivos. No habría violencia ni coacción. El movimiento sería espontáneo; y la prosperidad, resultado feliz de un sistema inspirado por los sabios.

Cada siglo, por ellos, ha ido mejorando o multiplicando las ciencias y las artes; y cada ciencia y arte ha ido aumentando las riquezas y comodidades. El siglo XV presentó el arte de la imprenta; el XVI, el Nuevo Mundo, la cochinilla, el añil y el tabaco; el XVII, el telescopio, el barómetro y el termómetro; el XVIII, una filosofía nueva; y el XIX, la independencia de la América y las experiencias importantes de teorías y sistemas. El XX hará otros presentes de interés más grande. Los que le sigan serán superiores; y marchando sucesivamente, yo no sé hasta dónde llegarán los adelantamientos de las ciencias, los progresos de la riqueza, la mejora de los pueblos y las perfecciones de la especie.

Las ciencias y las artes son las que ponen la naturaleza entera a los pies del hombre: las que le dan el cetro del mar y la tierra. No puede haber riqueza, poder ni prosperidad, sin ilustración. Las tierras donde no hay luces son bosques de lacandones o mosquitos desnudos, pobres y miserables; lagos de aguas estancadas sin movimiento ni corriente; pantanos cenagosos, poblados de reptiles dañinos o inútiles. Los países iluminados son, por el contrario, praderas y trigales hermosos y dilatados; lugares ricos de talleres y manufacturas; plazas concurridas de tráfico y comercio. El África es un continente oscuro como el color de sus habitantes; y la Europa es el ornamento más bello del mundo civilizado.

La ilustración (vuelvo a repetirlo) es la productora grande de las riquezas. Conoce todo su precio el que dijo: "las ciencias son manufacturas". Era sabio el que publicó "que es pobre y miserable el pueblo donde no se sabe extraer la raíz cuadrada de un número". Penetró todas las influencias del saber el que escribió: "no debe esperarse que haya operarios capaces de fabricar perfectamente una pieza de paño en una nación donde la astronomía es ignorada y la moral es despreciada".

No hay riqueza que no se derive de los senos fecundos de la naturaleza. De ella sacan todos sus productos las tres industrias: rural, fabril y mercantil. Dedicarse a conocer la naturaleza es consagrarse al conocimiento de la mina de donde se extraen los materiales; y esta es la ocupación constante de las ciencias y las artes.

Pero no bastan los conocimientos que presentan unas y otras para la obra importante de la producción de las riquezas. Es necesario que haya capitales para labrar la tierra o hermosear sus productos; para comprar los instrumentos con que se ha de hacer el trabajo; y pagar a los operarios que deben ejecutarlo.

Los propietarios son precisos en todo país que quiera ser rico. El primero que dijo: "la propiedad es sagrada", fue un dios digno de la adoración de los pueblos.

El pueblo donde se hable con sinceridad este idioma, el Estado donde se respete religiosamente el tuyo y el mío, será rico y poderoso. El hombre se dedicará gustosamente al trabajo sabiendo que los frutos de él son invulnerables o santos: hará ahorros o economías; acumulará valores; formará capitales; y con ellos será productor benéfico de la riqueza. Pero si la propiedad no es sagrada; si puede arrebatarla el crimen o violarla la fuerza; si no hay seguridad en su posesión ni tranquilidad en su goce, ¿quién será, en caso tan triste, el fatuo que quiera hacer los sacrificios, siempre penosos, que exige la acumulación de valores o producción de capital?

La existencia del hombre es un cálculo continuado desde que empieza a pensar hasta que cesa de discurrir. Las obras más costosas serán emprendidas para llevar a todas partes aguas de fecundidad y vida: la tierra será regada y sus gérmenes desarrollados; las alturas serán trigales y las costas cañales, si los propietarios saben que nadie osará violar el fruto de sus vigilias, el producto de sus sudores. La tierra seca y tostada por los rayos del sol se abrirá en grietas y quemará las plantas del caminante; los campos se cubrirán de espinas, caídas de arbustos dañosos como ellas, si el capitalista conoce que su propiedad puede ser arrancada de sus manos y trasladada a las de otros.

Fuimos los primeros en proclamar los derechos de libertad y propiedad el año de 1810, cuando se dieron instrucciones a nuestro representante en Cortes; los repetimos en 1821, cuando nos pronunciamos independientes de España; los reiteramos en 1824, cuando se decretó la Constitución Política; los ratificamos en 1825, cuando se sancionó la ley. No obscurezcamos jamás la gloria adquirida con pronunciamientos tan justos. Los principios abrazan todos los tiempos. Si la propiedad era sagrada entonces, debe serlo ahora y en lo futuro: la razón no es de este o de aquel año exclusivamente. Es de todos los años y días.

Los capitalistas, necesarios para la producción de la riqueza en los artículos establecidos, son también precisos en la creación de los nuevos. Ellos aventuran los primeros ensayos de las teorías publicadas por los sabios u hombres de luces; ellos acometen en todos los ramos económicos las primeras empresas y corren los primeros riesgos; ellos hacen las primeras plantaciones de semillas o estacas que no son conocidas ni aclimatadas en un país; ellos establecen las primeras fábricas o manufacturas costosas; ellos emprenden obras que los gobiernos temen, o no pueden empezar ni concluir; ellos forman compañías de capitalistas millonarios para apertura de canales, construcción de caminos, explotación de minas, etc.; ellos tienen interés en las mejoras de la agricultura, perfección de la industria y extensión del comercio.

En todos los países cultos existen monumentos proporcionales a su riqueza, magnanimidad y magnificencia de los capitalistas. En Centro América, donde las fortunas no han subido jamás al máximum a que han sido elevadas en otras partes, vemos, sin embargo, los que han levantado la beneficencia de algunos particulares. En México los vi yo mismo más costosos y respetables. En los Estados Unidos no corre un año sin presentar pruebas del patriotismo de algunos individuos. En Francia, los nombres Turgot, Séguier, Riquet, Choiseul, Laborde, D'Aguesseau, etc., son amados por las obras de beneficencia que emprendió su celo. ¿Y en la Gran Bretaña, los grandes capitalistas no han sido los creadores de obras grandiosas como sus fortunas? ¿No fue Ibane quien donó su museo, valuado en 250,000 pesos, para que se formase el británico que hace tanto honor a Inglaterra? ¿No fueron Cavendish y Bedford los que hermosearon a

Londres haciendo plazas tan vastas como la de Luis XV? ¿No fue un comerciante el que construyó la Bolsa, y Portland el que hizo un camino de hierro de diez millas de longitud?

El Decreto de 22 de enero de 1824 dice: "Todos los extranjeros que quieran venir a Centro América, podrán hacerlo de la manera que mejor les convenga, y ocuparse con toda libertad y seguridad en el ejercicio que más les acomode"; el artículo 12 de la Constitución dice: "La República es un asilo sagrado para todo extranjero, y la patria de todo el que quiera residir en su territorio"; son leyes sabias y dignas por su influencia de cumplimiento y observancia. La Europa es el país de los capitales y luces. Abramos al europeo las puertas de la República, si queremos que Centro América sea ilustrada y rica. Un europeo (sabio, capitalista u obrero) es un productor nuevo de riqueza. La Prusia vio manufacturas que no tenía cuando recibió a los franceses que el Edicto de Nantes había expulsado de su patria. Los hijos de Flandes tienen el honor de haber influido en la prosperidad de la Gran Bretaña, huyendo de las persecuciones de Felipe IV y buscando asilo en Inglaterra. Y el prodigio de los Estados Unidos, ese progreso asombroso de población, ilustración, riqueza y prosperidad, se debe a la buena acogida que saben dar a los extranjeros.

Pero si los capitalistas merecen por su influencia en la producción de la riqueza las miradas del Gobierno, los operarios son por igual causa muy dignos de ellas. No hay riqueza faltando los brazos del obrero. Son improductivos, en tal caso, los capitales del propietario y los conocimientos del sabio.

Ya corrieron los siglos en que todos los trabajos eran hechos por manos de esclavos; ya va pasando el tiempo en que los jornaleros eran vistos como siervos y los propietarios como dueños o señores de ellos.

También en esto tiene el género humano obligaciones muy grandes a las ciencias. Ellas levantaron la voz contra la esclavitud, y el imperio de la razón hizo que fuese desapareciendo de sobre la faz de la tierra. Sus cálculos demostraron que los esclavos, oprimidos y mal alimentados, no pueden interesarse en que sean grandes los productos de sus trabajos; que hombres degradados o envilecidos no son capaces de inventar o perfeccionar cosa alguna; que la cantidad gastada en el esclavo es, en último análisis, mayor que el salario pagado al hombre libre.

Un operario, obrero o jornalero no es un siervo: es un coproductor de la riqueza. No es una servidumbre lo que se estipula: es un pacto que se celebra. El operario ofrece brazos y el capitalista promete salarios. No se crea en este contrato una magistratura autorizada para castigos, violencias u opresiones. Se da al uno derecho para exigir los servicios estipulados, y al otro acción para demandar el jornal ofrecido.

Yo manifiesto con placer los derechos de los obreros, hollados injustamente en los siglos pasados. Su causa es la de los desvalidos, la de los infelices, merecedores de la conmiseración de pechos sensibles. Pero sus mismos intereses y los de la nación exigen que se piense al fin en su educación y se les aleje del abismo a que podría llevarles la falta de ella.

Hay operarios honrados, inocentes y útiles, como los oficios a que se dedican. Yo, amigo suyo constante, lo publico con gusto. Pero otros no tienen la moralidad que debería embellecer todas sus acciones.

En los campos, morada antigua de la inocencia, van penetrando los vicios. Se está extendiendo en ellos la embriaguez, propagando el de la ociosidad y multiplicando el del hurto.

El señor Flores Estrada, mi digno amigo, evidencia esta verdad en el capítulo 69, parte segunda, del "Curso de Economía Política" que acaba de publicar.

Familias desvalidas se ven en los últimos extremos de la miseria porque no procuran su subsistencia los que deben atender a ella; hijos infelices crecen totalmente abandonados porque sus padres, errantes por todas partes, no tienen cuidado de ellos; propietarios ansiosos de trabajos útiles no pueden emprenderlos porque no se encuentran manos que los ejecuten; tierras que darían cosechas grandes y ricas quedan incultas porque faltan brazos para su labranza.

Seamos sensibles a la humanidad. Su voz es la que clama para que se prevengan los vicios, siempre destructores de las víctimas que sacrifican; para que la honradez, que hace felices a los individuos de otras profesiones, extienda sus beneficios a los demás que puedan también serlo por ella.

Patriotismo es amor a la patria; y patria es la nación, el pueblo o la sociedad de hombres que, celebrando un mismo pacto, se han sometido a una misma ley. Amar a la nación o pueblo es querer que sea culto y moral: trabajar para que tenga luces y virtudes: interesarse en la educación que da unas y otras.

Sócrates, enseñando virtudes a los griegos, era un patriota en la Grecia. Catón, censurando los vicios del romano, era otro patriota en Roma.

La ilustración del siglo, que marcha a pasos rápidos, ha mejorado los pensamientos de Campomanes, amigo digno de las sociedades económicas. Pero la idea grande de su patriotismo, la educación popular, es eterna como la razón, y debe ser la primera en la escala de los Gobiernos.

No nos hagamos ilusión. Es imposible la producción de riqueza sin operarios; y lo es también la existencia de operarios sin educación.

Démosla a los obreros, y el vicio no los arrancará de los campos y talleres para llevarlos a la ruina o miseria.

Trabajarán todos los días que no sean de asueto; mejorarán su fortuna privada; aumentarán la pública; y los patriotas verán el espectáculo que afecta más a un alma sensible: un pueblo ilustrado y virtuoso.

La riqueza es obra de tres agentes: sabios, capitalistas y obreros. La Sociedad, que ama la de Centro América, nuestra patria querida, desea:

Que los poderes del Estado procuren su ilustración, planteando el sistema conveniente de instrucción general, estrechando sus relaciones con la Europa, de donde deben venir las luces; y manifestando gratitud a los sabios que desde aquella parte de la tierra se interesan por la independencia y felicidad de la América.

Que hagan respetar la propiedad, mirándola como sagrada, y protegiendo a los capitalistas centroamericanos y extranjeros.

Que nacionalicen a los propietarios, dándoles interés en la causa de la nación, inspirándoles el entusiasmo de la gloria y acercándolos a los objetos del patriotismo.

Que vuelvan su atención a los obreros, cuidando la educación popular y dictando las leyes y acordando las providencias que exigen los deberes recíprocos de capitalistas y operarios.

Tales son los votos de la Sociedad que se ha instalado. Yo tengo el honor de presentarlos. Yo los hago para que el Gobierno se sirva tomarlos en consideración.

EL PÍCARO

Pícaro es una de las palabras que se repiten en las situaciones más diversas. La cólera la arroja como un dardo para herir a su objeto; el amor la pronuncia para celebrar el talento o gracias del suyo; y el hombre justo para manifestar su celo.

Todos usan aquella voz. Cada uno tiene distinta idea; pero todos son acordes en un punto.

El que hace daño repeliendo la fuerza que le ataca; el que lo causa con nobleza, sin traición ni disimulo; el que ofende en un movimiento de ira, no es llamado pícaro.

Pícaro es aquel que lo es realmente, y afecta no serlo. La divergencia de su pecho y su fisonomía; la disonancia de sus sentimientos y voces; maquinar una cosa y ostentar otra, es el carácter principal que le distingue.

Si hubiera pícaros en el reino vegetal, no lo serían aquellas plantas venenosas que por su fetidez, sabor desagradable y aspecto lúgubre manifiestan que lo son. Tampoco lo serían las asclepias y apocinos que cierran los pétalos y aprisionan la mosca que osa hurtar el néctar de sus flores. Lo sería la dionea muscípula, que teniendo tendidas sus hermosas hojas, las cierra al momento para sofocar al insecto inocente que posa en ellas.

El león que sólo ataca cuando es ofendido o hambriento no sería pícaro aun habiéndolos en el reino animal. Lo sería la araña que tiende la red y se retira; o el murciélago que bebe la sangre del hombre dormido; o la zorra, emblema de la astucia.

Pero no hay pícaros en ninguno de los tres reinos de la Naturaleza. Los hay sólo en la especie humana. Sabedlo, hombres orgullosos. Este es uno de los timbres exclusivos de la familia que se cree primera entre todas las del Globo.

El sabio perfecto no es pícaro porque conoce sus verdaderos intereses; y el fatuo tampoco lo es porque no tiene talento para serlo. El espacio que separa estos extremos es inmenso, y todo él se ve poblado de hombres más o menos pícaros según la distancia respectiva de aquellos puntos.

En todas partes hay gobierno, leyes, penas, premios, moral, cadalsos, verdugos; y en todas partes hay pícaros, siempre en número mayor que el de los hombres de bien. Venga una copa, Pascual. Otra me dad. Vuelve a llenarla. Embriágame al fin. El pensar es tormento. ¿Las ciencias no han podido en tantos siglos discurrir un sistema que produzca efecto contrario? ¿El pícaro será superior a la Filosofía? ¿Será más poderoso que todo poder?

Todos los pícaros deciden el daño de su víctima: esconden su resolución, y maquinan medios para ejecutarla. Pero la especie y cantidad de daño; el modo de ocultarlo; la voluntad de hacerlo; y los medios de ejecución, los distinguen unos de otros.

En sociedad alguna, desde el Norte de la Tartaria hasta el Cabo de Buena Esperanza, y desde la embocadura de la Plata hasta más allá del lago Assiniboils, no hay una sola clase que pueda gloriarse de no tener pícaros entre sus individuos.

Los pícaros del Norte son diversos de los del Mediodía. La picardía de las mujeres es distinta de la de los hombres; la de un dervís no se parece a la de un mandarín; y la de un militar tampoco se asemeja a la de un letrado.

Unos descubren cierta sencillez en la misma picardía. Otros parecen manifestar malicia en la misma virtud.

Los malos gobiernos, las leyes mal calculadas, las falsas religiones, los usos, las costumbres, los idiomas, las opiniones, los empleos, los oficios, el espíritu de corporación, el calor, el frío, la humedad, la sequedad, la atmósfera, el sistema físico de cada país, influyen en la producción de tantos bichos.

En una estación debe haber más pícaros que en otra, porque en unas hay más necesidades que en otras, y las necesidades estimulan a serlo; en unas se afecta la máquina de distinto modo que en otras; y las afecciones del cuerpo influyen en las del alma.

Los pícaros de invierno se reducen a esfera más pequeña que los pícaros de estío.

Un pícaro poderoso calcula daño más grande, y toma menos cuidados para ocultar su voluntad. Un pícaro pobre es tímido: maquina daño más pequeño, y trabaja para esconder su intención.

Si se pensara en la clasificación de pícaros, se sucederían unos a otros los sistemas como se han sucedido en la de serpientes y víboras. Uno los clasificaría por las causas que influyen en su producción; otro por la especie y cantidad de daño que hacen; otro por la fisonomía política, literaria, etc., con que se ocultan; otro por la pasión que sirven. Al fin se adoptaría el último por ser más nuevo o por la necesidad de fijarse en alguno. Formada entonces la nomenclatura, se observarían, a vista de un pícaro, sus caracteres distintivos; se buscaría la clase, orden, género y especie a que correspondiese; y, puesto en la que le toca, se sabrían sus artes, objeto y medios viendo los de su género.

Dijo una verdad quien dijo: que los lacayos son pícaros y los aprendices deben serlo.

Todo aquello que presenta objetos de deseo y embaraza su goce produce pícaros. Sociedades, ved aquí vuestra imagen. Creáis mil necesidades: irritáis los deseos: presentáis objetos a cada momento, y sólo concedéis su uso a pocos seres privilegiados.

En todos los pueblos del Globo se odia al pícaro y se ama al justo; y en todas partes se ve triunfante y alegre la picardía, ajada y triste la virtud. No es contradicción. Sucede lo primero porque el hombre huye de todo lo que le hace daño, y busca lo que le hace bien; y lo segundo, porque la astucia y número crecido de pícaros aumenta su poder, y la sencillez y número escaso de justos influye en su debilidad.

Los hombres se unieron en sociedad para aumentar la fuerza que sofoca o repele el mal; y las sociedades, produciendo pícaros en número tan grande, aumentan la fuerza que hace el mal. Esta es contradicción triste.

Pícaros de una especie se multiplican en los puertos; pícaros de otra se reúnen en las cortes; pícaros de otra abundan en los lugares de colegios y universidades. Es que cada especie sirve una pasión favorita; y las pasiones, recorriendo los grados de latitud, se fijan en aquellos puntos que convienen más a sus intereses.

Hay picarillos en la infancia, en la juventud, en la virilidad y en la vejez. Pero el viejo ha observado sus propias picardías, las del hombre viril, las del joven y las del infante; el hombre viril, las suyas, las del joven y las del infante; el joven, las propias y las de la infancia;

y el infante sólo las suyas. El viejo es pícaro más experimentado, y por consiguiente más pícaro. Esta es la escala en igualdad de casos.

Cada especie distinta de pícaros debe tener fisonomía diversa, porque el hábito de acciones semejantes da igual movimiento a los músculos: pone en situación idéntica las facciones; y llegan éstas a fijarse en la posición que les da el hábito. La hipocresía está pintada en la cara de un Tartufo; la adulación, en el aspecto de un cortesano; y la fiereza, en los ojos de un bandolero.

La observación constante del rostro de un triste, alegre, airado, etc., dio al fin la fisonomía técnica de cada pasión. La observación asidua del rostro de cada especie de pícaros daría también la fisonomía de cada uno; y si no hay equivocaciones en lo primero, podría avanzarse la ciencia al grado de no haberlas en lo segundo.

Esta ciencia sería útil, especialmente para los reyes, los ministros de gobierno y los gobernadores, los magistrados, las doncellas, los jóvenes y los pastores que danzaron en Belén.

El pícaro respeta al justo aun haciéndole mal; y el justo teme al pícaro aun siendo justo.

Uno y otro, el pícaro y el hombre de bien, trabajan para poseer el objeto respectivo de sus deseos. Pero el primero dilata, extiende los suyos a todo lo que apetece: cree consumir menor cantidad de movimiento para llegar al término de sus votos; y por la libertad que da a sus deseos y la economía de trabajo prefiere la picardía a la hombría de bien.

La picardía es, en este sentido, una especie de pereza.

El ejercicio es, en esta clase, maestro como en las demás. Un pícaro se vuelve más pícaro ejercitando la picardía.

Un pícaro conoce a otro pícaro al momento por una palabra, un ademán, una mirada. Un justo tarda mucho en conocerle: no le conoce a veces hasta después de ser inmolado. Los primeros hablan un mismo idioma; y el segundo no entiende el de los pícaros.

Hay pícaros que desenvuelven en sus planes tantos talentos como los creadores de las ciencias. Hacer que millones de hombres libres fuesen esclavos de un individuo es problema resuelto por César, más difícil que los de Arquímedes.

Las ciencias, formadas por muchos individuos en la marcha lenta de los siglos, no pueden gloriarse de haber sido justos todos sus padres, así como el hidalgo de Castilla no puede jactarse de haber sido Lucrecias todas sus abuelas.

Catilina arengaba a sus cómplices empleando las reglas mismas del arte con que Catón declamaba en el Senado; y el conquistador se sirve, para destruir, de las mismas matemáticas con que Cassini llevaba aguas de salud a los pueblos.

Las ciencias han sido creadas por pícaros y hombres de bien; y sirven a unos y otros.

Las morales, únicas que levantan la voz contra el pícaro, son también las únicas contra las cuales se vuelve el pícaro. Es como el tigre que ruge y muerde la cadena que le liga.

IDEARIO POLÍTICO

EL LIBRO DE MÉRITO

Los principios luminosos, las verdades primeras, útiles en todo país civilizado, son, en los que comienzan a formarse, de provecho sin duda más grande.

Mirad las aguas cristalinas y sanas de un río, ornamento y bien de una provincia. Fluyen de una fuente pequeña, imperceptible tal vez a la vista del viajero; ruedan plácidamente por la pendiente de una montaña; bajan a las llanuras dando mil vueltas y refrescando la atmósfera; fecundizan la tierra; enriquecen al labrador; y hacen prosperar a los pueblos.

Observad los pensamientos inocentes y benéficos de un filósofo, honor del país donde vive. Formados en la obscuridad de un gabinete, pasan primero a un amigo en las dulzuras de la confianza; llegan después a los sabios; bajan a los que no lo son; ruedan por los pueblos; y circulando por ellos ilustran a los hombres, extienden su riqueza y aumentan su poder.

Publiquemos los pensamientos bienhechores que tienen este carácter: los que hacen bien y no operan el mal; los que hacen sentir la necesidad de la ley y los beneficios del orden; los que mejoran al hombre o elevan su ser.

Los comerciantes, que son de riqueza bastante para pedir facturas costosas de libros, no conocen en las ciencias el bien ni el mal; y los hombres de letras, que saben distinguir el error y la verdad, lo grande y lo pequeño, no tienen fondos para hacer especulaciones.

La Europa parece inagotable como la naturaleza. Cada año brota pensamientos, honor de ella misma; cada año produce obras que admira el genio; cada año publica descubrimientos que hacen avanzar espacios inmensos. Se cree agotada la fecundidad; se juzga terminada la carrera; los amigos de la verdad gritan como Arquímedes: ya la encontramos, ya llegamos a la última meta. Y al año siguiente se presentan nuevas obras, se descubren nuevos métodos, se crían nuevos géneros.

La ciencia social se adelanta; la ilustración hace progresos; los pueblos son menos esclavos; la perspectiva de felicidad se aproxima; y la Europa es cada día más bella y luminosa.

Nosotros seguimos, entre tanto, en ignorancia casi absoluta de las producciones más hermosas. El comerciante continúa plagándonos de Curias, de Febreros, de Salas, de novelas y otros libros que protegen el error o no permiten ver la verdad. Las obras maestras llegan a Guatemala al cabo de un siglo, cuando se han publicado otras más magistrales, o hecho descubrimientos más prodigiosos. La Europa está en el siglo XIX; y la América comienza el XVIII.

Comerciantes, buscad el bien de la patria. No seáis conductores del error, o agentes de las preocupaciones. Pedid facturas de libros. Son las obras que dan más honor a la especie. Pero pedid lo que os designen los hombres ilustrados, los hombres que marchan a la par del siglo, los hombres que no tienen interés en conservar errores, útiles a una clase, dañosos al mayor número.

Ciudadanos, no cooperéis a la riqueza del mercader con el sacrificio de vuestras potencias. Comprad libros. Es el gasto más útil. Pero comprad los libros que os aconsejan los hombres de luces: los libros que defienden la causa de los pueblos: los libros que enseñan a pensar y a decir: los libros que, a la lectura de una página, los cierra el lector para saborearse con lo que ha leído y prepararse nuevos goces en lo que ha de leer; los libros que a cada capítulo nos hagan levantar de la silla y dar saltos de contento, viendo nuevos horizontes y nuevos espacios iluminados con nuevas luces.

Para atacar la ignorancia, ese monstruo, origen de nuestra pobreza, causa primera de nuestras calamidades, es necesario aproximar los comerciantes a los sabios: es preciso que los segundos den luces a los primeros.

Este es uno de los medios de cooperar a la ilustración de la patria. Trabajemos con celo. Los resultados serán ventajosos: el premio, cierto; y la satisfacción, pura como la del placer más vivo.

1821

GOBIERNO

Son necesarias dos cosas para que sea lo que debe ser: una sabiduría previsora que calcule los bienes y males que puede hacer una ley; forme el plan o sistema legislativo; y una sabiduría activa que, venciendo obstáculos, sepa ejecutar el mismo sistema. Ni leyes sabias sin funcionarios activos, ni funcionarios activos sin leyes sabias. Es preciso que unas tracen el plan y otros lo ejecuten.

El mejor Gobierno, decía Pope, es el mejor administrado. Pero no ha existido nunca ni existirá jamás administración buena sin plan exacto y ejecución enérgica.

Uno y otro ha faltado en los tiempos antiguos. Se ha obrado sin verdadero plan, se han expedido órdenes y cédulas aisladas, según las exigencias del momento: no ha habido unidad en las expedidas; no se ha seguido en el departamento de empleos el sistema que aconsejaba la razón; no ha habido energía en la ejecución de lo más interesante.

Se han establecido seminarios, colegios y academias para formar eclesiásticos, artilleros, ingenieros, militares y marinos, y no los hemos tenido para formar hombres capaces de trazar el plan legislativo o sistema sabio de gobierno. Ha habido escuelas para enseñar a manejar el cañón o esgrimir la espada, y no se han fundado para enseñar a gobernar. Se multiplicaban los maestros de bailes y no había un profesor para las ciencias legislativas y económicas. Se creía precisa la enseñanza del Derecho privado, y no se juzgaba necesario el Derecho público. Se abrieron clases para formar comerciantes, y no las ha habido para formar intendentes. En un orden de empleados se exigían cursos de estudio, grados y exámenes; y en otros no se pedía uno ni otro. La escala era necesaria en un departamento para asegurar el acierto en la provisión de empleos, y en otros no se estimaba precisa para afianzarlo. Para que un procurador pudiese firmar escritos hechos por un abogado, debía ocuparse de examinarlo una audiencia entera; y para que un corregidor fuese a gobernar un vasto corregimiento, bastaba que hiciese una cruz con los dedos índice y pulgar y dijese que iba a cumplir y hablar a favor de quien lo ha elegido porque merece su confianza, sin haber estudiado Derecho teórico y práctico por espacio de ocho años; y un alcalde mayor podía gobernar una provincia, sin saber si había leído el alfabeto de la ciencia del gobierno.

Se ignoraba que si un abogado debe ser letrado en la jurisprudencia, un gobernador debe serlo en la economía política, un intendente en la ciencia fiscal y un militar en la guerra. Este error produjo otros muchos, y todos unidos han hecho la infelicidad de los pueblos.

No hay empleo que no exija instrucción en quien lo sirva. Los funcionarios de la hacienda pública deben cultivar la ciencia de Necker y Sully; los del Gobierno deben meditar la de Say y Smith; los del Poder legislativo deben poseer la de Filanghieri y Montesquieu; y los del Judicial, la de Marina Heineck. Varía en la escala de empleados la suma de conocimientos que debe tener cada uno. Pero es preciso que la haya en todos, y sólo habiéndola podrá haber sabiduría en la ejecución.

Un sistema sabio de educación debe dar la universal que se extiende a todos los ciudadanos, la general de los individuos de cada clase, y la específica de los de cada especie. En cada lugar, decía Cabarrús, debe haber escuela destinada a enseñar a leer, escribir, los elementos de aritmética, geometría práctica y catecismo político. Esta enseñanza ha de ser común a todos, ricos y pobres, grandes y pequeños... Todos deben recibirla simultáneamente; y el que no la hubiere recibido, no podrá conseguir empleos... Pero criados todos uniformemente hasta los diez años, deben distribuirse después en las varias carreras a que sean llamados: debe haber colegios para las profesiones.

No hay orden alguno de funcionarios que no exija en cada uno de los que forman ciertas calidades físicas, morales y literarias. La juventud, peligrosa en unos empleos, es necesaria en otros. La integridad que basta en este departamento no sería suficiente en aquél; y las luces de un jefe de rentas deben ser distintas de las de un general.

Dos leyes son de absoluta necesidad: una que, dilatándose a toda la sociedad, trace el plan general de educación; y otra que, extendiéndose a todas las órdenes de empleados, fije las cualidades

144

físicas, morales y literarias que ha de tener cada uno y las pruebas que debe dar para acreditar su posesión antes de entrar al servicio de un empleo.

Leyes dictadas por la sabiduría; ciudadanos formados por la educación; funcionarios provistos por la imparcialidad: éstos son los elementos necesarios de un gobierno justo. Cuando se dé a ellos toda la atención que reclamen, entonces serán felices los pueblos; y los que se placen en su bien gozarán el que desean.

CÓDIGO LEGISLATIVO

La historia de los pueblos es el cuadro de sus revoluciones. Se suceden unos a otros los gobiernos. No hay uno que se sostenga inmóvil en la marcha del tiempo. Todos pasan rápidamente; y cada transición derrama sangre o sacrifica víctimas. Sacrificándolas se abolió en Roma el reinado y se instituyó el consulado. Sacrificándolas se destruyó el consulado y se estableció el imperio. Sacrificándolas se acabó el imperio y siguió otro gobierno.

Cada país presenta ejemplos; cada siglo, lecciones. Pero los hombres no las reciben. Son insensibles a las desventuras de su especie: no investigan su origen, ni estudian sus causas.

Se vuelven contra un gobierno que en su misma esencia tenía la causa de su destrucción: establecen otro que esconde tal vez en su seno el germen que, desarrollado, puede también disolverle; y cuando llega el momento triste, cuando los pueblos cesan de ser pacientes, cuando mil manos se placen en hacer piezas el ídolo que antes era la divinidad de su culto, los hombres, tendiendo la vista por tantas víctimas, mirando tantas ruinas y escombros, no es posible, dicen, hacer obras perfectas. No es dado establecer gobiernos que lo sean.

Tiene el sello de nuestra miseria todo lo que es trabajo de nuestras manos.

Hombres injustos: cesad de serlo y encontraréis, en fin, el objeto caro de los deseos. Amad la justicia de buena fe; y estableceréis gobiernos que tengan la mayor perfección posible. Oíd la voz de la razón en el silencio del interés. Sus acentos son claros. Todos pueden entenderlos.

Los hombres son elásticos. A la acción sigue la reacción; y esta serie no tendrá término si no lo tiene la causa que la produce.

Cuando uno hiere a otro, el agraviado será enemigo de su ofensor: meditará venganzas y explicará sus iras en los momentos menos esperados.

Este pensamiento que nadie ignora, esta reflexión que todos hacen, debe ser la teoría de un gobierno justo, la ciencia de una legislación benéfica.

Yo ofrezco mis respetos a las autoridades. Hablo en general. No me concreto a países ni me fijo en personas. No apruebo la venganza ni celebro sus explosiones. Indico sus efectos y calculo sus males.

Los jueces que, en vez de ser perpendiculares como la recta razón, se inclinen a una clase favorita; los jueces que, a vista de un proceso, en vez de examinar lo que se demanda, preguntan quién es el que pide, es natural que se hagan enemigos, y que procuren su desagravio los que se fuesen formando.

Los agentes del gobierno que, en vez de ponerse en el centro y dar desde allí igual protección a todos, la niegan a unos y la franquean a otros, es preciso que tengan también resentidos y que el resentimiento inspire iguales deseos.

Las leyes que, en vez de tender al mayor bien posible de todos y del mayor número posible, procuren el de unos y olviden el de otros; las leyes que protejan los derechos de una clase y depriman o desconozcan los de otra, deben igualmente tener desafectos y todos los que fuesen viviendo en la sociedad no serán socios o individuos de ella.

La unanimidad de sentimientos irá reuniendo a todos los que los sufran. Los que se consideren agraviados por el Poder Judicial, se unirán con los que se crean ofendidos por el Poder Ejecutivo. A unos y otros se asociarán los que hayan sido deprimidos por las leyes; se formará en la misma sociedad otra sociedad contraria a ella: habrá en el transcurso del tiempo una lucha desastrosa; y si el número de resentidos es el máximo y el de los privilegiados el mínimo, triunfarán los primeros; acabará la antigua sociedad; sucederá el horror; comenzará el caos; y serán envueltos aun los hombres de paz que no han hecho mal y han procurado el bien.

Seamos justos; y el orden social será eterno como la justicia. Respetemos el principio grande de sociedad o compañía, y todo será bien.

Si las leyes son la expresión de la voluntad del mayor número, la fuerza del mayor número sostendrá las leyes. Si los que gobiernan protegen al mayor número, la fuerza del mayor número apoyará al gobierno. Si los que administran justicia la hacen al mayor número, la fuerza del mayor número será en favor de los jueces.

En vano habría hombres infelices que meditasen el desorden. Las leyes, los gobernadores, los jueces tendrían la fuerza del mayor número. El orden sería inmóvil y la sociedad duradera.

Lejos de los gobiernos las teorías brillantes, pero falsas y funestas al fin en el movimiento de los siglos. Se equivocó el celebrado Licurgo; se equivocó el profundo Montesquieu; se equivocaron todos los que se han desviado del principio sencillo de compañía o sociedad.

Si en las convenciones mezquinas del interés no se cree que la haya, cuando el lucro es para unos y la pérdida para otros, en los pactos grandes de las sociedades políticas ¿podrá existir cuando la ley dé goces y trabajos a unos y a otros?

Oídlo, hombres que amáis a los hombres: el principio de donde debe partir todo Código Legislativo es hacer que sean socios todos los individuos de la sociedad. El Código que tenga este carácter será justo y duradero como la verdad que le sirve de base. El Código que no lo tenga será injusto y desaparecerá al momento que haya ilustración.

Deseamos que lo tenga presente la comisión establecida para formar el de la monarquía española; deseamos que a los hijos dignos de este hermoso continente se declaren en él los derechos que debe tener un socio; deseamos que la América mejore su triste suerte en el nuevo Código que se promete. Deseamos que se borren las leyes poco justas que han embarazado su bien o causado su mal. La razón no lo ha hecho jamás. Si es cierto el principio, sus consecuencias no pueden ser dañosas.

PENSAMIENTO Y ACCIÓN

Terminó el año de 1820 y comienza el de 1821. En el primero se publicó y juró la Constitución. En el segundo se irán acordando los decretos y medidas que exige su cumplimiento.

La marcha de la prudencia es lenta como la de la naturaleza y el arte. Desarrollándose poco a poco un germen diminutísimo, se eleva el árbol que refresca con su sombra y regala con sus frutos. Poniéndose un canto sobre otro se levantan los palacios, admiración del talento.

La ilustración se irá extendiendo gradualmente; el espíritu público se irá formando del mismo modo; y cuando se dé a todas nuestras necesidades la atención que reclaman, el sistema de la razón se irá planteando con la circunspección que exige la transición de un gobierno a otro.

Anticipémonos a gozar esta dulce esperanza; cooperemos para que no sea ilusorio, y saludando al año nuevo hagamos votos para que todas las autoridades lo hagan venturoso.

El comerciante feliz recorre con placer las negociaciones que ha hecho en el año que acaba, medita otras para el año que comienza, y activo y alegre se prepara a trabajar con el estímulo de la esperanza.

El labrador tiende la vista por las cosechas, fruto de sus sudores y penas; piensa en las que han de sucederles y aguarda con impaciencia la estación de las siembras para hacerlas más dilatadas y ricas.

El hombre activo que ha trabajado con celo y no ha sido víctima de pasiones disipadoras, el que ha sabido reunir los tres elementos necesarios para la producción de un capital —trabajo, economía y moralidad— mira con alegría los fondos que ha ido produciendo y se prepara del mismo modo a producir otros muchos.

Los gobiernos que han sido paternales, los que han meditado de noche y trabajado de día para llenar el objeto grande de su institución, tienen sentimientos más íntimos. Es alegría para el alma de los agentes del Poder Ejecutivo que han llenado el año trabajando para bien general de los pueblos. Ni el geómetra ni el algebrista pueden calcular la extensión y energía de su gozo. Las almas sensibles, los hombres que se enternecen a vista de un infeliz, los que sufren cuando ven sufrir, son los que deben hacer el cálculo de los sentimientos de quien haya velado para hacer felices a provincias o naciones enteras.

Los pueblos tienen derecho para saber lo que se ha trabajado en su bien. Ellos son los que trabajando y sudando forman las rentas que mantienen a los funcionarios: ellos son los que uniendo fuerzas individuales forman la fuerza pública que sostiene el orden.

Cuando un gobierno presenta el cuadro de lo que ha trabajado y el plan de lo que piensa trabajar, los pueblos se penetran de gozo, estrechan los vínculos de unión con los que gobiernan, les dan su confianza, y esta confianza es el elemento primero de un buen gobierno.

Para que la haya y los administrados se unan con los administradores; para que unos ofrezcan sus luces y otros su experiencia; para que se vayan corrigiendo abusos y rectificando errores, quisiéramos que al principio de cada año:

Los gobiernos, diputaciones provinciales, ayuntamientos y consulados presentasen al público la serie progresiva de las medidas o providencias dictadas para cumplir sus atribuciones respectivas en el año precedente y el plan de las que mediten dictar en el siguiente.

Que se publique el estado de la Hacienda pública, manifestando sus ingresos y erogaciones, los artículos que forman los primeros y los objetos a que se destinan los segundos.

Que los hombres dignos de escribir hagan a la patria el servicio que debe hacer un sabio: presentar sus pensamientos y observaciones, indicar el mal que puede hacer una providencia mal combinada o designar el bien que pueden producir otras medidas.

Trabajemos con celo y constancia. No recibiremos nosotros todos los frutos de nuestros trabajos, pero los recibirán nuestros descendientes; los recibirán nuestros semejantes; los recibirá la patria donde hemos nacido; los recibirá la América que amamos y debemos amar.

VAGANCIA

Un vago es un hombre improductivo que no trabaja, ni llena los deberes de socio cooperando al bien de la sociedad: es un hombre alimentado y vestido por los demás; una carga que pesa sobre el pueblo; un parásito que se mantiene con los jugos del árbol a que es asido.

Un mal entretenido es un ser dañino que se ocupa en distraer a otros del bien y hacer él mismo el mal; es el jugador que desea la pérdida y ruina de los mismos a quienes llama amigos; es el búho que pasa las noches seduciendo jóvenes o sorprendiendo mujeres.

Alejarlos del ocio: destinarlos al trabajo es humanidad. Es amar su bien y el de los pueblos; es hacer útil lo que no lo era; es perfeccionar la sociedad haciendo que los socios sean lo que deben ser: laboriosos todos, cooperadores en los trabajos y ocupaciones necesarias.

Triunfa la libertad, dice Montesquieu, cuando las leyes criminales derivan las penas de la naturaleza particular del delito. Cesa entonces la arbitrariedad: la pena no desciende del capricho del legislador sino de la naturaleza de las cosas; y no es el hombre el que hace violencia al hombre.

Deseamos que los jefes políticos, los alcaldes y ayuntamientos dediquen su celo a punto tan importante. Los brazos del ocioso les darán manos para trabajar obras de beneficencia pública, para componer caminos, para levantar puentes, para asear calles, para construir fuentes, para hacer alguna cosa de mil que nos faltan. Cuando los gobiernos posean la ciencia de tornar útiles a los hombres que no lo son, entonces serán menores las miserias de los pueblos. No es la pena que corta cabezas la que los hace más felices. Es la que hace laborioso al que no trabaja: la que vuelve moral a quien no lo era: la que torna provechoso al inútil e improductivo.

REVOLUCIONES

En las de Francia ocurrieron sucesos que no olvidará la Historia. He aquí uno que interesará siempre a las almas sensibles y llamará la atención de los políticos.

La hermosa Roland, hija de un artista, mujer de un sabio nombrado ministro y hombre de bien, sin embargo de serlo, poseía las cualidades que tienen más derechos para interesar: belleza, filosofía y virtud. Fue, sin embargo, condenada a muerte por la injusticia más escandalosa. Era el día en que lo fue, serena como la inocencia que siente la fuerza: estaba con vestido blanco, como la inocencia; y el pelo negro, tendido hasta la cintura, aumentaba las gracias de su belleza.

Salió a la plaza del suplicio, y a vista de la estatua de la Libertad, le hizo una cortesía y dijo estas preciosas palabras: "¡Oh, libertad, cuántos delitos se cometen en tu nombre!"

Es un derecho la libertad; lo es la independencia de Guatemala. Defendamos con celo causa tan justa; pero no demos mérito para que en este bello país se oiga jamás el eco triste de aquellas palabras.

El poder de la opinión no es estrepitoso como el de los cañones, no es violento como el de la fuerza. Es pacífico, mesurado y tranquilo.

El poder de la opinión hizo proclamar la independencia en paz y sosiego, sin sangres ni muertes. Que el mismo poder vaya haciendo lo que nos falte sin hostilidad ni persecuciones. Dirijamos la opinión. Ella hará progresos y su potencia será irresistible.

El mundo está en movimiento y no retrogradará. Difundamos luces para que su marcha sea pacífica, y gozaremos entonces los bienes que promete la independencia, sin sufrir los males con que ha afligido a otros países.

1822.

PRUDENCIA Y JUSTICIA

(Discurso pronunciado en la Asamblea Nacional Constituyente el día 5 de febrero de 1824, al prestar, como individuo del Poder Ejecutivo, el juramento de ley.)

Nombrado individuo del Supremo Poder Ejecutivo, vacilé largo tiempo antes de decidirme a renunciar o aceptar el nombramiento. Son diversas las dudas que me han atormentado en los períodos de mi vida. Protesto que ninguna ha sido tan escocedora para mí.

Viendo la posición delicada de una nación que acaba de mudar su gobierno; meditando la serie incalculable de consecuencias que se derivan de la transición de un estado a otro absolutamente distinto; computando el tiempo que duran las oscilaciones, y las víctimas que se sacrifican en cada oscilación antes de fijarse al cabo de años en una constitución bien o mal pensada; considerando que si una sola reforma en un solo punto ofrece tantos peligros y dificultades, la creación de todo en cada uno de los departamentos del gobierno debe presentarlos en mayor número, y de más grave trascendencia; conociendo que si movido un solo resorte se trastorna a veces el movimiento de una máquina, movidos todos los que hay en ella puede ser mayor la subversión y desorden; viendo la marcha desgraciada de otros pueblos que, creyendo subir a la altura más elevada de la libertad, han sido abatidos en degradación vergonzosa por la mano violenta del despotismo más injusto; contemplando el cuadro espantoso de Francia y otros Estados de América, yo, deponiendo las dudas que me atormentaban, tomé la pluma al momento y escribí con ella la renuncia del destino a que he sido llamado.

Pero volviendo la reflexión a otros puntos: siendo Guatemala mi patria de origen, de domicilio y de elección; y debiendo todo hombre servir la que tenga con empeño y constancia; sabiendo que si la patria debe ser servida en todos tiempos, en el de peligros se aumentan sus derechos y multiplican sus títulos; conociendo que no deben abandonar una obra en el principio de su ejecución los que la han aconsejado y propuesto su plan; considerando que después de haber cooperado a la independencia absoluta de Guatemala, sería oprobio abandonarla, y desoír su voz cuando llama a sus hijos a consolidar lo que ha sido objeto de sus votos y los míos; recordando los honores con que me ha distinguido eligiéndome sucesivamente para los destinos en que ha tenido el derecho de elegir; me sentí penetrado de lo que domina más a un hombre sensible: sentí el imperio dulce de la gratitud; olvidé mi ineptitud; y rompí la renuncia que había escrito del destino a que he sido electo.

Nacido en Guatemala; formado en Guatemala; distinguido en Guatemala con honores de diversa especie, los derechos de esta digna Nación deben ser sagrados para mí.

Yo viviré para Guatemala. Identificaré mi existencia con la de Guatemala. Seré feliz en las felicidades de Guatemala. Seré desventurado en las desgracias de Guatemala. Trabajaré para que los corazones de todos los hijos de Guatemala sean por su unión y armonía un solo corazón. Daré toda la atención de que sea capaz a lo que tiene más derecho para reclamar la del gobierno. La religión que une a los hombres predicando amor a nuestros semejantes, y sofocando odios y venganzas; la ilustración, origen primero de lo bello, de lo grande, de lo útil y de lo sublime; la independencia absoluta inspirada por la razón y sancionada por la justicia; la consolidación del gobierno en la época de las oscilaciones de la opinión y los choques del interés; la educación que debe formar hombres nuevos para un gobierno que también es nuevo; la riqueza que debe aumentarse en razón directa de los gastos que antes eran de una provincia que no hacía figura en la carta del mundo, y ahora son de una Nación que comienza a tener representación en el mapa de las sociedades políticas: estos serán los objetos de mis trabajos. Robaré a los genios de otras naciones los pensamientos que han influido en su prosperidad. Procuraré aclimatar en este suelo aquellos que pueden venir bien en nuestra actual posición.

Tal es el juramento que hago ante el primer Congreso de Guatemala. No prometo aciertos, siempre difíciles en la transición peligrosa de un gobierno a otro. No tengo la vanidad de creer que mudaré la faz de estas tierras colocadas por la naturaleza en el centro de las dos Américas; ni me lisonjeo con esperanzas que no osarían concebir aun los talentos veteranos en el arte de mandar. Lo que prometo es querer el bien general, y hacer esfuerzo para conseguirlo, arreglado a las leyes.

Soy individuo de un Poder que se llama y debe ser Ejecutivo. Cumplir y hacer que se guarde la ley es toda el área de sus atribuciones.

El Poder más hermoso, el primero en la escala de los Poderes, el Legislativo, es el que debe trazar la línea por donde debe marchar el Ejecutivo.

Si esta línea lleva a escollos y precipicios, el gobierno, ejecutando la ley, hará a su pesar el mal de la Nación. Si guía, por el contrario, al punto más distante de peligros, el gobierno, marchando sobre ella, irá derramando bienes a los pueblos.

La prudencia, necesaria en todo, es de mayor necesidad en los sistemas nacientes. Un legislador no debe confundirse con un profesor de academia. Es inmensa la diferencia que distingue a uno de otro. Un profesor resuelve en abstracto los problemas de derecho público sin examinar localidades, ni concretarse a circunstancias. Es un matemático que demuestra las propiedades de un círculo ideal, o una esferoide imaginaria. Un legislador observa el territorio a que se dilata la Nación, los paralelos que la circunscriben, los elementos heterogéneos de su población, el grado a que se halla la civilización de los pueblos, la diversidad de clases, y los intereses, luces, fortuna y moralidad de cada una: considera los choques a que están expuestos y los peligros a que precipitaría la lucha de ellas en una época en que las pasiones irritadas por recuerdos de sufrimientos dolorosos, tienen por la voz de libertad una energía peligrosa que producirá explosiones si en vez de calmarla el sano juicio la avivase la imprudencia: examina con la profundidad del genio el sistema físico, político y moral de los pueblos: abraza en su vasta mente todas las relaciones y circunstancias; y cuando ha llegado a reunir todos los conocimientos de la Nación entra a resolver el problema más difícil de la ciencia. No busca las leyes más sublimes en un sistema abstracto o ideal: no da al norte las que sólo convienen al mediodía, ni manda observar en las regiones australes las que son propias de las boreales. Busca las que son más análogas a la posición en que se halla el pueblo a quien va a

159

dictarlas: las que exigen las circunstancias en que se encuentra: las que parecen más propias del sistema físico, político y moral. Sabe que los paralelos o alturas de polo hacen dañoso en un país lo que es útil en otro: sabe que cada nación debe tener instituciones análogas a su actual estado, así como tiene vegetales y fósiles propios de su clima y temperatura: sabe que la perfección de una ley no consiste en su justicia absoluta, sino en la respectiva al total de circunstancias: sabe que son de demostración las verdades de la geometría, y que sin embargo de serlo no deben darse a un infante cuyas potencias no se han desarrollado al grado necesario para poder entenderlas.

Que este plan dictado por la experiencia de los siglos sea el del primer Congreso de Guatemala: que esta Asamblea aproveche los conocimientos que sobre cada provincia pueden presentarle sus dignos individuos; y que, reunidos los que le ofrezcan, conocida la verdadera posición de los pueblos, tire al fin la línea que debe trazarse. El Poder Ejecutivo caminará sobre ella con el detenimiento que exige la delicadeza de circunstancias: no precipitará su marcha en una época en que todo debe ser gradual: no dará saltos siempre peligrosos y funestos: obrará como la naturaleza que nada hace de repente sino por grados y leyes prudentes: será como los viajeros que caminan poco a poco en las pendientes resbaladizas o escarpadas, y en las tinieblas de la noche suspenden su marcha hasta que la luz del Sol les guía y manifiesta los riesgos.

Obrando de esta manera, los hombres pacíficos, de luces, caudal o talento probado en algún género de industria, emigrando de lugares que amenazan erupciones, vendrán a fijarse en el nuestro: hará progresos la población: adelantarán nuestras artes: se extenderá nuestro comercio: se aumentará el número de ciudadanos beneméritos; y este pueblo que tiene tantos derechos a mi gratitud será, sin convulsiones ni sacrificios, elevado al goce de la felicidad que le deseo, y formará el objeto constante de mis pensamientos, de mis trabajos, de mis sacrificios y de mis intereses.

PLAN DE BUEN GOBIERNO

(Discurso del Presidente del Poder Ejecutivo pronunciado en la apertura del Congreso Federal de Guatemala, el 25 de febrero de 1825.)

El primer Congreso Federal abre sus sesiones y comienza sus trabajos. Es vasto el campo que se presenta a su celo, y lisonjeras las esperanzas de su cultivo.

Los pueblos se prometen cosechas ricas y hermosas. Han elegido diputados a los que han juzgado dignos de serlo: a los que han creído poseedores de todas las calidades que exige título tan grande: a los que han considerado penetrados del fuego único que debe animar a los representantes de una nación.

Los diputados son escogidos por los pueblos para llenar el lugar que debían ocupar ellos mismos: son la misma nación en imagen o representación: son, en cuanto al ejercicio, el soberano moral.

Los pueblos creen que desde el momento en que elevan a diputado a un ciudadano particular debe cesar el hombre privado y no existir más que el hombre público: debe morir el Yo, y no vivir más que la nación: debe acabarse el individuo y no quedar más que la patria: deben cesar las atracciones y repulsiones individuales, y no haber más que los sentimientos dulces y sublimes del patriotismo.

Que sea voz del egoísmo, o agente de la intriga, el infeliz que no conoce que le degradan e insultan los que quieran hacerle instrumento de sus intereses o preocupaciones. Que sea orador de pasiones o partidos el desgraciado que no siente toda la humillación y oprobio de quien es esclavo de ellos. Que sólo piense en la clase de que es individuo, en la capital donde vive, o en la provincia donde ha nacido, el hombre pequeño que no ha aprendido a dar extensión a sus ideas.

Los miembros de este cuerpo legislativo, los individuos del primer Congreso Federal de Guatemala, sienten toda su dignidad y conocen todos sus deberes. Somos, dicen, representantes de la nación más digna de nuestros pensamientos y trabajos. No nos han elegido los pueblos para que los extraviemos llevándolos a los horrores de la anarquía, o a las cadenas del despotismo. Nos eligieron entre la multitud de hijos suyos para que sostengamos con celo activo y vigilante la justicia de su independencia; nos eligieron para que mantengamos con igual energía la integridad de su territorio: nos eligieron para que no permitamos jamás su retroceso al antiguo sistema de gobierno, ni su marcha precipitada y peligrosa: nos eligieron para que los dirijamos con sabiduría prudente, a igual distancia de las revoluciones que son caos de sangre y muertes, y del despotismo que es destructor de todos los derechos: nos eligieron para que vayamos levantando el edificio de nuestra prosperidad canto sobre canto, con el nivel en la mano, sin precipitar nuestros trabajos: nos eligieron para que organicemos el sistema de instrucción pública, que es el origen primero de todo bien social: nos eligieron para que desarrollemos las semillas de riqueza que hay en este suelo en mayor abundancia que en otros de América: nos eligieron para que confundamos la voz de los que digan que no hay en Guatemala elementos para ser libre: nos eligieron para que hagamos que esta nación aparezca en el mundo con la riqueza, poder y gloria con que debe presentarse la que está en posición más feliz que todas: nos eligieron para que acreditemos que somos hijos de la República de Centroamérica, amantes de su felicidad, interesados en su honor, defensores de sus derechos.

No se oirá en este salón lo personal, individual o privado. Sólo resonará lo nacional, lo público, o de interés universal para la República. Si queremos que el pueblo cumpla la ley, ame lo justo, respete la autoridad, y guarde consideración a los que la ejercen, seremos los primeros en dar lecciones de respeto a la ley y autoridad, de amar a la justicia, y consideración a los funcionarios celosos en el lleno de sus deberes. Esta sala puede ser el punto de donde salga partida la opinión y divididos los sentimientos en lo más esencial y delicado, o el centro de la unidad o armonía: puede ser el origen triste de los partidos y facciones, o el principio feliz de la unión de todas las clases en derredor de la Patria: puede ser la fuente de donde fluya el mal o el nacimiento de donde emane el bien. La elección está en nuestras manos. Los legisladores deben ser los primeros modelos. Este salón será el templo del Decoro, de la Prudencia, y del

Patriotismo juicioso. En las discusiones seremos oradores modestos porque la modestia aumenta los valores del raciocinio y las fuerzas del convencimiento. En las votaciones seremos como la razón fría y tranquila que decide en calma sin el calor de los partidos.

Tales son los sentimientos de los diputados a quienes tengo el honor de dirigir la voz. El gobierno felicita al Congreso por los de sus individuos: lo felicita por la aperción de sus sesiones: lo felicita por el celo con que se prepara a trabajos de bien general; y para que tengan todo el suceso que espera la nación, desea que se vuelvan los ojos primero a los que se han emprendido, y después a los que deben emprenderse. Esta vista señalará la línea de donde debe partirse en el campo que se va a cultivar; y los pueblos recibirán frutos sazonados de trabajos comenzados con celo y dirigidos con orden.

Parece justo que el Poder Ejecutivo dé cuenta de los suyos. Todo funcionario debe darla del celo con que haya correspondido a las confianzas de la nación. El gobierno confiesa gustosamente esta verdad: la publica a la faz de todos; y será el primero en el cumplimiento de este deber.

El ministro dará cuenta de todo lo que ha hecho el Poder Ejecutivo desde el día en que fue establecido; y yo me limitaré al año en que he sido individuo suyo. El ministro dará la historia de los acuerdos y resultados; y yo presentaré el plan y manifestaré el espíritu del Poder creado para gobernar la República.

SISTEMA POLÍTICO

I

Desde que los hombres, dice un escritor, existen en sociedad, dos grandes procesos agitan el espíritu humano y arman alternativamente con la cuchilla de las proscripciones a una y otra de las partes contendoras.

1°—Ha existido antes y existe ahora un proceso entre los pueblos que quieren la libertad política y civil, y los jefes, temporales o vitalicios, electivos o hereditarios, reyes o emperadores que quieren tener poder absoluto.

2°—Ha existido antes y existe ahora otro proceso entre los pueblos que no quieren admitir otras distinciones que aquellas que sean convenientes al interés de todos; y las clases de aquellos individuos que han usurpado y quieren todavía conservar para su privativo interés privilegios honoríficos o pecuniarios.

Combate del espíritu de libertad con el de dominación o poder absoluto: combate del espíritu de igualdad con el de distinción o privilegio. Este es el cuadro de las naciones o sociedades políticas del mundo antiguo.

Los pueblos de Europa, salvajes o bárbaros primero, dominados después por Roma antigua que, liberal o justa para sí, era una tirana para los demás; invadidos posteriormente y subyugados por los godos, vándalos, hunos, etc.; oprimidos por monarcas absolutos y ministros ignorantes o inmorales; sensibles al sufrimiento de tantos males; ilustrados en sus derechos por hombres que desde la altura de sus gabinetes derramaban luces sobre toda la especie, quieren ser menos infelices: quieren constitución: quieren una ley que señale límites a los poderes, dé a todos derecho, y prescriba a todos deberes. Es justa su demanda, y no tiene moral, o no habla lo que siente el que niegue la justicia de solicitud tan conforme a razón. Pero los gobiernos y las clases no quieren dejar de ser aquellos absolutos y estas privilegiadas. El interés personal unió a las clases con los gobiernos; y el interés público o social unió a los pueblos entre sí.

Empezó el combate o la lucha: empezaron los gobiernos a ser enemigos de los pueblos, y los pueblos enemigos de los gobiernos: y no hay armonía entre los que mandan y los que obedecen; y la Europa se ve amenazada de todos los males temibles en posición semejante.

Los pueblos de América, salvajes también al principio; dominados después con arbitrariedad por los Incas y Moctezumas; conquistados posteriormente por los Corteses y Pizarros; envueltos en las desgracias que afligían a los europeos; ilustrados con las luces que del norte del mundo antiguo pasaban al norte del nuevo, y desde él volaban por el centro y mediodía, quieren también ser menos desventurados: quieren constitución: quieren tener cerca los gobiernos directores de sus destinos. Su demanda es igualmente justa. La religión la aprueba y la razón la defiende. Pero el mismo espíritu de privilegio y poder absoluto que repugna el bien de los pueblos de Europa resiste también el de los de América. Se ha formado una alianza que con escándalo se llama santa; y el objeto de esa santa alianza es que no haya constituciones justas: que no haya leyes iguales para todos: que el mundo nuevo esté sujeto al viejo; y dominen los poderes absolutos.

No es general esa liga. La Inglaterra, que es la primera potencia del mundo: la Inglaterra, que tiene la corona del Océano, y es para los gobiernos de las demás naciones como la cámara de los comunes que se ha reservado el bolsillo, no ha entrado en aquella coalición. Ha reconocido por el contrario la independencia de Colombia y México, y tenemos datos para asegurar que reconocerá también la de Guatemala. La Holanda empieza a hacer iguales reconocimientos, los Estados Unidos los han hecho ya; y tienen intereses semejantes a los del resto de América; y otras potencias son neutrales o seguirán su ejemplo.

Los Gobiernos de Francia, Austria, Rusia y Prusia son los que forman la alianza que resiste en Europa las instituciones liberales; y a esos Gobiernos quiere España interesar en sus pretensiones sobre la América. ¿Cuál será el resultado final de la contienda entre los Gobiernos y las naciones? ¿Cuál será el término de la lucha entre las clases privilegiadas y los pueblos de Europa? ¿Triunfará la justicia? ¿Será victoriosa la razón? ¿Los Gobiernos de la alianza darán a España los auxilios que necesite? Y dándole lo que ha menester, ¿se encenderán en Europa los fuegos de una guerra que en tal caso sería general? Y encendiéndose aquellos fuegos, ¿avanzará la América en su causa, o será atrasada en su carrera? Y cuando no hubiese guerra en Europa, ¿será posible que España vuelva a conquistar la América? Y cuando llegase a conquistarla, ¿podrá la conquista ser duradera?

Deseamos que los hombres de todas clases tengan rango más elevado que el de lectores pasivos. Queremos que sean pensadores activos: queremos que se aumente la masa de luces; y que enviándose a nuestro periódico las que produzca la meditación, sea El Redactor el sol que las vaya difundiendo por todas partes.

Nosotros no quedaremos ociosos. Publicaremos noticias acordes o contradictorias, oscuras o claras, así como las encontremos en las gacetas o periódicos de otros países. Presentaremos a su tiempo nuestros pensamientos. Enderezaremos también lo que se nos demuestre ser torcido: seguiremos lo que sea recto; y de uno u otro modo avanzaremos siempre a nuestro término.

II

La independencia absoluta es nuestro primer derecho y el fundamento de los demás. El espíritu público es la garantía más firme de la independencia; y la libertad justa de imprenta es la que forma y dirige el espíritu público.

El pueblo de la República Federal de Centroamérica, dice el artículo 1° de nuestra Constitución Política, es soberano e independiente.

No podrán, dice el artículo 185, el Congreso, las asambleas, ni las demás autoridades coartar en ningún caso ni por pretexto alguno la libertad del pensamiento, la de la palabra, la de la escritura, y la de la imprenta.

Esta es la Ley Fundamental que decretó la Asamblea y ha jurado la Nación: esta es nuestra carta: este es nuestro pacto. Penetrémonos de su importancia en las actuales circunstancias; conozcamos toda su influencia: y no olvidemos los derechos del juramento.

III

Siendo independiente esta nación, sus destinos dependerán de ella misma. No será Lima, no será Bogotá, no será México la que le dará leyes. Será Guatemala la que las dictará a Guatemala.

Sus hijos tendrán elevación en su carácter, nobleza en sus sentimientos. Somos, dirán, independientes y libres. No es el Norte ni el Sur el que nos enviarán empleados. Nosotros mismos elegiremos a nuestros legisladores, a nuestros jefes, a nuestros jueces. Si el hijo de Roma conquistando, destruyendo, talando a los pueblos se enorgullecía de ser romano, nosotros, proclamando nuestros derechos y respetando los de nuestros vecinos, nos gloriamos de ser guatemalanos.

Sus diputados no tendrán que atravesar centenas de leguas para ir a Colombia, Nueva España u otra nación a formar una minoría de representantes guatemalanos, sujeta a la mayoría de representantes colombianos o mexicanos. En su misma patria, sin salir de su territorio, sin sentir influencias extrañas, sin multiplicar gastos, se unirán en congreso, y elevándose sobre pasiones y errores trabajarán en el mayor bien posible el mayor número posible.

Sus jefes serán hijos suyos, elegidos por los pueblos, y ejecutores no de las leyes que dicten naciones extrañas sino de las que acuerden sus conciudadanos y convengan al interés de la patria.

Sus magistrados serán también hijos de ella misma, electos igualmente por los pueblos, para decidir con arreglo a leyes guatemalanas las diferencias de guatemalanos, paisanos suyos, individuos de la misma República.

Sus tropas no serán divisiones militares de soldados extraños que vengan a atropellar nuestros fueros y hollar nuestros derechos. Serán regimientos de guatemalanos formados y disciplinados para defender la libertad de los guatemalanos.

Sus individuos no tendrán que emprender largos viajes, consumir mucho tiempo, y erogar muchos gastos para interponer recursos ante el Tribunal Supremo de Justicia que resida en Pekín, en Calcuta, en México o en Bogotá.

Sus pueblos no serán gravados con los gastos que aumenta la distancia, ni con las contribuciones que quiera imponer un congreso extranjero.

Sus aranceles serán los más moderados en toda la América: su hacienda será la menos gravosa en todo el Nuevo Mundo.

Hagamos cuentas exactas: sofoquemos el interés mal calculado de familia o de individuo: no oigamos las voces fieras del orgullo sino los acentos dulces de la razón. ¿Querremos que nuestra patria sea libre, independiente, y señora de sí misma, o colonia o provincia de otro pueblo?

IV

La identidad de intereses hizo que desde 1810 comenzase en América a resonar sucesivamente la voz lisonjera: Somos hombres, y por serlo tenemos los mismos derechos que los habitantes de Europa. No es justo que las naciones europeas sean regidas por gobiernos americanos. No es conforme a razón que los pueblos americanos sean administrados por gobiernos europeos.

Esta misma identidad hace que en la misma América se empiece a oír otra voz igualmente agradable: Nacimos en un mismo continente: somos hijos de una misma madre: somos hermanos: hablamos un mismo idioma: defendemos una misma causa: somos llamados a iguales destinos. La amistad más cordial: la liga más íntima: la confederación más estrecha deben unir a todas las Repúblicas del Nuevo Mundo.

V

Los pueblos que desean una ley, expresión de sus derechos y fueros; y la Santa Alianza que trabaja para tenerlos sometidos a los rigores del poder absoluto: la América que después de tres siglos de sujeción a un gobierno lejano se pronunció al fin independiente; y la España que poseedora de la América igual espacio de tiempo, no quiere reconocer su independencia, son los asuntos que continúan ocupando a los talentos y ejercitando a los estadistas.

Siguen los periódicos contradictorios entre sí, unos alegres prometiendo paz perpetua, y otros melancólicos amenazando guerras destructoras: aquellos pintando futuros lisonjeros, y estos bosquejando venideros funestos.

En este caos, tenebroso como la noche, hay cuatro verdades superiores a las contradicciones de los periódicos. La libertad dirigida por la ley es justa; y parece natural que los pueblos quieran constituciones y progresar en la marcha de su prosperidad. El poder absoluto acostumbrado a dominar sin oposición desea continuar del mismo modo, y ve su sepulcro en las leyes que enfrenan la arbitrariedad. La América es un mundo de valores infinitos, y no es creíble que su antiguo poseedor quiera de grado perder tanta riqueza. La España después de años de sufrimientos y desorganización debe estar abatida, en situación muy desgraciada; y sin el auxilio de fuerzas y fondos de otras naciones no puede acometer empresa tan grande como la reconquista de un mundo decidido a defender sus derechos.

DE LA OPOSICIÓN A LOS GOBIERNOS REPRESENTATIVOS

Es un principio bastante reconocido que en los gobiernos absolutos la oposición es esencialmente conspiradora. La razón es, porque la ley no ofrece ninguna garantía a las opiniones. Desde que yo me atrevo a opinar en diferente modo que los gobernantes y a expresar mi opinión, estoy en peligro de muerte, por lo menos civil; y no hay salvación para mí si el despotismo no cae. El instinto de la propia conservación obliga a conspirar a todos los que opinan como yo.

No sucede lo mismo en el gobierno representativo, que ofrece seguridad y garantía a todas las opiniones.

Bajo este gobierno, el peligro está en conspirar, no en opinar. La ley no examina las doctrinas sino las acciones. Pero es menester distinguir de épocas.

Cuando el gobierno representativo se acaba de fundar, se forman contra él dos oposiciones opuestas entre sí, ambas conspiradoras, aunque la una más que la otra. Cuando el Gobierno representativo está consolidado, no tiene más que una oposición ambiciosa y generalmente no conspiradora.

Tratemos de explicar bien este fenómeno y de exponer sus causas.

Todo movimiento que rescinde el lazo social existente y le sustituye otro, deja en el intermedio de la operación un espacio de tiempo vacío en que la sociedad existe más bien por los vínculos morales que por los políticos. Cesa la ley antigua: aún no se ha sustituido la nueva: la dictadura que se pone en lugar de ambas sólo tiene más fuerza de opinión fundada en la celebridad de los que la ejercen, mas no una fuerza legal. En esta época se forman los partidos, nacen las esperanzas ambiciosas, se comprometen los hombres unos con otros; y cuando empieza a reinar la ley nueva, encuentra ya, siendo ella todavía niña y débil, crecidos y robustos los monstruos que debe combatir. En esta época interesante se hallan formados tres partidos muy caracterizados, todos igualmente garantidos por la ley.

171

El primero es el de los amigos del antiguo régimen. Este se compone de los intereses creados por dicho régimen y a veces aglomerados y compactos por el transcurso de muchos siglos: se compone de preocupaciones, hijas de las doctrinas antiguas y envejecidas: se compone de preocupaciones hijas del hábito, del temor a la novedad; del egoísmo que no quiere renunciar al descanso, aunque sea el del sepulcro, y de la inclinación irresistible que tienen todos los hombres a conservar sus ideas y sentimientos: se compone, en fin, de todas las ambiciones acostumbradas al imperio bajo dicho régimen y a las cuales no se les ofrece compensación alguna en el nuevo orden de cosas. A este partido llamaremos la oposición retrógrada porque su objeto es hacer retrogradar la nación al antiguo sistema de gobierno.

El segundo partido es el de los que, no bien contentos con la distribución del Poder en las personas a quienes lo ha dado la nueva ley, quisieran un movimiento más rápido, una convulsión más activa en la cual adquiriesen ellos más parte en la autoridad y en los intereses públicos. Este partido se compone de doctrinas exageradas, de las ambiciones no satisfechas, de los temores de que vuelva el antiguo régimen; en fin, de la necesidad de sangre que atormenta a algunos individuos de la especie humana. A este partido llamaremos la oposición por exceso, porque su objeto es desnaturalizar la nueva ley, exagerando todos sus principios y aspirando a toda la autoridad.

El tercer partido es el de los hombres que, convencidos de la necesidad de la nueva ley, la aceptan en todas sus consecuencias, la sostienen y la conservan tal como se ha promulgado. Este partido se compone de los verdaderos patriotas, es decir, de los hombres que atienden más al bien de su país que a sus intereses y pasiones particulares; de los ambiciosos satisfechos, de los amantes de la libertad y del orden, de los comerciantes e industriosos, de los sabios, de los amantes de la gloria, en fin, de toda la masa culta de la población. A este partido llamaremos el partido del Gobierno, porque dicho se está que el gobierno establecido por la nueva ley debe hallarse al frente de este partido.

La generación de estas tres fracciones de la sociedad en la época en que empieza a estar vigente la nueva ley, es una verdad de hecho y una verdad de teoría. La razón demuestra que debe ser así y la experiencia histórica de las revoluciones lo confirma.

Las dos oposiciones tienen las mismas garantías que el partido del gobierno porque la nueva ley no castiga las opiniones ni los deseos. Sin embargo, una y otra son esencialmente conspiradoras, aunque la primera lo es mucho más que la segunda.

El partido retrógrado, cuya fuerza y opulencia se han fundado en las preocupaciones y abusos de muchos siglos, ve destruirse los abusos en virtud de la nueva legislación y disiparse las preocupaciones por el espíritu y las luces que causaron la ruina del antiguo régimen. Si la revolución se hubiese hecho en siglos bárbaros, aún podrían esperar que la ignorancia y los errores les dejasen mucha parte en la autoridad. Acostumbrados al mando, podrían ejercerlo aun cuando la ley se los quitase, sobre almas sencillas y preocupadas, y conservarían por medio de la influencia moral lo que la política les había quitado. Así se vio a la curia romana prolongar su imperio por tres siglos después de haber sido despojada de su fuerza física.

Pero esto no es posible en un siglo de luces. No hay más medios ya para acallar el grito de la razón que la inquisición y el despotismo. El mundo no puede retrogradar: por consiguiente, los amigos del antiguo régimen no pueden triunfar sino por medio de la fuerza. Luego si han de recobrar su antiguo poder e influencia, han de conspirar por precisión; y como están seguros de que no encontrarán en su nación los elementos de fuerza necesarios para comprimir, los buscarán en las naciones extranjeras.

Pero supongamos por un momento que los que la componen son hombres amantes de su patria, y, por consiguiente, incapaces de atraer sobre ella las calamidades de una guerra civil extranjera y religiosa. Supongamos, además, que tienen luces y talentos suficientes para abrirse paso al poder en el nuevo orden de cosas, y de conquistar a fuerza de virtudes y servicios una gloria mucho más sólida y brillante que la que obtienen bajo el antiguo régimen: o en fin, supongamos que, convencidos de la inutilidad de sus esfuerzos, se resignen tranquilamente a su nueva situación y renuncien de buena fe a su antigua preponderancia. La marcha del nuevo sistema los sacará de esta apatía.

Rara vez se usa bien del triunfo, y mucho más con enemigos que aunque humillados conservan el deseo de la victoria y quizá de la venganza. Rara vez los hombres son prudentes, mucho más con enemigos que se ven obligados a sobrevigilar constantemente. Rara vez los hombres son humanos y tolerantes, y mucho más con enemigos que no dieron ejemplos de humanidad ni de tolerancia cuando tuvieron el poder en sus manos. El gobierno y su partido darán la prueba más grande de moderación, de tolerancia, de humanidad y de prudencia con respecto a la oposición retrógrada, si se contentan con sospechar y sobrevigilar y no se extienden a insultar, a perseguir, a calumniar; pero la oposición por exceso no se contentará con esto, hallándose en la misma línea militar que el gobierno, y peleando ostensiblemente bajo las banderas de la libertad: insultarán, se ensañarán y perseguirán a los retrógrados hasta donde alcancen sus fuerzas, y dos motivos muy poderosos los moverán a ello: el fanatismo de la opinión y la ambición del poder.

El fanatismo de la opinión, porque siempre son fanáticos los que profesan doctrinas exageradas; creen que aquellas doctrinas se han creado para ellos exclusivamente: creen que ellos solos son la ley, que ellos solos tienen el derecho y la autoridad de defenderla: creen, en fin, que tendrán más fuerzas mientras más abatidos vean a los de contraria opinión; y no cuentan con la fuerza que suele dar a los vencidos la desesperación. Aspiran al exterminio de sus adversarios y parece que ignoran los efectos morales y políticos del martirio. Quieren que la nueva ley no ofrezca garantías a los que no son sus amigos y en esta parte raciocinan como los déspotas, al mismo tiempo que se proclaman los liberales por excelencia.

La ambición del poder, porque viéndose obligado el gobierno, protector nato del orden y de la seguridad, a oponerse a los insultos, ataques y persecuciones que ejerce el partido exagerado contra el retrógrado, le da al primero un pretexto para desacreditar a los gobernantes y acusarlos de connivencia con los amigos del antiguo régimen, de desafecto a la nueva ley, de inercia, de negligencia, etc. De este modo consiguen hacerle perder la fuerza moral y se aumentan las esperanzas de suplantarlos. Pero aún hay más: irritando a los retrógrados y poniéndoles en el resbaladero para que conspiren, organizada la guerra civil, llevado al extremo el furor de los partidos,

174

se coloca al gobierno en una situación difícil, incierta y expuesta a equivocaciones funestas, porque llega a no conocer ni sus amigos ni sus enemigos y, por consiguiente, se aumentan las probabilidades de su caída y de que le suceda la oposición por exceso.

Vemos, pues, que la oposición retrógrada tiene dos grandes motivos para ser conspiradora: el primero, su ambición y sus preocupaciones propias; el segundo, la situación desesperada a que la reduce la oposición enemiga suya. Adelante indicaremos los medios de disminuir y aun de destruir la influencia de esos dos motivos perniciosos, porque se nos agradecería muy poco que indicásemos los males si al mismo tiempo no manifestásemos los medios de curarlos.

La oposición por exceso es también conspiradora aunque no tanto ni de la misma manera que la retrógrada. Sus conspiraciones, parece, digámoslo así, que van en el mismo sentido de la ley; parece que la protegen al mismo tiempo que la ahogan: semejantes a los aduladores de los reyes, destruyen la autoridad que afectan defender extendiéndola hasta donde no debe llegar. En una palabra, aniquilan la libertad aniquilando las garantías que ella misma ha ofrecido hasta a los que no las quieren: aniquilan la libertad desacreditándola con sus excesos: aniquilan la libertad desacreditando al gobierno que ella ha creado y prometen a la nación, cuando ellos gobiernan, un nuevo fantasma de libertad, en lugar de la real y verdadera, promulgada en la nueva ley.

Cuanto hemos dicho hasta aquí se deduce, no sólo de la marcha natural de las pasiones humanas, sino también de la experiencia de todas las revoluciones. No tenemos que citar ninguna: bien claras son las lecciones de la historia para quien quiera consultarlas.

Las dos oposiciones son un escándalo y una calamidad para las naciones. Son un escándalo porque una y otra oposición manifiestan bien a las claras la perversidad de sus intenciones o por lo menos, el delirio de sus mentes. Los retrógrados quieren poder sin libertad; los exagerados, libertad sin poder, y ambos estados, además de ser imposibles en las naciones cultas y civilizadas, son resultados del triunfo efímero de una facción; y no constituyen la situación constante y permanente de la sociedad; son una calamidad porque ¿qué puede resultar del choque de dos partidos fanáticos, exclusivos, intolerantes y sanguinarios sino muerte y ruina? El gobierno colocado en medio de ellos, comprimido sucesivamente y en sentido contrario por uno y otro, reducido a la fuerza de la ley, joven aún y poco robusta, ¿cómo podrá defenderla y defenderse contra pasiones encarnizadas? ¿Recurrirá a las transacciones con los partidos? Pero todo partido cuando transige es para dar la ley, es decir, para que el ministerio se reduzca a ser el instrumento de su ambición y de sus pretensiones. ¿Peleará con ambos a la par? ¿Y cómo puede un gobierno ilustrado resolverse a sostener dos guerras civiles sobre una misma línea? ¿Y qué gobierno hay que tenga las fuerzas físicas y morales que son necesarias para sostener ambas lides? Es fácil comprimir las facciones: los partidos no se vencen, sino se convencen.

En medio de estos dos partidos de oposición turbulentos y furibundos, existe la gran masa nacional, como un escollo eminente e inmóvil, contra el cual vienen a estrellarse las olas encontradas que quieren dominarlo. Esta masa sosegada, y, por decirlo así, inerte, ve las agitaciones, los furores, las injusticias de los partidos; estudia en silencio los hombres, las instituciones y los acontecimientos. Aprende a valuar los hombres y sus pretensiones, las leyes y sus resultados, los sucesos y sus causas, y como su voto ha de ser el que decida en última instancia, se toma tiempo para darle con conocimiento de causa. Esta indecisión, que es un mal durante la lucha, es un verdadero bien si se atiende a que el momento de la convulsión no es más a propósito para tomar una resolución prudente. Desgraciada de la nación que se decide con ligereza. Es verdad que ninguna se decide sino cuando la atacan en lo más vivo de su existencia. Se ha culpado mucho a los franceses por haberse determinado sin reflexión en los principios de su libertad. Sea justa o no la acusación de ligereza que siempre se les ha hecho, lo cierto es que la imprudente y criminal maniobra del partido retrógrado, cuando precipitó sobre la Francia toda la Europa, convirtió la cuestión de la libertad en una lid de vida o muerte, y cuando se llega a este caso, ningún pueblo duda. Sea cual fuere la diferencia de carácter nacional, de situación política y de fuerza, los franceses de la revolución, los españoles de 1808 y los griegos de nuestros días, han tomado la misma determinación y dado el mismo grito: vencer o morir.

De aquí se infiere que todo partido puede contar que labra su propia ruina cuando su delirio llega al punto de comprometer los intereses más amados de la nación.

No hay fuerza ni poder sino cuando se defienden intereses nacionales.

Observemos con atención el movimiento variado pero sagaz de la opinión pública con respecto a los partidos de oposición y podremos explicar muchos fenómenos políticos que parecen ininteligibles sin esta observación interesante: mientras el partido retrógrado está abatido y sufre con paciencia y resignación, no sólo la pérdida de sus intereses sino también los insultos, las amenazas y las persecuciones de sus adversarios, se crea en la masa nacional compasión hacia ellos e indignación hacia sus injustos perseguidores. Todas las naciones son generosas; por otra parte, ningún ciudadano honrado gusta de que se violen las garantías civiles con respecto a otro, porque prevé que llegará un momento en que se violen con respecto a él. Yo soy liberal, pero soy hombre. ¿Por qué no me ha de disgustar que se ataque injustamente a un hombre que no tiene más delito que su opinión?

En virtud de esta compasión y de esta indignación, llegan a persuadirse los retrógrados que van ganando en la opinión (ésta es su frase), en lo cual se engañan mucho, pues nada es más liberal que proteger a un inocente. Engañados con este aumento de benevolencia, cobran osadía y conspiran. ¿Qué sucede entonces? Que pierden al momento, no la opinión que no tenían, sino la protección a que tenían un derecho, que han perdido ya por su delirio, y la nación que los compadecía verá con gusto el castigo de sus crímenes. Las mismas reflexiones tienen lugar en la oposición por exceso. La nación sostiene a los exagerados cuando se les ataca injustamente. Cuando ellos atacan pierden terreno. Sucede en las lides políticas lo contrario que en las militares. Todo partido se desacredita cuando es injusto y todo partido que se desacredita perece. En esta verdad están incluidos todos los remedios y calamidades que produce la doble oposición.

El objeto del ministerio debe ser reducirla a una sola, ambiciosa si se quiere, como son y deben ser todas las oposiciones, pero que no conspire ni para hacer retrogradar el sistema, ni para extraviarlo en los senderos de una libertad desconocida. El signo más cierto de haberse consolidado el sistema constitucional es la unidad de oposición; para lograr este fin, propondremos una sola máxima; pero que es fecunda de todos los principios saludables que han de dirigir al gobierno en la grande empresa de llevar al puerto la nave del Estado. Esta máxima es atender y cumplir la voluntad de la masa culta de la nación. No es difícil de acertar esta voluntad: cada día se está manifestando de mil maneras.

La primera cosa que quiere la parte ilustrada de la nación, es que se hagan efectivas las garantías constitucionales para todos. Sin esto no puede haber libertad ni gobierno. Mientras los partidos se insulten, se amenacen y se persigan, no habrá ciudadanos sino conspiradores. La irritación en los unos, el temor en los otros y la impunidad de semejantes atentados producirán el rompimiento, no sólo de los vínculos sociales sino también los de la humanidad.

La nación española quiere el gobierno monárquico constitucional. Esta es una verdad de que nadie duda sino los necios o los ambiciosos. La reunión del poder y de la libertad, es el voto común de todos los hombres que tienen que perder.

Por consiguiente, es un deber del gobierno, deber indeclinable, deber que si no lo cumple está condenado a perecer, no transigir con ninguna de las dos oposiciones en cuanto a las doctrinas; aunque puede y debe transigir en cuanto a las personas. Esto necesita de explicación.

Los tiempos de revolución son muy propios para producir errores o ilusiones de toda especie. Por consiguiente, el gobierno debe estar autorizado para perdonar y recibir a los ilusos que quieran reconciliarse con él y con su patria. Mas esta indulgencia no debe extenderse hasta adoptar sus principios, proclamar sus doctrinas y mucho menos invocar su auxilio considerándolos como un poder. Más vale mil veces perecer en defensa del alcázar constitucional que implorar el funesto auxilio de los partidos extremos. Cualquiera de ellos echará abajo la Constitución si llega a triunfar. Luego ninguno de ellos puede prestar un auxilio que no sea peligroso.

Esto no impide que el gobierno se valga con mucha utilidad de las personas aunque no se valga de los partidos. Es muy posible que un ciudadano prescinda de sus opiniones particulares cuando se trata del bien de su país. Es un principio bastante conocido que se debe obedecer a la autoridad legítima aun cuando no sea de nuestro agrado lo que manda. Una cosa es la opinión y otra la obligación; y aun en los partidos más furiosos hay hombres que saben distinguirlas, y quizá se funda en esto la fuerza legal que conservan los gobiernos, a lo menos por mucho tiempo, aun después de haber perdido la fuerza de opinión. Por consiguiente, pueden ser empleadas con utilidad muchas personas aunque su opinión no sea la del gobierno, con tal que su probidad e idoneidad sean reconocidas, y por otra parte, no se tema ningún riesgo de colocarlas. Hemos dicho que pueden ser empleadas y añadimos que deben serlo algunas, si el gobierno quiere tener fama de justo e imparcial con todas las opiniones. Nada desacredita más a un ministerio que la manía de repartir exclusivamente entre sus amigos todos los empleos y dignidades, porque un ministro nunca debe ser un partido. Pero al mismo tiempo, advertimos que esta prenda de imparcialidad debe darse con mucha prudencia y bajo el seguro de no arriesgarse nada. Sería un necio el ministro que encargase un gran poder militar a un amigo declarado del poder absoluto, aunque fuese el hombre más honrado y el mejor militar del siglo. Del mismo modo sería un delirio confiar el mando político de una provincia a un amigo declarado de los movimientos y tumultos populares, aunque sus cualidades personales le hiciesen digno de aquella magistratura; pero uno y otro podrían ser empleados sin riesgo y con utilidad de la patria, ya en corporaciones literarias, ya en cuerpos colegiados de magistratura o de milicia, donde se guardarán muy bien de abusar del derecho de sufragio, porque sus intenciones serían descubiertas y sus paralogismos pulverizados.

El gobierno debe distinguir, en cada partido extremo, los que le han adoptado por miras personales, de los que no han entrado en él sino por el temor de las doctrinas contrarias. En la oposición retrógrada, la mayor parte de los adeptos lo son por el temor de las exageraciones de la libertad. ¿Y quién ignora que la mayor parte de los exagerados lo son por el temor de que vuelva el gobierno absoluto? Quitad esos temores a unos y otros y quitaréis toda su fuerza moral a entrambas oposiciones, porque las dejaréis reducidas a jefes ambiciosos o descontentos que nada osarán porque nada podrán. Para destruir aquellos temores es menester que el gobierno manifieste, en todos sus casos, su intención invariable de sostener hasta el último suspiro el nuevo sistema, sin permitir jamás que se introduzcan en él las doctrinas del despotismo ni las de la anarquía. La intrepidez del ministerio confirmará el ánimo de los medrosos y aumentará las fuerzas físicas y morales del mismo. El valor en los gobernantes es la prenda segura de su triunfo: el miedo y la debilidad no los librarán ni de la muerte ni de la infamia.

Últimamente el gobierno deberá decir a los retrógrados, porque la palabra es una potencia en el régimen liberal: no conspiréis; vuestros movimientos no producirán otro efecto que el de dar motivo a vuestros adversarios para exagerar los principios de la libertad y destruir las garantías que el régimen constitucional os asegura. Mirad que ponéis en el mayor riesgo los objetos de vuestro culto político, colocados bajo la salvaguardia de la ley, mientras no se turbe la tranquilidad pública. Renunciad a ese fanatismo de esclavitud, que en nuestro siglo es ya ridículo.

Dirá también a los exagerados: conteneos en los límites de la nueva ley constitucional. Si amáis la libertad, dejad libre y expedita la acción del gobierno que la protege. ¿Cómo queréis que sea fuerte contra la oposición que conspira, si vosotros le quitáis la fuerza? En fin, si aspiráis a sucederle, atacad enhorabuena nuestras personas; mas no ataquéis las instituciones que componen la fuerza del gobierno, porque una vez aniquiladas las garantías del poder, ¿cómo podréis conservarlo si algún día se rehace en vuestras manos? ¿Quién os obedecerá después de haber proclamado la desobediencia? ¿A quién contendréis en los límites de una libertad justa después de haber predicado la licencia? En fin, ¿cómo sostendréis la nueva ley habiéndola despedazado en vuestras declamaciones?

A estas operaciones debe acompañar siempre el amor de la concordia. No se crea que ésta es imposible en una nación. A pesar de la divergencia de las opiniones y de los intereses, todos son hijos de una misma patria, y la voz de un gobierno justo y prudente, que hable en nombre de ella, no será nunca despreciada.

CARTAS A BENTHAM

Guatemala, 18 de abril de 1827.

Señor:

El mes de marzo próximo anterior fue de satisfacción muy pura para mí. Recibí, enviada por el cónsul de esa nación, la carta y obras que usted se sirvió dirigirme. Uno y otro me han penetrado de los más dulces sentimientos. Yo he visto los afectos que han dictado la primera, y he reconocido la voluntad que me ha enviado las segundas.

Creo que son ya muy pocas las obras de usted que me faltan para poseerlas todas completas. Tengo las que usted me ha remitido, y la Théorie des peines et des récompenses, Tactiques des Assemblées legislatives, Traité des Preuves judiciaires y Traités de legislation civile et pénale, que me enviaron de Nueva York, adonde pedí una factura de libros eminentes para enriquecer más mi librería.

En ella tendrán las obras de usted el lugar distinguido que merecen las del Instituto sabio de los legisladores del mundo. Por su influencia espero que habrá una revolución feliz en todas las naciones de la tierra. Usted la ha hecho en la ciencia fijando el principio tan fecundo como luminoso de la utilidad universal, dando lecciones de adición y sustracción o de suma y resta legislativa, y enseñando a calcular bienes y males, a sumar unos y otros, a deducir restas exactas, y a formar leyes que produzcan mayor cantidad de bienes que de males. Usted hará también otra revolución en todos los códigos legislativos después de haberla hecho en la ciencia; y los pueblos llegarán al fin a tener cuerpos de leyes que no sean oprobio sino honor de la Razón: que no hagan la desgracia sino la felicidad del hombre.

Años ha que sentí que una de las primeras necesidades de la América, y de Guatemala, porción hermosa de la América, era la de derogar los códigos españoles que han regido en ella, y formar otros nuevos, dignos de las luces del siglo difundidas por los sabios que han sabido perfeccionar la jurisprudencia. Antes de nuestra justa independencia, proclamada el 15 de septiembre de 1821, publiqué diversos discursos manifestando mis deseos de que se trabajase un Código menos defectuoso que los de Castilla, y anunciando (sin haber visto aún las obras de usted) el principio grande del mayor bien posible del mayor número posible, que debe ser la guía de todos los legisladores. Restablecida la constitución española el año de 1820, cuando se eligió diputado a las Cortes de España, yo era Alcalde 1.º de este Ayuntamiento y formé por su acuerdo las instrucciones que debía llevar nuestro representante, y uno de los puntos que más recomendé en ellas fue el de que instase por la formación del Código Legislativo para que cesasen los males incontables que sufríamos por los antiguos. Después de nuestra independencia volví la atención al punto que la había ocupado antes de ella. Escribí y di a luz un discurso en enero de 1822 examinando uno a uno los códigos españoles que habían regido en América, y manifestando circunstanciadamente los defectos de ellos. Cuando fui en 1824 individuo de este Supremo Poder Ejecutivo llamé el celo de la Asamblea Nacional a un punto tan digno de ella, y para hacer más palpables los vicios de la legislación en la parte judicial, formé una tabla o estado del número de escritos o representaciones, de autos y decretos, de notificaciones y de días que eran necesarios para llegar a terminar un juicio o pleito civil según las leyes que desgraciadamente se observaban. Posteriormente fui nombrado en 1825 por la Asamblea de este Estado miembro de la comisión creada para formar el Código Civil. Yo elevé entonces los ojos a usted, Señor Bentham, que ha sido el oráculo de los que han tenido en otros países iguales encargos. Usted se dignó enviarme algunas obras suyas; y las que me ha remitido serán, junto con las que he recibido de Nueva York, la guía directora de mis trabajos.

Yo querría remitir a usted un ejemplar de cada una de las pequeñas obras que he escrito, fijo solamente en el objeto de presentar estas pruebas de voluntad al sabio que respeto con todas las consideraciones de que es justamente merecedor. Pero algunas están todavía manuscritas porque la imprenta es cara y tardía en América, y de otras no he conservado ejemplar alguno.

Envío solamente, como una señal de mis respetuosos afectos:

El Prospecto de la Historia de esta nación que escribí y publiqué en el número 2 del Redactor General.

Un cuadro de las Constituciones de los cinco Estados de que se compone esta República, publicado en el número 26 del mismo Redactor.

Un discurso sobre la necesidad o importancia de esta República para mantener la paz o armonía entre las demás de América, dado a luz en el número 27 y 28 de id.

El proyecto (que publiqué en el número 22 de id.) de una expedición científica que examinase y diese a conocer las riquezas naturales de esta República.

El arancel de nuestras aduanas que formé en febrero de 1822 como individuo de la Comisión encargada de este trabajo, y el discurso que escribí en la misma fecha manifestando las bases en que se funda: publicado uno y otro en el número 10 de id.

Un discurso sobre las Repúblicas de América, dado a luz en el número 10 de id.

Otro discurso sobre el Congreso de Panamá que publiqué en el número 25 de id.

Otro discurso sobre el Código Legislativo que debía formarse; el mismo que di a luz en el Amigo de la Patria.Otro discurso que publiqué sobre el mismo asunto en el número 10 de id.

Otro discurso sobre la renta de tabacos que hice como Presidente del Poder Ejecutivo.

Otro discurso que dije a la apertura del Congreso Federal como Presidente del mismo Poder.

El manifiesto que publiqué en mayo de 1825.

Mis discursos en el Congreso Federal de esta República.

El discurso que publiqué sobre una obrita de don Álvaro Flores Estrada que mandé imprimir y tiene el título de Reflexiones acerca de los males que en el día afligen a la Inglaterra.

La Sociedad de Instrucción Elemental establecida en París me ha nombrado socio suyo correspondiente; y para llenar alguna parte de los deberes de un título, más precioso a mis ojos que los del orgullo y vanidad, he escrito una memoria sobre los indios llamando el celo de aquel cuerpo a esta porción infeliz de la especie humana. No está todavía en la imprenta. Yo mandaré a usted un ejemplar si se imprime, o una copia en caso contrario.

No cesaré de escribirle cuando se presenten portadores seguros. Los sabios son para mí los primeros seres de la tierra; y su correspondencia es en mi opinión de valor más grande que la de los negociantes que sólo piensan en intereses metálicos que no pueden compararse con los de la ciencia.

Quiera usted, señor Bentham, aceptar mis respetos y disponer de mis afectos en cuanto pueda ser útil en este país su más atento servidor.

José del Valle.

Guatemala, 19 de mayo de 1829.

Señor:

La falta de portadores, producida por la de relaciones entre ésta y esa capital, ha sido la causa de mi silencio en los meses anteriores. Yo no he podido dirigir mis letras: no he tenido el honor de hablar en ellas al señor Bentham. Pero he oído su voz respetable en las obras que ha escrito para bien universal del género humano. Usted, señor, se ha multiplicado en ellas: vive en todos los países del mundo civilizado: vivirá en todos los siglos. Un sabio es, entre todos los seres, el que se aproxima más a la Divinidad, que está presente en todo el universo.

Yo aprovecho desde luego la ocasión que se presenta ahora. El señor J. Ackerman va a salir para esa ciudad; y con él tengo la satisfacción de remitirle una colección de las monedas de oro y plata de esta república.

Ni las de aquí, ni las de otra nación del mundo antiguo y nuevo son como yo deseo que sean. En las monarquías tienen el busto del rey, y sus armas: en los Estados Unidos, el busto de la libertad y un águila con la divisa del sistema federal, Et pluribus in unum: en la República Mexicana el gorro de la libertad y un águila sobre un nopal con una serpiente en el pico: en las de Centroamérica el árbol de la libertad, y cinco volcanes representantes de los cinco Estados que forman la república: en la peruana una dama que representa la libertad y las armas de Lima: en las Provincias Unidas de la Plata el sol, el símbolo de la unión, y el gorro de la libertad: en Chile un volcán arrojando fuego, una columna sosteniendo una esferita, arriba una estrella, y más alto la palabra libertad, etc.

En todas las naciones que no sean oprimidas por tiranos o déspotas debe haber libertad legal. El símbolo que la representa podría a este respecto ponerse en las monedas de todos los gobiernos constitucionales: es por consiguiente demasiado general; y los de una moneda deben ser tan propios del país donde ha sido acuñada que no puedan extenderse a otros.

Los demás símbolos de las repúblicas de América tienen igual defecto porque son diversas las naciones donde hay águilas, nopales, etc. En las pinturas de serpientes, soles, águilas, etc., veo no sé qué reliquias de la antigua barbarie: y el gorro de la libertad me parece una afectación, innecesaria cuando la hay positivamente, y visible cuando ha llegado a ser nominal.

Yo deseo que en las monarquías y en las repúblicas, las monedas tengan en el anverso una imagen que represente el Congreso, Parlamento, o Cortes, y en el reverso el busto del rey o jefe supremo de la república: que en el primero se exprese el nombre del Congreso, Parlamento o Cortes, y el número de diputados y senadores que deben formarlo; y en el segundo se manifieste el nombre del monarca o jefe respectivo de la nación.

Las monedas participarían entonces del carácter augusto que distingue a los altos poderes. Serían para la historia monumentos preciosos de los períodos constitucionales, y oprobio eterno de los tiranos que sofocaron la constitución de los Estados para ser absolutos.

Otro pensamiento que me ocurre en este instante sería a mi juicio de igual importancia. Podría ponerse en el anverso una imagen que representase los dos Poderes supremos, el legislador y el ejecutor; y en el reverso el mapa del reino o república, reducido a un punto mínimo.

La carta de una nación daría a sus monedas el carácter más inequívoco de nacionales. Serían más conformes al espíritu del siglo que no se place, como los anteriores, en leones, castillos, escalas y monos, sino que busca lo que es positivamente útil y conforme a la cultura de los tiempos.

Se inspiraría gusto por la geografía respectiva del país, y hasta los últimos hombres del pueblo tendrían alguna idea del mapa de su patria.

No sé si usted, señor Bentham, ha vuelto alguna vez a las monedas el pensamiento que ha sabido fijar con tanta utilidad en la ciencia legislativa. Si los míos fueren dignos de sus votos, yo tendré esta pura satisfacción; y en caso contrario, gozaré al menos la de desear que se mejore lo que me parece exigir reforma.

Sírvanse aceptar las consideraciones con que tengo el honor de repetirme cordialmente su más atento servidor.

Post-scriptum.—Acaba de concluirse la impresión de la obrita que he publicado a los primeros momentos de libertad de imprenta. Yo la remito a usted como un testimonio pequeño de mis respetuosos afectos.

MEMORIA SOBRE LA EDUCACIÓN

Las ciencias son el origen primero de todo bien. No hay en las sociedades políticas un solo que no mane de ellas. Lo más bello lo más grande lo más sublime es obra suya. Yo las adoraría como divinidades si no existiera la que reclama nuestros cultos

Eran diversos los pensamientos que inspiraba el entusiasmo o hacia hacer la meditación. Habla visto distintos diccionarios filosóficos y literarios, todos de mérito eminente y utilidad acreditada. Pero no había leído uno que presentase ejecutada la idea que desde mucho tiempo había concebido

Deseaban un diccionario que consagrado a las ciencias, ofreciese en la suma de sus articulas un sistema de métodos dirigidos a faltar su adquisición, que desarrollas en el artículo EDUCACIÓN el plan de instrucción especial en cada una de ellas

No es posible hacerme ilusión. Vela clara la inferioridad de mis conocimientos para llenar una idea superior a ellos. Pero pensaba sobre lo que era objeto del deseno: iba reuniendo en artículos distintos las que ocurrían sucesivamente: iba haciendo un libro de los artículos que formaba.

Algunos, escritos en posiciones memorables para mí, tienen caracteres que serán indelebles en mi alma. Uno de los artículos, EDUCACION, que escribí en México en 1822, cuando don Agustín Iturbide, Emperador entonces de aquella nación, ordenó mi arresto y el de otros diputados, mis dignos compañeros.

Yo he sostenido, decía, los derechos de mi patria, y manifesté que ni el Capitán General, ni la Junta Consultiva, ni los Ayuntamientos tenían autoridad para sacrificar nuestra Independencia, haciendo provincia subalterna la que era nación soberana. Demostré que la agregación de Guatemala a México era obra de la intriga y la violencia; y mi opinión era apoyada en hechos y deducida de principios. Si el pueblo guatemalteco fuera ilustrado en su intereses, yo no habría venido a México ni estaría arrestado en un convento. La ignorancia del pueblo es el origen de la esclavitud que sufro y la prisión que padezco, y juro procurar su ilustración de la manera posible a mis facultades y alcances Este mi propósito más firme: mi voto más solemne. Yo trabajaré para cumplirlo.

Pensé entonces sobre la educación y formé un nuevo artículo para el diccionario. Mi viaje en 1823: las ocupaciones del Gobierno de 1824 y en principios de 1825, no habían permitido concluir el diccionario; y la falta de libertad de imprenta en los años siguientes de revolución horrorosa había embarazado la publicación del artículo.

No la hago todavía de la obra entera porque sería costosa su edición en un país donde es cara la imprenta y no son muchos los compradores de libros. La hago solamente del artículo, y son diversas les causas que me han decidido.

La Sociedad de París, que abraza al mundo entero en las concepciones vastas de su filantropía, procurando la lustración de los pueblos para mejorar los destinos del género humano, se sirvió de hacerme el honor de nombrarme socio suyo y remitirme el diploma que recibí en agosto de 1827, cuando seguía, cada vez más horrible, a marcha de la revolución que cesó en abril próximo.

Un título tan honroso, contesté a la Sociedad, es superior para mí a los de la vanidad o del orgullo. Yo lo estimo en todo su valor y ofrezco a la Sociedad mi gratitud y respetos. Son dignas de ellos las Academias que han creado el genio para hacer marchar las ciencias a pasos rápidos, y acercarlas cada día más al objeto sublime de sus inquisiciones.

Pero las ciencias que trabajan en hacer feliz al género humano no pueden existir sino en Estados regidos por Gobiernos justos protectores de los derechos que tiene el hombre para pensar y mejorar su ser: los Gobiernos justos se conservan por el espíritu público de los pueblos que conocen derechos y saben sofocar la tiranía opresora de ellos, y los pueblos no pueden reunir estos conocimientos si no hay establecimientos que cuiden su instrucción elemental. La ilustración es el principio primero de todo bien. Procurar la de los pueblos es abrir la fuente de donde fluyen todas sus venturas: es trabajar por su felicidad y mejorar la suerte de la especie humana. Este es el objeto, tan sublime como extenso de esa importante Sociedad; y unido a ella por el nombramiento que se ha servido hacer en mí, yo me veo asociado a sus grandes miras.

Para empezar a corresponder a ellas, determiné hacer, al momento que hubiese libertad de imprenta, la publicación que hago ahora. Deseaba entonces, y deseo al presente, que si hay algunos pensamientos útiles, comiencen a circular desde luego. Quiero que se piense al fin en la instrucción de este pueblo centroamericano, que seréis más feliz o menos desgraciado, si los cuidados empleados y los gastos impedidos para derramar su sangre, empobrecerlos, oprimirlo y anonadarlo, se hubieran invertido en plantear el sistema más conveniente de su lustración y moralidad.

El despotismo destruye; y la educación conserva y mejora. ¡Qué diversa seria tu suerte, pueblo infeliz, si los días consumidos tristemente en los cuarteles y campos de batalla los hubieras pasado en el cultivo de la tierra, en los trabajos del taller recibiendo lecciones en escuelas dominicales! ¡Qué distintos fueran tus destinos si tantos miles erogados en tantos instrumentos de destrucción horrible, se hubieran gastado en establecimientos de instrucción benéfica!

No hay libro, decía un escritor de la antigüedad, tan mal concebido y redactado que no sea útil en algún aspecto. Si hubiere suscriptores para el diccionario, se comenzará desde luego su impresión. Acaso contiene alguna idea útil; y un solo pensamiento provechoso difundido por todos los pueblos, puede ser como una semilla que da frutos cuando germina felizmente.

Poco antes de plantear el sistema general de educación, importaría pensar desde luego en una de sus más principales partes. La Constitución que ha organizado la forma de nuestro Gobierno, ha creado tres poderes, y los agentes de ellos deben ser legisladores, gobernantas y jueces o magistrados. Yo deseo pues, que se establezcan tres escuelas o aulas para enseñar al menos los principios de la ciencia de legislar, en la primera; de la ciencia de gobernar, en la segunda; de la ciencia de juzgar, en la tercera. Si debemos tener legisladores, gobernantes y magistrados, es preciso que haya establecimientos donde se enseñe a serlo; y de otra suerte, los pueblos serian víctimas de malas leyes: de malos Gobiernos; y malas sentencias.

En siglos oscuros, cuando eran posesores exclusives de los empleos los individuos de las clases atas que desdeñaban las ciencias y no tomaban el trabajo de cultivarlas, sucedió lo que era natural que sucediese. El interés de unos, la adulación de otros, la ignorancia de los demás, hizo creer que no había principios ciertos, ni reglas fijas para gobernar; y esta opinión propagada sin examen, tiene todavía ecos que la repitan del mismo modo.

Un hombre, tan elocuente como profundo, supo combatirla en una obra clásica. Otro abrió un curso importante y dio lecciones para manifestar que en la ciencia de gobernar hay, como en las otras ciencias, principios positivos y reglas constantes.

En la naturaleza hay variedad casi infinita de fenómenos que se suceden unos a otros; todos son, sin embargo, efecto preciso de leyes invariables; y el conocimiento coordinado de estas leyes forma la ciencia.

En las sociedades políticas hay diversidad menos numerosa de fenómenos o acaecimientos: todos son obra necesaria de leyes igualmente constantes; y el conocimiento de ellas, elevado a un sistema o cuerpo organizado de doctrina, forma la ciencia.

No posees la de gobernar, dijo un escritor, si en ella no hay principios ni reglas fijas.

Guatemala, 21 de junio de 1829.

La obra más grande entre todas las obras es la de crear, y la educación es una especie de creación.

Educar es formar un ser que no existía del modo que se ha formado: es darle los conocimientos útiles y hábitos morales que exige su conservación y perfección.

Los conocimientos y hábitos que miran a este gran objeto, forman una escala inmensa que no puede abrazar la mente más vasta. Unos dan aptitud para conservarse y perfeccionarse de un modo: otros la dan para conservarse y perfeccionarse de otro. El salvaje solo la tiene para vegetar: el indio para sembrar y cosechar granos: el comerciante para meditar negociaciones complicadas y extensas; el economista para descubrir el origen de la riqueza y las leyes de su producción, circulación y consumo: el historiador para observar el nacimiento, progreso y decadencia de las naciones y presentar a un siglo la experiencia de todos los siglos: el estadista para conocer los intereses de millones de hombres y dar a todos una dirección que los haga marchar al bien general.

Negar a los hombres todos los conocimientos útiles y descuidar enteramente su educación moral, sería condenarlos a más absoluta ineptitud o incapacidad, dejarlos sin valor alguno, hacer que en la tierra no hubiere más que salvajes, lacandones o comanches y que la especie humana fuese una especie de horda de animales bípedos, esparcidos por las selvas y bosques. Este es el espectáculo que presentaron las naciones antes de su civilización: este es el cuadro que quieren reproducir los tiranos para que no haya seres racionales, sino bestias domesticadas en toda el área donde pasa el yugo de su despotismo.

Dar a todos la suma universal de conocimientos de toda clase, e inspirarles al mismo tiempo todas las virtudes cívicas, es imposible, tan grande como formar una nación de sabios o hacer que sean pueblos de filósofos millones de hombres, ocupados triste y diariamente, unos en el arado, otros en el taller, etcétera.

Platón, a quien se da el título de divino, quería que hubiese unidad en su República. "No debe haber familias —dijo—, ni madres ni padres conocidos: todos debemos ser hijos comunes de la patria". Pero él mismo sintió la imposibilidad de dar a este pensamiento toda su extensión.

"Unos deben quedar —añadió— confundidos en la masa de la nación: otros deben ser militares; y los que se distingan por los indicios de su talento, deben separarse de la multitud, instruirse en las ciencias, elevarse a la sabiduría, y cuando ésta les haya hecho superiores a sus semejantes bajar a la tierra y ser jefes de su patria".

Dividir la enseñanza, comunicando a unos solamente los conocimientos groseros de los oficios mecánicos, dando a otros los más extensos del cálculo y elevando a otros a los más sublimes de las ciencias: dejar a los primeros en la abyección y abatimiento, y levantar los segundos a la altura del honor, es dar a unos más aptitudes que a otros, hacer superiores e inferiores, sofocar la igualdad que debe haber del modo posible para que no haya opresores, destruir el equilibrio necesario para que todos respeten recíprocamente su dignidad y derechos.

La identidad de una misma educación no es posible en individuos de organizaciones diferentes, de profesiones diversas, de oficios y sexos distintos. La diversidad de educaciones produce diversidad de aptitudes; y la variedad de capacidades hacen nacer todos los males que son resultado necesario o consecuencia precisa de ella.

La sociedad que no puede ser un pueblo de Sócrates, ni conviene que sea un bosque de Chaimas, es un teatro de actores formados para representar diferentes papeles. En los tres planes hay males graves, o se ofrecen dificultades grandes.

¿No habrá otro que prevenga aquellos y ocurra a éstas? ¿Los pueblos serán, por ley irrevocable de la naturaleza, condenados a perpetua infelicidad? ¿No habrá otro medio que el de la resignación o paciencia en los males que sufren?

He aquí una cuestión superior a todas en importancia y dificultad animadas por la primera: no arredrados por la segunda, son innumerables los autores que han escrito de educación. No está sin embargo agotada la materia. Puede todavía pensarse sobre ella; y esto es únicamente lo que voy a hacer.

Hombres, semejantes en las superficies exteriores y diferentes en la estructura interna de su organización, se unieron en sociedad y comenzaron a formar lo que se llama estado o nación.

Al principio, cuando sus necesidades eran pocas y sencillas, cada uno podía satisfacerlas por sí solo sin servirse de los brazos de otros. Pero en los siglos posteriores, desarrollándose y multiplicándose sucesivamente, no pudo un individuo sólo abrazar todos los trabajos necesarios para llenarlos. ¿Cómo era posible ser simultáneamente labrador, artesano, arriero, mercader, sacerdote, etcétera?

El hombre sintió la necesidad de dividir el trabajo. Hubo oficios, artes y ciencias: para cada oficio, arte y ciencia fue necesaria una educación particular más o menos dilatada, costosa y desagradable: la diversidad de educaciones produjo diversidad de conocimientos y hábitos morales; y la variedad de aptitud y moralidad hizo nacer la de sus valores.

Hubo ignorantes e ilustrados: pobres y ricos: desvalidos y poderosos: opresores y oprimidos: hubo clases separadas unas de otras por la diferencia de costumbres, capacidad, intereses Y capitales, hubo desigualdad y brotaron las pasiones y vicios que existen siempre cuando unos pueden todo lo que quieren, y otros son impotentes aún para lo que deben querer. Un número grande de individuos ignorantes y pobres forma un parte o sección del Estado: un número menor de sacerdotes, ministros del culto establecido, forma otra: un número más pequeño de ricos, poseedores de las luces necesarias para conocer sus intereses, forma otra: un número mínimo de hombres dedicados al estudio de las ciencias, forma otra. La primera sección tiene el poder del número: la segunda el del sacerdocio; la tercera el de la riqueza: la cuarta el de la ilustración.

El poder del número es el más débil de todos. Una piedra no tiene otro que el de su peso; en un animal sólo existe el de sus músculos; y en un hombre ignorante y pobre tampoco puede hacer más que el de su fuerza física. Tiene necesidades y carece de recursos para satisfacerlas. No ha cultivado sus talentos, ni es capaz de conocer las artes de la astucia que quiere sacrificarle o los resortes de un plan combinado para destruirle. Recibe pasivamente las ideas que le comunican, las creencias que le enseñan; las opiniones que le dictan y los movimientos que le dan el interés de unos y la ambición de otros.

Es esclavo, siervo, jornalero, artesano o dependiente. Y el mismo número que mirado en un aspecto aumenta su poder, multiplicando la fuerza de cada individuo; visto en otro lo debilita, multiplicando los jornaleros, artesanos y dependientes, y haciendo por esta multiplicación que sean bajos los salarios y precios de los artefactos. Todo es en daño de los infelices. Su ignorancia hace su miseria; su número influye en su pobreza, y su pobreza ocasiona su ignorancia.

El poder civil o temporal del sacerdocio, pequeño en su origen, se fue aumentando con los siglos. Los eclesiásticos forman un cuerpo compuesto de miembros que existen en diversos estados y dilatan por todos ellos sus relaciones: se subdividen en diversas sociedades o comunidades, y cada una ofrece distinto punto de contacto con las secciones más interesantes del pueblo: unos dan lecciones a la juventud: otros auxilian a los agonizantes: otros sirven a los enfermos: otros asisten a los convalecientes: otros catequizan a los infieles, etcétera; son confesores de los reyes. príncipes, magistrados, etcétera, y penetran los secretos más íntimos de los palacios y familias: pueden facilitar o dificultar los matrimonios que la enlazan e influyen en sus destinos; tienen el derecho de hablar a los pueblos reunidos en los templos, y darles dirección como párrocos, obispos, etcétera: imprimir las ideas o sentimientos que quieren inspirarles con todo el poder de las ceremonias, símbolos, imágenes, etcétera; son ministros o vicarios de Dios, Señor universal de todo; y la idea del poder del uno se extiende al de los otros. Gregorio VII meditó una monarquía universal, y quiso subordinar la autoridad de los reyes a la de los pontífices; Adriano IV publicó que todas las islas donde se introdujese el cristianismo pertenecían al dominio de San Pedro; Martino V, Nicolás V y Calixto III donaron a Portugal todas las tierras que descubriese desde las Canarias hasta la India; Alejandro VI donó la América al Gobierno Español.

El poder de la riqueza, menor que el del sacerdocio, es sin embargo de latitud muy grande.

Los ricos reúnen simultáneamente muchos poderes. Ejercen el que les da sus capitales y relaciones: disponen del que tiene el número, siendo dependientes suyos los pobres: participan del de la religión, haciendo donaciones o limosnas a los templos y sus ministros: disfrutan hasta cierto grado de ilustración; teniendo tiempo, recursos y medios para adquirirla.

Armados con todos estos poderes, se hacen dueños de los empleos que comunican el de la autoridad, o dominan a aquellos que los sirven.

Las leyes son en lo general dictadas, modificadas y variadas según el interés de su clase. Se ha creado cámaras de pares o grandes, y no se tiene por ley sino la que es aprobada por ellos. La propiedad, de que son señores, ha merecido consideración más grande que la vida de los pobres. Se ha impuesto pena capital al hurto en diversos Códigos de diferentes naciones. Se hace esclavos a los hijos de un continente para que haya operarios en los cañales y cafetales de otro; se han hecho grandes revoluciones y derramando bastante sangre para tener o dar más extensión a las relaciones de su interés.

El poder de la ilustración, noble en su objeto, pacífico en sus medios, es trascendental en sus efectos. Los sabios son los soles del mundo político. De ellos salen los rayos que dan luz a todos los oficios y profesiones útiles; de ellos emanan los que disipan las nieblas o vapores de la superstición, los que ponen en claro los horrores de la tiranía, los que hacen sentir al hombre su dignidad y conocer sus derechos, los que hacen ver el caos de la anarquía y las bellezas del orden. Fuertes con la fuerza de la razón, publican verdades inspiradas por ella misma. Pero este mismo oficio, el más noble de todos los oficios: esta función, la más sublime y benéfica: este trabajo, que debía ser título de gratitud, es origen de persecuciones.

Un sistema de error no se consolida y perpetua sino porque hay poderosos interesados en SU establecimiento. Escribir contra él: conocerlo: dudar, es delito que no se perdona jamás. Se da veneno a Sócrates; se carga de cadenas a Anaxágoras: se asesina a Remo: se pone en un calabozo a Galileo: se proscriben las producciones hermosas del siglo XVIII: se persigue a sus autores: se sofoca la libertad de leer y escribir. ¡Los que debían tener el poder más grande, son débiles, deprimidos y degradados! ¡Los que debían ser sus defensores, son instrumentos de los tiranos que los oprimen! El pueblo a quien defiende Arístides vota el destierro de Arístides.

Cada fracción o clase tiene poder muy diverso, y no debe esperarse jamás un equilibrio perfecto entre ellas. Es preciso confesarlo. No hay en las ciencias políticas, estática exacta como en las matemáticas. Esta es una de las mil desgracias de la especie humana. Pero puede haber aproximación; puede pensarse....

Oídlo, hombres sensibles, amigos ilustrados de la humanidad.... puede pensarse en aumentar los poderes de las clases débiles sin ofender la razón, y disminuir los de las fuertes sin agraviar la justicia.... puede.... debe hacerse lo que inspira la razón y dicta la justicia; y la razón jamás aprobará, y la justicia nunca permitirá que se hunda en la nada a unas clases y se eleven a otras a lo más alto del poder.

Dar a las primeras lo que necesiten para ser o tener existencia; poner límites en las segundas a tanta sobreabundancia de poder; es restablecer las cosas al orden de la razón y justicia; impedir crímenes y multiplicar virtudes; quitar lo más horrible sustituirlo por lo más bello que puede adornar a los Estados.

Este es el punto grande de las sociedades políticas; lo más decisivo de sus destinos; lo más influyente en su futuro, próspero o adverso.

Yo deseo: 1°.- Que en todos los pueblos del mundo se establezca la forma de gobierno más útil, respectivamente, según la totalidad de circunstancias, para hacer que los individuos del Estado tengan la mayor suma posible de aptitud intelectual y moral; 2°.- Que se deroguen las leyes contrarias y se decreten las favorables a aquel fin; 3°.- Que se plantee el sistema de educación más benéfico para el mismo objeto.

Son muchas las formas de gobierno porque son diversas las que pueden darse a la combinación de los poderes supremos del Estado. Los poderes pueden acumularse en un solo hombre, depositarse en una corporación compuesta de individuos de una sola clase, fiarse a la masa del pueblo, o dividirse con prudencia, dando el legislativo a cámaras, dietas o cortes de representantes electos por el pueblo; el ejecutivo a un jefe electivo o a un monarca hereditario, y el judicial a tribunales compuestos del número correspondiente de magistrados.

Un sistema de gobierno que acumula en un individuo todos los poderes, somete a la voluntad de uno solo los destinos de millares. Ese individuo puede ser injusto, porque es fácil que quiera aún lo que no puede el hombre, que puede todo cuanto quiere. La autoridad expansible siempre por su misma naturaleza, se va dilatando progresivamente.

El despotismo se presenta al fin sin velos ni máscaras, y para conservarse en el trono hace lo que le inspiran sus intereses. Sabe que un pueblo ilustrado y rico reúne los poderes de la ilustración y riqueza, y armado con ellos hace respetar sus derechos. Obstruye en consecuencia las fuentes de donde fluyen las luces y riqueza; mantiene al pueblo en la ignorancia y miseria; y lleva sobre su abyección y abatimiento a los que pueden ser apoyo de su tiranía.

Mirad el estado de Roma desde que Augusto usurpó todos los poderes, el de las otras naciones de Europa en los siglos funestos del feudalismo, el de Turquía, el de Rusia y las monarquías absolutas. ¿El cuadro de ellas no ha sido desgraciadamente el de una masa bruta de hombres pobres, ignorantes y miserables, sacrificada al poder, riqueza y orgullo de un número pequeño de señores, tiranos subalternos de vasallos o esclavos? La servidumbre, la esclavitud, suerte triste de los pueblos en los siglos anteriores, no fueron abolidas sino el año 1770 a 1790 en Alemania, el de 1781 en Austria, el de 1806 en Pomerania, el de 1807 en Prusia y Varsovia, y el de 1808 en Westfalia. Hasta el de 1761 la Reina Sofía Magdalena emancipó en Dinamarca a los paisanos de sus dominios, y dio a los propietarios este loable ejemplo. Hasta en 1801 Alejandro I, concedió a los rusos el derecho (que se les había arrebatado) de adquirir tierras. Hasta el de 1810 empezó la América a pronunciar acentos de independencia y libertad. La Grecia lucha todavía por la de sus hijos; y el África ve hasta ahora salir los suyos a donde los lleva la codicia a servir como esclavos de dueños inhumanos o poco sensibles.

Si todos los poderes se depositan en individuos de una sola clase, se reproduce el mismo fenómeno con caracteres más odiosos. La que tiene la autoridad quiere extender la que ejerce para perpetuarse en el trono; está iniciada en los secretos del despotismo, y posesora de ellos, conoce que un hombre no es dominador injusto, sino quitándole las fuerzas químicas y morales, debilitándole y anonadándole. Todo es nulidad en tal posición.

Un orden solo reúne todas las existencias sociales que ha quitado a las demás clases; y ese orden no muere como los individuos. Es un cuerpo siempre existente; es un Nerón siempre vivo. En los tiempos del Imperio respiraron los pueblos cuando Tito, Trajano, Antonio y Marco Aurelio sucedieron a Tiberio, Calígula, Claudio, etcétera. En los primeros siglos de la República, el sistema tiránico de los patricios fue continuado sin interrupción. Derribaron el trono de los Tarquinos para sentarse orgullosamente en él; se apoderaron de los poderes ejecutor y juzgador, y casi fueron árbitros del legislador, ocuparon las tierras, se hicieron dueños de todas las riquezas, prohibieron el enlace de sus hijos con los del pueblo, sintieron que éste respirase el mismo aire que respiraban ellos, le sacrificaron en guerras lejanas para distraerle de reclamaciones contra tiranía.

La de los nobles de Venecia fue sutil en la opresión y fría en la crueldad. Un consejo formado de ellos proscribía el mérito y castigaba el pensamiento. El pueblo debía estar hundido en la nada; y el que subía empujado por las fuerzas de su talento era sospechado al instante, condenado sin proceso, ejecutado sin dilación. No hay en un gobierno aristocrático otros intereses que los de la aristocracia, no se tiene otro objetivo que el de su conservación. Si agota las fuerzas que los sostienen, si no las encuentra en el pueblo que oprime, va a buscarlas en naciones extrañas, Poco importa la patria de tanto precio para la razón y la virtud.

El aristócrata ingrato la ofrece, como si fuera propiedad suya, al conquistador que promete conservarla superior al pueblo, sacrifica a un yo criminal, millones de hombres inocentes, que no han cometido otro delito que el de no sufrir más tiempo de opresión. Los nobles de Génova, dijo una sociedad respetable que escribió en 1772 la historia de aquella República querían más bien ver a su patria sometida a una dominación extraña, gimiendo bajo un yugo pesado, que verla feliz bajo el Gobierno de hombres que no tenían nacimiento. En Francia manifestó la nobleza el mismo carácter a fines del siglo último.

Para recobrar sus injustos privilegios y su poder depresor para no ser ciudadanos como los demás, ni estar sometidos al imperio de una misma ley, los nobles galos salieron de sus hogares a conmover la Europa y a armar las potencias extranjeras contra su patria. De la América, dice el Barón ilustrado que supo observarla antes de su independencia en 1799 a 1804. En cada lugar hay un pequeño número de familias que por una opulencia hereditaria, o la antigüedad de su establecimiento en las colonias, ejercen una verdadera aristocracia municipal. Ellas quieren más bien estar privadas de ciertos derechos, que dividirlos con los demás, ellas preferirían una dominación extraña a la autoridad ejercida por americanos de clase inferior, ellas detestan toda constitución fundada en la igualdad de derechos, ellas temen especialmente perder las condecoraciones y títulos que han adquirido con tanto trabajo y forman una parte esencial de su felicidad doméstica.

La nación, que es la universidad de individuos que las componen, la nación donde reside originalmente la soberanía, parece llamada al ejercicio de los poderes que la constituyen. Todos serían en tal hipótesis legisladores, gobernadores y jueces, la educación se acercaría al grado posible de identidad; y la filosofía no vería oprimidos en una parte y opresores en otra. Pero es imposible la ejecución de un sistema tan brillante en la teoría y tan impracticable en la realidad. Una sociedad de hombres dilatados por una área de 10, 15 o 20 mil leguas cuadradas, no podrían reunirse con la frecuencia que exigen las funciones de la soberanía, sin movimientos, dilatados, penosos y costosos.

Ocupada diariamente en el ejercicio de los poderes supremos, era necesario que existiese otra nación de hombres condenados a servir a la de los legisladores: que hubiese ilotas destinados al servicio de los espartanos, o esclavos que trabajasen, o tributarios que contribuyesen para mantener el lujo, o conservar la existencia el romano ocupado en el foro y el senado.

Sacrificada la existencia de los primeros a la conservación de los segundos, la nación aparecería dividida en dos naciones, enemigas unas de otras, con intereses opuestos y tendencias muy contrarias. La de legisladores, guiada por interés, procuraría tener subyugada a la de siervos, y la de éstos impedida por la naturaleza, trabajaría para recobrar su libertad. La lucha sería el fin inevitable, las disensiones precisas, las guerras intestinas necesarias. Hay infaliblemente tarde o temprano, combate encarnizado doquiera que hay señores y esclavos.

Los negros asesinaron en Santo Domingo a los amos que los oprimían. El Norte de América se levantó contra Inglaterra. El Centro y el Mediodía se pronunciaron independientes. Y la Grecia sigue alzada contra el musulmán que la humillaba. En los periodos de paz, antes de las explosiones de la guerra, tampoco sería feliz su suerte. El pueblo más civilizado no sube jamás al grado de ilustración necesaria para saber dictar leyes y gobernar estados.

No ha habido en la extensión de lo pasado, ni habrá en la inmensidad de lo futuro naciones de sabios; y es preciso serio para ser legislador. Puede el pueblo recibir las luces de un senado que tenga el derecho de presentar proyectos de ley, puede oír la voz de oradores inspirados por la elocuencia para defender unos la afirmativa y sostener a otros la contraria. Pero no podrá elevarse a la altura precisa para juzgar desde ella el proyecto del senado, el Pro de unos oradores y el contra de otros, no podrá reunir toda la masa de conocimientos indispensables para descubrir en el laberinto de los intereses y en el caos de las intrigas, cuál es la voz de la razón, cuáles son los acentos de la verdad, dónde está el verdadero bien de la patria: será juguete del patriotismo, más astuto y simulado, creerá voz del patriotismo lo que es vocinglería de las pasiones, desterrará a Temístocles que le ha salvado en Salamina, elevará a César, que medita su esclavitud, lanzará de Roma a Cicerón que acaba de ser padre sabio de la patria. Platón dijo, más de dos mil años ha: mientras los sabios no tengan el gobierno no cesarán los males del género humano. La filosofía, sensible a ellos, debe repetirlo en este siglo de regeneración, debe retirarlo en los siguientes que prometen más felicidad o menos desgracias; y no debe callar hasta que vea a sus hijos haciendo en el gobierno de los estados la ventura de los pueblos.

Dividir los poderes con sabiduría previsora, dar el elector al pueblo, el legislador a cámaras de representantes, el ejecutor al rey de la monarquía o al jefe primero de la República, y el juzgador a los tribunales o cortes de justicia, este es el sistema más prudente para impedir males o asegurar bienes, dividiendo los poderes se evita la acumulación de la autoridad, productora casi siempre del despotismo que proscribe las ciencias y a los que las cultivan, y mantiene a los hijos de la nación ignorantes, pobres y débiles.

Dando al pueblo el poder elector, se le hace centro u origen de donde emana la autoridad legisladora, se le da parte en el ejercicio de la soberanía, se le guardan las consideraciones habidas siempre a los que tienen la facultad de nombrar elevados, se le pone en aptitud de elegir a los sabios que desprecian los grandes porque son defensores de las libertades y fueros de las naciones, se le saca de la humillación o envilecimiento en que se le haya tenido, le inspira elevación y honor y se le prepara a recibir la educación correspondiente.

Otorgando a cámaras de representantes el poder legislador, se pone el de dictar leyes en las manos de los que han elegido el que tiene más interés en que tiendan al mayor bien posible, del mayor número posible, se establece la armonía que deba haber, entre el Gobierno y el pueblo, se hace amar la ley porque tiene el carácter de bien universal que debe distinguirla se cumple con gozo por los ciudadanos, y se vuela a la prosperidad marchando por la vía que designa con este objeto.

Concediendo a un monarca hereditario o a un jefe electivo el poder ejecutor, se da a la administración la unidad y energía que debe tener, se impide la arbitrariedad y asegura o consolida el imperio de la ley dictada por los electos del pueblo.

Declarando a los tribunales o cortes el poder juzgador no permitiéndoles otras funciones que las de dirimir o sentenciar causas;

y sujetándolos a la responsabilidad severa de la ley, se hace expedita y la administración de justicia y el propietario no es largo tiempo privado de su propiedad, ni el arrestado, corrompido o viciado en las cárceles, se obliga a ser recta, como la perpendicular la de los geómetras la magistratura que decide sobre las personas y haberes, y tiene puntos más inmediatos de contacto con los ciudadanos.

Todos los poderes tienen influencia muy activa en la educación intelectual y moral. Los representantes de los pueblos, los reyes o jefes, los magistrados y jueces, son los institutores primeros de las naciones. Ellos les dan lecciones más trascendentales que las de un ayo o maestro, con su vida pública y privada, con sus leyes, reglamentos y sentencias.

No hay escuela, no hay academia, no hay liceo tan respetable y provechoso como una cámara dieta o asamblea. Allí se aprende a hablar el idioma patrio, hermoseado con las bellezas que inspiran la importancia de los asuntos y el celo del patriotismo, allí se ve en acción el arte de la discusión y análisis en las cuestiones más difíciles de hacienda, guerra, política, etcétera.

Allí se oye hablar la elocuencia deliberativa sobre lo más sublime, delicado e interesante para el pueblo, allí resuena en toda su majestad la voz de Bailly, que dijo. La nación junta en cortes no recibe órdenes de nadie, allí se desarrollan en todas sus consecuencias, los principios de la ciencias morales, políticas y económicas, y se forma la ley reguladora de las acciones del ciudadano, y protectora de sus derechos y deberes, de allí salen los diarios que circulan por todas partes del espíritu que dicta la razón, que sirve de base, y el objeto a que se dirige la ley, de allí salen los diputados que al fin de la legislatura vuelven a sus pueblos y propagan los conocimientos que han recibido.

Esta circulación de luces, más preciosa que la del oro, aumenta las de los hombres de letras; y comunicando al pueblo las que no tenía, le ilustra y predispone a la conquista o conservación de sus derechos. Las del parlamento británico, atravesando el océano, penetraron por el Norte de la América, e influyeron en la revolución de su independencia, origen de la riqueza y cultura del pueblo angloamericano. Y las de la Asamblea de Nacional Francia, después de haber subido los Pirineos ilustrado a las Cortes de Cádiz y pasado el Atlántico, ¿no están actualmente ejerciendo su imperio en la revolución del nuevo mundo y la ilustración de sus hijos?

De los salones del poder ejecutivo, reservado siempre en todas sus conferencias, y misteriosos a veces en sus acuerdos no salen luces en tanta abundancia. Pero es basto su imperio y grande su influencia en la educación. Ejecuta la ley que da a la de los pueblos la primera dirección; planten el sistema de instrucción decretado por el poder legislador; nombra los funcionarios que no cesan de obrar en el pueblo, gradúa los servicios y méritos, distribuye los honores y empleos; eleva o humilla; estimula o desalienta; da vida o muerte. Sin sobreponerse a la ley, acordando su cumplimiento para evitar las consecuencias de la responsabilidad, o el oprobio de una deposición, puede cumplirla de muchas maneras diversas.

¿Pero cuánta es la diferencia entre un ejecutor celoso penetrado de la importancia del decreto que manda observar, y un ejecutor frío, contrario a la ley que ordena guardar? Fernando VII, es ejemplo reciente que no deben olvidar jamás las generaciones futuras, Juró en 1820 la Constitución de 1812; prometió ser su apoyo más firme; añadió que en el centro de las cortes, rodeado de los representantes de los pueblos, se placería en concurrir a la obra grande de la prosperidad nacional, y al mismo tiempo que se obligaba con palabras y juramento tan solemne, buscaba subterráneamente fuerzas para sofocar la voluntad de la nación, destruir su ley fundamental, y volver los pueblos a la ignorancia y miseria a que los precipita el gobierno absoluto de sus predecesores.

Los tribunales, ejecutores, como el gobierno, de las leyes y los decretos, son corno las Asambleas, escuelas de instrucción y moralidad. No es tan extensa su esfera, ni tan grande su autoridad como la del poder legislador, pero ejercen sin duda una censura influyente en las costumbres y propagan luces que mejoran una de las secciones importantes del sistema de los conocimientos humanos. Los oradores de las partes contendoras defienden la inocencia, acusan el crimen y hacen hablar otro género de elocuencia menos augusta a la verdad que la deliberativa; pero útil para la moral, benéfica para la propiedad e interesante para los progresos de la jurisprudencia.

Los Magistrados discuten los puntos más importantes de la legislación, se ejercitan en el arte difícil de sacar la verdad pura y sencilla, del caos de los procesos y de aplicar la ley a los hechos; abrazan todas las acciones de los ciudadanos; las califican declarando las inocentes o criminales; castigan los delitos imponiéndoles las penas correspondientes; hacen de esta manera que las propiedades y personas sean respetadas; moralizan a los hombres y les dan el valor de las buenas costumbres. Si los censores de Roma, que graduaban el haber y vigilaban la conducta de los ciudadanos, tenían tanto influjo en la moralidad los magistrados de los tribunales que arrestan, destierran, decapitan, condenan o absuelven ¿cuánto será el que ejercen con sus autos y sentencias?

Los gobiernos constitucionales producen del modo posible, a más de otros, cuatro bienes muy grandes, impiden el despotismo, dan al pueblo el poder de la ilustración y moralidad; dan a los hombres de letras el de la autoridad; forman el espíritu público, garantía la más sólida de los derechos del hombre y los fueros de las naciones.

Seguid, hombres benéficos, cultores de las ciencias y defensores de los pueblos, la lucha en que estáis empeñados para bien de la humanidad. Unidos en sociedades de amigos del sistema constitucional para conservarlo en los Estados donde existe y plantearlo donde lo repugna el poder absoluto. Organizadles sobre un plan combinado sabiamente para facilitar su correspondencia y armonía y aumentar sus fuerzas multiplicando sus relaciones. Acumulad todas sus luces, hablad todos los idiomas, usad todos los estilos, aprovechad todas las influencias, haced, en fin, rolar la razón por toda la tierra para que no haya la extensión de ellas más que gobiernos constitucionales. Vuestros trabajos han sido hasta hoy victoriosos. Las regiones oscuras del poder absoluto se van disminuyendo y las de los gobiernos constitucionales dilatando cada día más.

No a muchos siglos que el imperio del despotismo se extendía a todo el globo. La América entera es ahora constitucional; la Europa lo es también en gran parte de su territorio; la Grecia combate por su libertad y la Grecia, que en siglos remotos tuvo el honor de ilustrar al mundo entonces conocido, y de cooperar en el XV al renacimiento de las letras, tendrá tal vez en el XIX la gloria de propagarlas por el África y el Asia. Donde hay comprensión debe haber reacción. Es ley de la naturaleza positiva como la de los cuerpos elásticos. Si ha habido en el mundo días de despotismo, tristes como los de inviernos; debe haber días de libertad constitucional, alegres como los de primavera.

Pero no basta el establecimiento de una forma prudente de gobierno. Es preciso que lo sean también las leyes dictadas por el poder legislador y cumplidas por el ejecutor.

El género humano ha sido muchos siglos víctima infeliz de la ignorancia, superstición, fanatismo, interés y pasiones de los legisladores. Puede decirse, sin temor a equivocarse, que los enemigos más grandes de la especie humana han sido los legisladores.

Antes de tener la suma de observaciones y cantidad de conocimientos precisa para dictar leyes justas y previsoras, cuando eran todavía infantes que no poseían en su plenitud las ciencias morales, económicas y políticas, o estaban infectados de pasiones que no permitían ver la verdad en toda su pureza, los hombres osaron ser legisladores de los hombres.

No hubo desde entonces género alguno de delito que no cometiera la ley. Halló los derechos más sagrados de propiedad y seguridad, puso en la clase de delitos acciones inocentes, y en la de virtudes acciones criminales; dio más consideración de haber de los ricos que a la vida de los pobres, imponiendo al hurto pena capital, sofocó los sentimientos más tiernos de la naturaleza, permitiendo que un padre comiese a su hijo en el caso de sitio, inmoló multitud de víctimas mandando que las hubiese en los altares del fanatismo, condenando a muerte a los que mataban involuntariamente animales que se llamaban sagrados, a los que en un siglo no daban sus votos a una opinión, y a los que en otro siglo creían en ella, a los que tenían pensamientos diversos de los del gobierno (despótico o arbitrario que los regía), a los que defendían los derechos del pueblo o escribían para ilustrarle, a los que se elevaban sobre las supersticiones y enseñaban la moral en su verdadera pureza, etcétera.

Se ha burlado del hombre, acordando unas veces que se le marcase como se marcan las bestias, y decretando otras que se le cortase la mano, se le sacasen los ojos, se le ahorcase, se le arrojase de la altura de una roca, se le ahogase metido en un saco con monos, víboras y gallos, se le fusilase con ceremonia, se le quemase vivo, etcétera. Los ladrones más codiciosos, los homicidas más depravados, no han sido tan devoradores ni tan asesinos como los legisladores de siglos oscuros o tiempos corrompidos.

Una época de luz promete futuros menos tristes. El malvado cede y el legislador debe respetar los derechos del hombre. ¿Cuál es entre uno y otro la diferencia que los distingue, ambos atacan lo que debe ser sagrado?

La verdadera ley no es destructora sino protectora de los derechos de los hombres; y todos los que han recibido éstos se reducen en último análisis a uno solo, el de ejercer, y perfeccionar sus facultades y disponer libremente de los productos de ellas.

Cada individuo tiene su derecho para cultivar su espíritu formar su corazón, para labrar sus tierras y mejorar sus propiedades, para elegir oficio y ocuparse en el electo, para comunicar privada o públicamente, por escrito o de palabra, sus pensamientos, para donar, vender o enajenar sus frutos, artefactos o mercaderías. Si tú puedes ilustrarte, enriquecerte y darte los valores de la belleza y de la virtud, yo, obra como tú, de la creación, individuo de la misma especie, no tendré la misma facultad? Este es el derecho primordial, fuente de donde fluyen los demás derechos.

No hay bien alguno físico o moral que no sea efecto del desarrollo bien dirigido de las potencias del hombre. La agilidad o destreza es resultado del ejercicio repetido de la facultad de moverse. La ilustración es obra de la de pensar y comunicar libremente el pensamiento. La riqueza es producto de la de trabajar y disponer con libertad del producto del trabajo. La moralidad es el hábito feliz de las virtudes, formado por la de sentir, pensar y conocer sus verdaderos intereses.

Las leyes que embarazan, obstruyen o contrarían injustamente el desarrollo o ejercicio libre de las facultades del hombre, producen su ignorancia, pobreza y corrupción. Las que facilitan y protegen en todas las clases aquel desarrollo o ejercicio, influyen en su ilustración, riqueza y moralidad.

No hay en la historia una sola nación que no ateste este principio luminoso, gula de los legisladores que quieran ser dignos de título tan grande.

La opinión que en Grecia y Roma creía viles las ocupaciones importantes do la industria y comercio embarazaba en los ciudadanos que no querían vivir degradados el derecho que tenían para elegir libremente la profesión u oficio que les conviniese, Los de artesanos, mercaderes y artistas estaban en manos de esclavos. El pueblo era pobre, sometido a la influencia de los ricos, posesores de los empleos, tierras y esclavos; y su pobreza influía en su ignorancia y poca moralidad.

El sistema mercantil, nacido en la época oscura del feudalismo y conservado hasta el último siglo; ese sistema injusto que por desfavorecer al fabricante despojaba al labrador del derecho que tiene para exportar y llevar al mercado de más consumo sus granos y materias primeras, y arrebataba al pueblo el de comprar los artículos mejores o más baratos, que manufacturase el extranjero, produjo, como era preciso, sus naturales efectos.

Autorizó el monopolio, que no es otra cosa que dar a un número pequeño y quitar a la universalidad de individuos el derecho que deben disfrutar todos para disponer libremente de sus haberes; elevó al mínimum y humilló al máximum; hizo nacer las pasiones del orgullo y vanidad en el primero, y las del abatimiento y miseria en el segundo.

La inquisición, establecida en el siglo XIII, y perpetuada sucesivamente en Italia, Portugal, España y América, sofocó la facultad más noble del género humano; quitó el ornamento más bello de las naciones; mató la razón; quemó al hombre. No es una hipérbole exagerada. Es una verdad acreditada en los anales de aquel tribunal.

Lo que eleva al hombre sobre la creación es la facultad de pensar, y esa potencia fue sofocada por los edictos que prohibían la publicación y circulación libre del pensamiento. Lo que hermosea más los Estados es la ilustración; y ésta no puede existir, donde la facultad de pensar no es desarrollada con libertad justa. Moría la razón en los edictos que prohibían lo que la forma, y el hombre que hacía uso de ella era condenado a las llamas.

La esclavitud, autorizada en Grecia, en Roma, en el imperio, en la Edad Media y en los siglos posteriores; disminuida al presente y no abolida todavía en algunos reinos, llegó la degradación al extremo último a que podía extenderse. Anonadó al hombre; le despojó de sus derechos; le privó del ejercicio de sus facultades; le redujo a propiedad semoviente, igual a la bestia que se vende, alquila y hace trabajar a voluntad de su dueño.

El sistema colonial, que gravitó cerca de tres siglos sobre la América, ha sido la suma do los sistemas más funestos que han oprimido a los pueblos. Autorizó la opinión que envilecía las artes y oficios, abandonándolos a los brazos degradados de las que se llaman bancastas; estableció la inquisición, que embaraza el desarrollo de la facultad de pensar; elevó a la ley el sistema mercantil, decretando para sostenerlo, las penas más injustas; quitó a los mineros que llamaba clase importante y privilegiada el derecho de extraer su oro y platas, y a los agricultores, que creía dignos de protección, el de exportar sus frutos a las plazas donde valían más; cerró los puertos del nuevo mundo a todas las naciones del antiguo, excepto la conquistadora; sujetó los intereses de millones de hombres a los del comerciante de Cádiz, hizo aparecer delito enorme lo que llamaba contrabando y no era más que el uso que hacía de su propiedad un propietario legítimo; cerró las puertas del honor a los individuos del pueblo, y estancó los primeros empleos en los hijos de España más adictos al sistema de aquella deplorable época; mantuvo a los indígenas en la más estúpida ignorancia y los condenó a tutela perpetua en consideración a la ignorancia en que los tenía; mandó que en los reinos conquistados por la fuerza no se cultivasen los frutos ni estableciesen las fábricas que se cultivaban y estaban establecidas en los reinos conquistadores; fundó los pueblos en la parte central del Continente, lejos de las costas y puertos de extracción; aisló a la América, y la separó de las naciones donde se cultiva y hace progresos la razón; hizo sufrir los horrores de esclavitud, condenando a ella a los indios que donaba a los conquistadores y encomenderos y permitiendo el tráfico de negros para los trabajos de las minas y cultura de los campos; hizo pobre al país de la riqueza; anonadó un mundo entero.

El hombre, comprimido por los pesos del fanatismo, de opiniones erróneas, de leyes injustas y gobiernos despóticos, no ha podido hasta ahora, después de tantos siglos, desarrollar plenamente sus facultades o potencias. Ha habido siglos, en que era Turquía la tierra entera. No ha existido uno solo en que el globo fuese iluminado en todas sus fases.

La Europa, conquistada por el romano, y el romano deprimido por el orgullo de los patricios; tiranizada posteriormente por los Césares; devastada por los bárbaros del Norte; esclavizada por los señores feudos; sometida al cetro de reyes absolutos, sólo ha gozado momentos de despotismo. cortos de libertad en siglos largos de despotismo.

El Asia, cortada por desiertos tristes que dificultan las comunicaciones; cubierta de tártaros al Norte y de conquistadores al Mediodía; infectada en algunos lugares de la religión de Mahoma, que aumenta las fuerzas de la tiranía, reuniendo en un solo individuo los poderes de monarca y sacerdote supremo, y hace a los hombres siervos del gobierno y a las mujeres esclavas de los hombres; plagada en otros de la de Brahma, que manda adorar a los déspotas y sufrir en paciencia sus agravios y violencias, es desde la antigüedad el país de las supersticiones, el teatro del despotismo, la tierra donde los reyes de Persia se hacen respetar como divinidades, y el Emperador de China gobierna su imperio como monarca absoluto y le mantiene cerrado a las relaciones libres con el mundo.

El África, desde la caída de Tiro, Cartago y Egipto, no ha vuelto a ver luces en su suelo. Ha sido desde entonces el país de las tinieblas; es ahora el mercado donde se vende el hombre para ser esclavo del hombre.

La América, separada por el Océano de las otras partes de la tierra, sin relaciones con los pueblos donde primero nacieron y crecieron las ciencias; dominada en los siglos anteriores a su conquista por los reyes cakchiqueles, los incas, los moctezumas y caciques, subyugada después por los españoles, apenas comenzó en 1810 a desenvolver sus capacidades o potencias, cuando fue turbada en su movimiento por el de las revoluciones que ocurren siempre que se mudan las formas de gobierno.

Recórranse uno a uno los diversos países de la tierra, y se ofrecerá a los ojos un cálculo siempre triste. La República donde se ha reconocido la soberanía del pueblo, y fiado su ejercicio a él mismo, o a autoridades electas por él, ha sido en lo general, comparadas con otros gobiernos, como las luces o fuegos que se apagan poco tiempo después, o casi al instante mismo en que brillan.

Las monarquías constitucionales donde los poderes están positivamente divididos, y se ejercen por autoridades en realidad independientes, son días tranquilos por la serenidad de la atmósfera; pero raros y de poca duración en el curso del tiempo. Las monarquías absolutas donde el rey concentra en sus manos todos los poderes, son por el contrario tenebrosas y largas como las noches de los países inmediatos a los polos.

Roma, que llegó a señora del mundo entonces conocido, cuenta 2.580 años desde su fundación; y en número tan grande sólo 495 fue República. En los restantes fue dominada 244 por reyes, expulsados al fin por su tiranía; 489 por emperadores que sofocaron las libertades patrias; 76 por reyes ostrogodos, bárbaros como pueblos de su origen; 203 por reyes lombardos, semejantes a los ostrogodos, y más de mil por los Pontífices Supremos, que comenzando en el siglo VIII a reunir las dos potestades, empezaron desde entonces a influir con doble poder.

Los períodos de libertad han sido un mínimum casi imperceptible en la extensión del tiempo, y los de esclavitud un máximum que abraza los más grandes espacios. Si a pesar de esto, el hombre oprimido la mayor parte del tiempo, ha sabido crear las artes y ciencias y hacer progresos que asombran a quien se detiene a contemplarlos ¿cuáles haría dejándole en libertad justa para desenvolver sus facultades, sin estorbos ni embarazos? ¿Quién osaría señalar en caso tan alegre la meta última hasta donde podría llegar marchando libremente en su carrera?

El uso de sus derechos; el ejercicio de sus facultades, no es un delito. Sería contradicción muy absurda crear al hombre con derechos y hacerle cargo por el uso de ellos. Delito es la acción con que un hombre embaraza los derechos de otro hombre. Lo comete el gobierno que prohíbe al labrador vender sus frutos en la plaza de más consumo, o al hombre de letras publicar libremente sus pensamientos. No lo perpetra el cosechero que exporta sus granos a los mercados de más valor, ni el escritor que ilustra a los pueblos dando a luz sus ideas.

Cada uno de los derechos y facultades del hombre es una fuente de prosperidad individual y nacional. En la de pensar y comunicar los pensamientos, está el origen de las artes y ciencias; en la de trabajar y disponer de los productos del trabajo, existe el de las riquezas y prosperidad.

¿Se ha pensado jamás impedir la facultad de germinar que tienen las semillas, o la de desarrollar las que hay en la tierra, o la de hermosear las producciones de la naturaleza y facilitar los trabajos del hombre que existen en las máquinas? Quitad al hombre el uso libre de sus facultades o ponedle trabas o limitaciones injustas, y los pueblos y las naciones, compuestas de ellos, serán ignorantes, pobres y desventurados.

Restituidle el goce de sus derechos; permitidle que ejerza libremente sus potencias, y todo será riqueza ilustración y felicidad. El hombre, sublime en un aspecto por el alma que lo anima, podría en otro considerarse como una máquina capaz de elaborar ciencias, artes y riquezas. ¿Será justo impedir los movimientos u obstruir los resortes de la máquina?

Legisladores, borrad de los códigos las leyes que hacen a los pueblos tan pobres y miserables que no pueden proporcionar a sus hijos aún la ilustración elemental, las que prohíben o embarazan la enseñanza de algunas ciencias, o acumulan a favor de unas la protección, honores y rentas, y las escasean a otras más útiles o de igual importancia, las que tienden a estancar los conocimientos de un orden o corporación, estableciendo academias de nobles, colegios de abogados con derecho exclusivo para ser ellos solos defensores de los otros, etcétera, las que prohíben la comunicación libre de los pensamientos, prohibiendo la libertad de imprenta y estableciendo mesas censorias, policías severas o tribunales inquisitoriales, perseguidores de las luces conocimientos, las que impiden la circulación de la propiedad autorizando los mayorazgos y manos muertas, las que estancan los frutos negando a los propietarios la facultad de cultivarlos en sus tierras, las que atacan sus derechos prohibiendo la libertad evidentemente justa de comercio, las que enriquecen a unos con perjuicio de otros, concediendo privilegios exclusivos, las que fijan el interés de los capitales y el precio de los frutos quitando este derecho al regateo libre de los contrayentes, las que tienden acumular la propiedad territorial en una clase de individuos, o establecer a favor de ellos el monopolio de riquezas o conocimientos, las que complican las formas o sustanciación de los procesos, y hacen oscura la verdad, costosa y difícil la administración de justicia las que adoptan un sistema de contribuciones que exige a los pueblos cantidad mayor que la precisa para los gastos del gobierno, y oponen al movimiento de la agricultura, industria y comercio obstáculos que lo entorpecen y desalientan, las que trastornan las ideas de moral, haciendo escalas injustas de delito y penas, o decretando castigos severos a culpas leves, y suaves a crímenes que las que permiten espectáculos o diversiones que sin dar luces ni inspirar virtudes, corrompen o hacen hipócritas, crueles o sanguinarios; últimamente, las que han sacrificado los derechos de la mayoría al interés del menor número, haciendo que la clases altas tuviesen primero multitud de Siervos que trabajasen en su riqueza, declarándolas después privilegiadas o exentas de pechos o contribuciones, dándoles al fin exclusivamente los primeros empleos, y tendiendo siempre a conservarlas en elevación a costa de los pobres o miserables.

Todavía no se sabe lo que el hombre es capaz de ser. Haced, legisladores, el experimento; permitid que desarrolle todas sus capacidades y desenvuelva todas sus energías. Si se place el alma viendo a Newton y Bufón, a Sócrates y Franklin, elevados por el ejercicio de sus facultades a la altura del saber, y al sublime de la virtud, ¿no será infinitamente mayor el gozo contemplando otros genios elevados a mayores alturas por el desarrollo más pleno de sus potencias?

Poned en lugar de las leyes que han hecho ignorante pobre y corrompido al pueblo, otras que sean expresión y garantía de sus derechos. Asegurad su cumplimiento exigiendo en los pretendientes de empleos las virtudes y talentos necesarios para su servicio. Mandad con el tono más firme, en los términos más decisivos, que ninguno sea colocado en las sillas del honor sin haber acreditado de la manera que designe la ley, la moralidad de su conducta. Formad una clasificación de conocimientos proporcional a la de empleos.

Declarad que es necesaria la instrucción, comprobada también del modo que señale la ley, en las ciencias económicas para los de hacienda, en las militares para los de guerra, en las jurídicas para los de justicia, en las políticas para los de gobiernos, en las legislativas para los de legislación. Dejad que el germen de la virtud y las semillas del talento sean todo lo que pueden ser. No cometáis el crimen de sofocarlas o impedir su germinación.

Cultivadlas por el contrario acordando y protegiendo el sistema más útil de educación. Que Herschel subiese desde la clase humilde donde nació hasta los astros que supo descubrir y observar. ¿Ha sufrido alguno por esto? ¿No han recibido bienes los mismos que desdeñan a los pueblos y sus hijos?

Hay un sistema de agricultura para desenvolver todas las capacidades de la tierra, labrándola y poniéndola por la labranza en aptitud de dar todas las producciones posibles.

Debe haber otro sistema de hominis cultura para desarrollar todas las facultades del hombre, cultivándolo y poniéndolo por el cultivo en estado de producir cuanto sea capaz de dar.

Hombres y tierras son los elementos grandes de la felicidad social, la riqueza de los pueblos y el origen de ella, la causa del bien y el bien mismo, las potencias y los agentes de la prosperidad de los individuos y de las naciones.

No labrando la tierra, ni cultivando los hombres, la primera es un desierto triste sin vegetación ni vida, o un suelo de grama y abrojos o un bosque enmarañado con sarmientos, y los segundos son salvajes y bárbaros, desnudos e infelices.

Cultivando la una, y educando los otros, los campos son jardines de flores, espigas y frutas regaladas, y los pueblos sociedades de virtudes, talentos y bellezas.

Todavía hay hombres y existen pueblos que no sienten toda la importancia de esta verdad. Cálculos falsos de interés les inclinan a preferir el salario mezquino de sus hijos en los primeros años de su edad a la ventaja infinitamente más grande de darles la educación que necesitan.

Prevenciones contra las ciencias, hijas de la ignorancia que no conoce su precio, les hacen creer perdido el tiempo que se consagra a su estudio. Un almacén donde solo se habla de fardos y numerario parece a sus ojos establecimiento más útil que las clases donde se dan a los hombres todas las aptitudes posibles para ser grandes en todas las carreras. Las influencias de los siglos en que se desdeñaban las letras se sienten hasta ahora en muchos individuos de las clases ricas;

el peso de las edades oscuras en que no se veía la trascendencia de la ilustración gravita en los pueblos.

Es preciso volverse a los padres de familia, hablar a su alma interesando su ternura a favor de los que existen por su causa; convencer su espíritu manifestándoles la necesidad de la educación; imponer silencio a su interés haciéndoles cálculos demostrativos y palpables.

Un niño trabajando como operario 300 días anualmente, ganando con su trabajo 1 1/2 o 2 reales diarios en 5 años corridos desde los 7 hasta los 11 de su edad, adquiere al cabo de todos ellos 2,250 o 3,000 reales que son 281 o 375 pesos. Pero queda condenado a no tener en toda su vida otra aptitud que la precisa para ser jornalero, y no ganar en este concepto más que 2 reales al día o 75 pesos al año.

Otro niño se dedica a recibir la educación que se le da. Pierde en 5 años 281 o 375 pesos; pero cultiva su espíritu y se pone en aptitud de subir a destinos que le proporcionen una renta anual de 200, 400, 600 o más pesos que en 5 años asciende a 1,000, 2,000, 3,000 o más pesos.

¿Cuál es en la comparación de estos cálculos el más ventajoso al interés? ¿El valor de 375 pesos será más grande que el de una educación productora de miles? Y el hombre, siervo de un trabajo diario y penoso, dependiente por su ignorancia de todos los que sean de más capacidad, ¿tendrá precio mayor que el hombre civilizado, superior a unos, independiente de otros, y libre para elegir entre muchos trabajos, el que sea más lucroso?

Linneo, creador del sistema seguido con más universalidad, dio en Upsal lecciones de Botánica. La fama de su nombre, el crédito de su doctrina atraían millones de discípulos, hijos de diversas naciones. Todos iban a Suecia a derramar la abundancia, y Upsal se enriquecía por la educación que supo darse un hombre, pobre y oscuro en sus primeros años; caballero y sabio en los últimos. Los que no la han recibido ¿han sido jamás productores de tanta riqueza?

El hombre inculto ¿ha producido nunca un centésimo al menos de lo que ha dado en los siglos anteriores y continuará dando en los futuros el inventor o perfeccionador de una máquina útil?

Un catecismo claro, breve y sencillo en que se evidencie la nulidad del hombre sin educación y los valores de quien la ha recibido, es el primero que debe escribirse. Entre los libros elementales, éste sería el más importante. Prepararía los ánimos al cumplimiento puntual de la ley organizadora de la educación; apoyaría su observancia en la base que la asegure más, que es el convencimiento de su utilidad; haría a los padres dignos de este título; haría a los hijos dignos de la patria.

Pero no basta la voluntad para llegar a este objeto, el más recomendable de todos. Son precisos labradores instruidos, por el arte y la experiencia, para saber cultivar la tierra son necesarios maestros, ilustrados por una y otra, para formar hombres.

Si hay ciencias y artes para hacer aritméticos, geómetras, etc. ¿no habrá para hacer maestros, profesores o institutores? Y si se han abierto clases para enseñar las ciencias y artes ¿no deberían establecerse para enseñar la que da impulso o hace progresar a todas las demás?

Este raciocino, obvio y sencillo, había escapado a los siglos.

La Francia que tiene tantas glorias, ha tenido también la de concebirlos, perfeccionarlo y plantearlo. "Que se establezcan, dijo el año de 1795, escuelas normales, y en ellas no se enseñen las ciencias sino el arte de enseñar, que los sabios más eminentes, Lagrange, Laplace, Monge, Daubenton, Haüy, etcétera, sean los que presidan abriendo cursos de cuatro meses al menos y manifestando cómo deben aplicarse a la enseñanza del arte de leer, escribir, calcular, etc. los métodos designados en los libros elementales adoptados por el gobierno, que los administradores de distritos envíen discípulos proporcionados a la población para que aprendiendo el arte de enseñar puedan al salir de las escuelas ser no solamente hombres instruidos, sino capaces de instruir.

Por la primera vez en la tierra, la razón y la filosofía van a tener su seminario. Por la primera vez los hombres más distinguidos en las ciencias, los que han sido hasta ahora los profesores de los siglos, van a ser los primeros maestros de escuela. En los Pirineos y en los Alpes, el arte de enseñar será el mismo que se adopte en París; y ese arte será el de la naturaleza y el genio. No se verán ya en la inteligencia de una nación grande, espacios mínimos cultivados con el mayor cuidado y desiertos vastos sin labranza o cultura. La razón humana, cultivada en todas partes con igual esmero, producirá los mismos efectos; y esos efectos; serán la regeneración del entendimiento humano.

Era importante esta concepción sublime de genios ansiosos del bien universal de los pueblos. Pero no se le dio toda la extensión que exigía su objeto. Las madres son las institutrices primeras de los hombres. La primera leche que mama un niño, los primeros acentos, el primer idioma que oye, los primeros sentimientos, las primeras ideas, los primeros hábitos que recibe son los de la madre. Todo el orden moral depende de las madres dijo el filósofo que escribiendo de educación se dirigió a ellas desde las primeras líneas.

Si debe haber escuelas normales para formar los maestros que han de dar las segundas, terceras y últimas lecciones, ¿no será preciso establecerlas para formar a las que han de dar las primeras y más trascendentales? ¿Un hombre que sabe hacer geómetras será digno de consideraciones más grandes que una madre que sabe educar hijos?

El legislador debe organizar el sistema de Educación de las madres, y el gobierno ejecutar con celo el designado por la ley, la policía debe prevenir su inmoralidad, y los magistrados castigar sus delitos, los sabios deben formar catecismos, y enseñarles en ellos el método más fácil para educar a sus hijos. La moralidad de los pueblos es la suma de moralidad de las familias; y en las virtudes domésticas es incalculable la influencia de las madres. Ellas son las primeras a quienes la naturaleza entrega la obra más preciosa de sus manos.

Formados institutores capaces de enseñar debe pensarse en la enseñanza. Ya hay brazos labradores, cultívese la tierra. A las escuelas de maestros debe seguir las de discípulos.

No es posible dar en una sola la instrucción. Hay inmensidad en las ciencias y artes; y las facultades del hombre se van desarrollando gradualmente desde el momento en que nace hasta aquel en que cesa de progresar. Lo que es perceptible a la virilidad es oscuro a la adolescencia: y lo que ve claro un joven no puede entenderse darse por un niño.

Las leyes de la naturaleza, constantes en este punto como en el desarrollo sucesivo de una planta exigen que la enseñanza sea gradual y proporcionada a las facultades del hombre. Debe haber lecciones para la niñez que empieza a desenvolver sus potencias, lecciones distintas para la juventud, que las tiene más desarrolladas, lecciones diferentes para la virilidad que las ha formado y aspira a la gloria de extender o perfeccionar las ciencias.

Son diversos los sistemas inventados para cultivarlas y propagarlas. Las generaciones futuras jamás olvidarán los nombres de Filangieri, Talleyrand, Condorce y otros que se llenaron de gloria, y la comunicación al siglo XVIII, trabajando sin fatigarse para perfeccionar el plan de instrucción pública. Cada uno ha organizado la enseñanza de diversos modos; y las organizaciones que han querido darle pruebas el interés que toman por el elemento más grande prosperidad. Pero sucede en este punto lo mismo que en todos los otros. A excepción de las bases generales, todo lo demás debe ser local. Cada lugar debe tener sus leyes y establecimientos relativos a su posición política, así como tiene sus vegetales respectivos a su clima.

El plan de Filangieri, el de Talleyrand, el de Condorce, practicables en un estado muy rico y abundante al mismo tiempo en sabios, no podría ejecutarse en otro donde faltasen ambos elementos de riqueza y sabiduría. ¿Quién osaría plantearlos en las Repúblicas de América que están ahora consolidando sus gobiernos, formando su hacienda pública y pensando en la cultura primera de sus hijos descuidados anteriormente en la época deplorable de la dominación española?

Pero cualesquiera que sean las modificaciones de un plan de instrucción pública, debe haber escuelas elementales para enseñar los principios de las artes y ciencias en toda su extensión, y academias, sociedad o instituto para darles impulso, dirección y perfección.

DEL ABSOLUTISMO A LA LIBERTAD

Después de siglos de gobiernos absolutos, opresores de los pueblos, los hombres pensaron en gobiernos constitucionales, protectores de sus derechos. La primera época debía producir la segunda. Era cosa muy natural. El dolor hace siempre pensar en el remedio.

La tierra ofrecía en otro tiempo el espectáculo triste de naciones enteras sometidas a la voluntad de un solo individuo o a los caprichos de sus válidos. Los reyes donaban, legaban y vendían pueblos así como los ricos venden, arriendan o regalan cabras, ovejas y caballos. Millones de hombres eran propiedad de un solo hombre.

La Filosofía, sensible siempre a las desgracias de la especie, pensó en las de los pueblos que las sufrían; y los pueblos oyeron gozosos sus dulces acentos.

El hombre no es propiedad del hombre. Todos son individuos de una especie: en todos hay derechos que el movimiento del tiempo no puede hacer que sean prescritos. Si se han unido en sociedad, no es para ser unos esclavos de otros. Es para su procomunal. Las selvas serían preferibles a las poblaciones si en aquéllas hubiera libertad y en éstas esclavitud. Debe haber Poderes directores de la sociedad, ¿quién puede dudarlo? Pero esos poderes no deben ser absolutos, ni estar acumulados en un solo individuo. A excepción de la acumulación de virtudes y conocimientos, todas las demás son peligrosas cuando dan influencias excesivamente grandes. La acumulación de riquezas inmensas en una mano es temible: la de muchas autoridades en un funcionario lo es igualmente. Los Poderes deben estar sabiamente distribuidos y sabiamente limitados. Este es el objeto noble de una Constitución: esta es la necesidad primera de un Estado. El despotismo sube al trono y oprime con su masa de hierro cuando un solo hombre puede todo lo que es capaz de querer. La discordia divide a la sociedad cuando la ley no ha sabido fijar los linderos de cada Poder.

Estos principios, concentrados al principio en los gabinetes de los sabios cultores infatigables de las ciencias políticas, se fueron transmitiendo después de unas a otras clases de la sociedad. Comenzó el ejemplo en unos países, la imitación en otros, y el deseo en los demás.

La Inglaterra luchando con el Poder arbitrario: conquistando sus fueros y libertades, tuvo Carta al fin; y el espíritu público de su ilustración, creado por ella, manifestó en la marcha, en el poder de su marina, en la inmensidad de su comercio y riqueza, la superioridad de los gobiernos constitucionales sobre los absolutos.

La Holanda sacudió en el siglo XVI el yugo de Felipe II: se pronunció independiente del gobierno español: se constituyó en República Federal: desarrolló una energía que admiró al mundo, y fue un ejemplo vivo que debía influir en los siglos siguientes.

El Norte de América aprovechó las lecciones que le habían dado Portugal, Holanda e Inglaterra, y las dio al Centro y Mediodía del Nuevo Mundo. En el siglo XVIII proclamó su independencia del gobierno británico: se rigió en República Federal; y su marcha es desde entonces un desarrollo prodigioso de población, riqueza y civilización progresiva.

La Francia, posesora de todos los conocimientos adquiridos en las otras naciones, y creadora de otros nuevos, era imposible que estuviese más tiempo sometida al poder de un gobierno absoluto. Se conmovió al fin en los últimos años del mismo siglo, y su movimiento fue como el de las masas enormes o colosales. Se hizo sentir en ambos mundos. Monarquía constitucional primero: República central después: Imperio posteriormente: en todas las épocas de su espantosa revolución fue un astro que lanzó fuegos y derramó luces por todas partes. Del seno de ella salió un hombre que no tuvo igual; y ese hombre, elevado al trono, quiso destruir los tronos antiguos y crear otros para que no quedase aislado el suyo. Derribó el de España, y la invadió por la fuerza, sin derechos, ni títulos. Los españoles se alzaron heroicamente contra un agresor tan injusto: proclamaron los derechos de los pueblos, y decretaron en 1812 la Constitución que dice: "La soberanía reside radicalmente en la nación."

La América, invadida por los españoles en el siglo XVI, no había olvidado la memoria de esta agresión, y aplicaba a ella los principios que España publicaba sobre la de los franceses. Veía a la Península ocupada por fuerzas extrañas superiores a las suyas; privada del Rey legítimo que la mandaba: gobernada primero por juntas creadas en cada una de sus provincias sin título alguno para mandar en las de América; regida después por la Central, compuesta de individuos nombrados por las provincias que no tenían derecho sobre las americanas; administrada posteriormente por la Regencia formada por la Central, que tampoco lo tenía sobre las del Nuevo Mundo; y dirigida últimamente por las Cortes que daban a España, siendo menor su población, el máximum de diputados, y a la América el mínimum, siendo más grande el número de sus habitantes: veía que la Regencia misma, hablando a los americanos en uno de sus Manifiestos, confesaba que cerca de tres siglos habían sido oprimidos por el peso del despotismo: veía que los españoles publicaban en diversos impresos los derechos de los pueblos contra la tiranía o despotismo: veía que, restituido el Rey al trono de sus mayores, sus primeros actos habían sido abolir la ley fundamental decretada por las Cortes y arrestar a diversos diputados de sus pueblos: veía que la naturaleza había puesto un océano inmenso entre el nuevo y el antiguo mundo.

Yo debo ser independiente, dijo el americano, en el silencio de toda pasión. La ley fundamental de España es uno de mis títulos. La soberanía reside en la nación: lo que acuerda la mayoría debe ser ley; y la América, que es la mayoría, quiere su independencia. Continentes separados por la naturaleza, deben estarlo por la ley. El gobierno del uno no puede, a distancia tan inmensa, administrar bien al otro. Si España quiere tener el que la administra en el centro mismo de sus pueblos, la América desea también establecer el suyo en el seno de sus provincias. Son iguales los derechos de individuos de una especie. Los títulos del español sobre la América son la fuerza con que la conquistó, y la bula en que el Papa se la donó. La fuerza no es derecho, y no puede regalar mundos el Vicario de quien dijo: "Mi reino no es de este mundo."

Independencia era voz encantadora que ofrecía a todos esperanzas lisonjeras. Prometía:

a los pueblos el beneficio de ser ellos mismos los que constituyesen las formas de sus gobiernos:

a las clases elevadas, los primeros empleos del Estado y a las inferiores la abolición de las leyes que las degradaban y la apertura de las puertas del honor:

a los eclesiásticos, las prelacías, dignidades, prebendas y beneficios sin partirlos con los españoles:

a los comerciantes, la libertad de abrir relaciones con todas las plazas del mundo; llevar a ellas los frutos y recibir de las mismas sus mercaderías:

a los labradores, la ventaja de dar valor más grande a los productos de la tierra, extendiéndose el comercio y multiplicándose los compradores:

a los hombres de talento, el derecho de cultivarlo libremente, entrando en correspondencia con los sabios de Europa, luciendo sus más eminentes producciones, viajando por el Antiguo u oyendo a los viajeros del Nuevo.

Todos los intereses de todo género esperaban bienes de la independencia. Llegó a haber espíritu general; y el espíritu público triunfa siempre, en todos los tiempos y lugares.

Los caraqueños, en 19 de abril; los bonaerenses, en 25 de mayo; los bogotanos, en 20 de julio; los mexicanos, en 14, y los chilenos, en 18 de septiembre de 1810, empezaron a pronunciar acentos de libertad. El movimiento del Norte y del Mediodía era preciso que se comunicase al Centro. La América es una masa compuesta de los mismos elementos, sometida a la misma suerte, llamada a los mismos destinos.

La aristocracia municipal de Guatemala era, como todas las aristocracias, enemiga decidida de los derechos de igualdad. Pero supo, como las demás, hablar idioma que no era el de su pecho. Para elevarse más sobre las que se llamaban castas; para no estar sometida a un Gobierno que daba a los españoles los empleos más importantes; para subir a los primeros puestos y gobernar desde allí a los pueblos, quiso la Independencia y trabajó para ella con aquel objeto.

MUJERES

Yo vuelvo a ellas el pensamiento: yo les dirijo mis reflexiones. Los jardines, las flores, las rosas, las gracias, ¿no serán dignas de nuestras miradas?

Centroamericanas, oíd la voz de quien desea vuestra felicidad. No seáis indiferentes a los intereses de la Patria. Vuestros destinos dependen de los de la Nación: vuestra suerte está unida con la de la República.

Una nación es una sociedad o reunión de mujeres y hombres dirigidos por unas mismas leyes. Si el Gobierno que la rige es opresor; si no respeta las personas y propiedades; si viola los fueros y derechos más santos, todos sufren en todos aspectos: todos son miserables e infelices. La esposa ve oprimido a su marido; la madre ve hollados a sus hijos; la hermana ve ultrajados a sus hermanos. El despotismo no respeta sexos ni edades. Es una bestia famélica que devora los tallos más tiernos, las cortezas más duras y las flores más bellas.

Los destinos de las mujeres están enlazados con los de los hombres. Una misma suerte tienen siempre: un mismo movimiento las lleva al abismo de las desgracias o al paraíso de las felicidades. Mujeres de salvajes son salvajes ellas mismas, miserables y desventuradas. Mujeres de hombres civilizados son cultas y gozan los bienes inmensos de la civilización. Las cadenas que pesan sobre un esclavo gravitan sobre su mujer. Los bienes que disfruta un hombre libre lo son también para la suya.

Mirad en un mapa las partes que dividen la tierra o los Estados que existen sobre su superficie. Leed en la historia de cada uno la de las mujeres que lo pueblan. En África son vendidas como las ovejas que pacen en un prado. En Asia tienen una existencia triste como la servidumbre. En Oceanía siguen los pasos de la civilización que va progresando con rapidez. En América empiezan a sentir las influencias de los nuevos gobiernos. En Europa avanzan cada día más en la ilustración: son pulcras, y dignas muchas de entrar en conversación con hombres eminentes, honor del siglo y del país donde viven.

La historia de Centroamérica es libro muy instructivo en cada una de sus épocas. Recorramos sus páginas y en todas encontraremos pruebas luminosas y convincentes.

Antes de la Independencia las leyes negaban los empleos políticos, eclesiásticos y militares a todos los que no eran españoles o descendientes de españoles. Todos los hombres, a excepción de un número mínimo, estaban hundidos en la nada. En vano tenía alguno talento y virtudes, origen primero del valor de un individuo. Nadie podía elevarse a los destinos a que le llamaba su inteligencia y moralidad. Las mujeres se enlazaban, por necesidad, con hombres nulos, abyectos o abatidos; y debían, por consecuencia, ser nulas como ellos, oscuras, pobres y miserables.

Proclamada nuestra Independencia, amanecieron días alegres como la primavera. La ley abrió las puertas del honor a los que tuviesen las aptitudes precisas. Renacieron esperanzas que estaban muertas. Conocieron los hombres que no era inútil el mérito, y empezaron a hacer esfuerzos para tenerlo: procuraron ilustrarse; y hubo más decoro en su conducta. Las mujeres, sumergidas antes en el mismo abismo donde estaban arrojados los hombres, comenzaron a salir de la abyección; y fueron compañeras de maridos menos incultos, más ilustrados o menos ignorantes: gozaron ventajas que no habían disfrutado: tuvieron un ser nuevo o una existencia que lo era.

Progresaba la República, tranquila y contenta, en el seno de la paz, cuando en 1825 dieron el primer paso los que habían meditado su trastorno. En 1826 empezó a estallar la revolución maquinada por los mismos; en 1827 alzó su frente orgullosa y estúpida el despotismo más irreligioso, más inmoral y más inhumano. Los propietarios fueron saqueados, con el nombre de empréstitos, en sus casas y haciendas; los pobres arrancados de sus ocupaciones inocentes y llevados a los campos de muerte y horror, y todos privados de las garantías más respetables, de los derechos más sagrados. Eran naturales las consecuencias o precisos los resultados. Han quedado las esposas, viudas; las hijas, huérfanas; las mujeres, miserables, desvalidas y expuestas a todas las tentaciones de la indigencia.

OBRAS ÚTILES

En una provincia donde el arte no ha labrado o pulido todavía a la naturaleza, las obras de interés público son de necesidad más imperiosa que en otras donde la civilización ha hecho mayores progresos.

Es vasto el campo que se abre, y sagrada la obligación que se impone a las diputaciones provinciales. Un celo activo tiene muchas obras que proyectar y un celo ilustrado debe emprenderlas con orden, porque no es posible hacerlas todas a la vez.

Las obras necesarias, decía Jovellanos, son preferibles a las puramente útiles, pues además de que la necesidad envuelve siempre la utilidad, es claro que son más acreedores a los auxilios del Gobierno los que piden para subsistir, que los que desean para prosperar.

Siguiendo este orden designado por la razón, haciendo las obras que indican nuestras necesidades, gozaremos bienes muy grandes.

Se multiplicará el trabajo, origen de las riquezas; se disminuirá el número de ociosos y se dará ocupación a los vagos; se socorrerán las necesidades públicas; se levantarán casas de educación donde se formen los sentimientos del joven, para prevenir los delitos del hombre; se abrirán caminos que acerquen unos a otros los pueblos, facilitando sus relaciones; se formarán cárceles que corrijan y no empeoren a los detenidos en ellas; se harán fuentes que den agua a los sedientos; se fabricarán sucesivamente las obras que deseamos, según el orden gradual de nuestras necesidades.

No se diga que no hay caudales para acometer tantas empresas. Uno de los talentos que está ahora brillando en la Península desea que haya un fondo destinado a obras de interés general. Lo hay en otros países; y nosotros no lo tenemos. Pero tampoco lo tenían los hombres piadosos que levantaron los templos que hermosean esta capital. Y si el celo de la religión hace prodigios, el de la causa pública sabe también ejecutar maravillas.

No ha estudiado la historia quien desconoce esta verdad; no ha aprendido a observar los pueblos quien la niega. El patriotismo ha sido siempre productor en las naciones donde se ha sabido formar. Trabajemos en hacerle nacer; y el celo unido ofrecerá manos activas y emprendedoras.

Una obra, cualquiera que sea su clase, no es más que el producto del trabajo de muchos brazos. Haciéndose sentir el bien que promete; creando el espíritu público que lleva a donde llama el interés general; dando influjo a un pueblo dócil y moderado; ofreciendo todos sus manos, ¿será imposible levantar las obras que necesitamos?

PENSAMIENTOS

La independencia absoluta de Guatemala es la base de bronce sobre que debe levantarse su riqueza y prosperidad.

Una nación sometida a otra será pobre e ignorante. Una nación independiente de las demás será rica e ilustrada.

En todos los archivos de los pueblos se encuentran documentos que lo acrediten, y la historia de las sociedades políticas, variada en diversos puntos, se manifiesta acorde en esto.

Las provincias unidas del antiguo continente, sujetas al gobierno de Castilla, no tenían la riqueza y poder a que se elevaron posteriormente: ofrecieron el cetro a todos los príncipes de Europa, y ninguno aceptó sus proposiciones. Fueron constantes en su independencia: llegaron a consolidarla al cabo de años; y comenzaron a ser unas de las potencias más ricas del mundo.

Los Estados Unidos de Norteamérica, pobres y despoblados cuando eran colonia de Inglaterra, admiran ahora que son independientes, por la marcha rápida de su población y riqueza. Diez millones de individuos pueblan el territorio donde antes apenas había tres. Su comercio se extiende a todas las plazas; sus relaciones comienzan a abrazar el mundo entero.

España, conquistada por Roma, sufrió por su falta de poder las leyes que quisieron darle sus conquistadores; y elevada a nación independiente desenvolvió riquezas y fuerzas tan grandes que pudo conquistar al Nuevo Mundo.

Una nación que domina a otra sabe que cesará la dominación al momento que la dominada comience a pensar y ser rica. Este secreto le revela el plan de su gobierno. Trabaja para sofocar el pensamiento y embarazar la riqueza: mantiene ignorantes y pobres a los pueblos sometidos; funda el sistema de su administración en la ignorancia y pobreza; busca en estas tristes garantías las de su dominación violenta; y en el siglo de las luces, en la edad de las ciencias, es liberal para sí misma e injusta para los pueblos que quiere mantener sojuzgados.

Si Guatemala quiere ser ilustrada, rica y poderosa, es necesario que sea independiente. Sólo la independencia desarrollará los talentos de sus hijos; sólo la independencia hará germinar las semillas de su riqueza; sólo la independencia la elevará al grado a que puede subir.

Pero este desarrollo de luces y poder no es obra de un momento, ni resultado de un deseo. En lo político como en lo físico nada se hace de repente. Todo se va formando lentamente. Las peras que hermosean una mesa no son frutos sazonados en un día. Sudó el labrador, limpiando, arando, preparando y sembrando la tierra: comenzaron a desenvolverse los gérmenes tiernos de las plantas; fueron creciendo poco a poco hasta ser después de mucho tiempo árboles robustos; empezó al cabo de años la florescencia; se vieron después los embriones de las frutas; se fueron éstas sazonando poco a poco; y al fin de dilatado tiempo, cuando ya no existe el labrador que sembró las semillas, se ven en madurez las peras que regalan a sus nietos.

El desarrollo del talento está sujeto a leyes tan constantes como el desarrollo de una semilla. No crece la una en un minuto, no se desenvuelve el otro en un instante.

Si la ilustración de un individuo es resultado de largo tiempo de lecturas, meditaciones, viajes, ensayos, experimentos, observaciones y vigilias; si la riqueza de un particular es obra de muchos años de trabajos, ahorros, especulaciones, negociaciones, privaciones y desvelos, la ilustración y riqueza de una nación debe ser efecto más tardío, de mayor espacio de tiempo.

Son tristes los efectos de la ignorancia; dolorosos los sufrimientos de la pobreza; y funestas las consecuencias de los abusos. Un alma sensible se penetra, al considerarlos, del dolor más profundo. Desea el bien con vehemencia; se exalta; se enardece; y en el delirio del entusiasmo cree que en un momento puede cortar todas las raíces de los abusos, reformar todo lo que parece exigir mejoras, mudar la faz de la tierra, tornar en labores de trigo los campos de acacias y abrojos, aplanar las montañas, echar a tierra los bosques, abrir comunicación a los océanos. Pero en breve se exhala como humo el calor de un celo nacido del amor a la patria. Todo se arma contra el patriota que quiere remediar en un instante todos los males: todo se pone en movimiento; el interés habla su idioma y hace jugar sus resortes; el egoísmo emplea los suyos; la sencillez no penetra el objeto de las artes que se ponen en ejercicio; y la seducción forma partidos.

Para hacer el bien es necesario saberlo hacer: es preciso prepararlo con prudencia y ejecutarlo en el momento de la oportunidad. No violentemos las leyes de la naturaleza. El deseo impaciente del bien puede causar tanto daño como la voluntad del mal. Los que quisieron subir a las cumbres dando saltos precipitados caerían en abismos y se harían pedazos. Marchemos poco a poco guiados por la sabia prudencia: hagamos este año un bien; preparemos otro, el venidero; ejecutemos otro en el siguiente; y no caminemos sino gradualmente, con detenimiento y circunspección. Entonces serán felices los resultados; los votos de la prudencia serán en nuestro favor; y el nuevo sistema seguirá acreditado como exige el interés de los pueblos.

LIBERTAD DE IMPRENTA

La libertad de imprenta, dice un escritor, fecundiza la opinión pública: amenaza al crimen; y si éste es feliz, ella es el castigo de su mismo suceso. Todos los pueblos libres la protegen; en ningún país esclavo se sufre. Roma no la perdió sino en el decenvirato de Apio y bajo el imperio de los Césares.

La imprenta es el sentido universal del cuerpo político, así como el tacto es el sentido general del cuerpo humano. Su libertad es consecuencia necesaria de la falibilidad común. Es preciso permitirla, o decir que los que gobiernan no pueden errar. Ella enfurece al espíritu orgulloso de dominación, porque le quita la máscara; ella intimida y desconcierta a la audacia y tiranía por la posibilidad sola de su vigilancia; pero estos temores que inspira son elogios serios, y una prueba más de su necesidad. ¡Feliz la libertad que va a buscar al conspirador que en las tinieblas se esconde bajo velos, o al hipócrita que se disfraza con ellos, o al charlatán que se engaña a sí mismo por el suceso que ha tenido su impostura!

¿El primer peligro público no es siempre la tiranía? ¿El instante en que acaba de nacer un Gobierno no es el momento en que se debe velar más el ejercicio del poder confiado a los que mandan?

Cuando ya está consolidada una Constitución, el tiempo ha hecho invariables los límites del círculo dentro del cual deben moverse las autoridades; pero antes de consolidarse la Ley Fundamental, una ambición desordenada, una audacia feliz pueden fácilmente saltar aquellos límites o darles más extensión.

La razón, como una antorcha, se enciende en un espacio vasto y ventilado, y muere reducida en un vaso estrecho. Leed la historia de las naciones, y veréis en ella el derecho de pensar y escribir comprimido en proporción de su esclavitud. ¿La Francia hubiera sucumbido bajo el despotismo del ministro que ocupó largo tiempo el trono en que Luis XIII parecía sentado, si filósofos elocuentes hubieran podido vengar la libertad que aquel funcionario acabó de alarmar con sus amenazas y envilecer con sus ultrajes?

Yo lo repito. Es necesario decir que los que mandan son infalibles, o permitir que se les censure. ¿Quién publicará, si no es la imprenta, sus errores, sus cargos o delitos? ¿Puede concebirse que un país sea libre cuando no lo son el pensamiento, o la palabra que es su expresión? ¿Cuando hay pensamientos vasallos y sólo un pensamiento soberano?

La obediencia debe ser fiel; pero ilustrada. Asegurar que se le hace traición reclamando los derechos violados del pueblo es revelar ese secreto de los déspotas. Desde el momento en que un hombre o un cuerpo restringen o encadenan la libertad de escribir garantida por el pacto social, anuncian a la nación entera que el Gobierno se ha mudado o se va a mudar: publican indirectamente el manifiesto de la tiranía.

Leed los códigos de todos los pueblos libres. El de Pensilvania, en el artículo treinta y cinco, abandona expresamente las leyes a la discusión pública. La libertad de imprenta, dice la declaración de los derechos que precede a la Constitución de Virginia, no puede ser restringida sino por los gobiernos despóticos. Hablar con franqueza sobre los actos u operaciones del Gobierno es servir a la patria y a la libertad: tal es la máxima tutelar de los ingleses. La censura de aquellos actos fue también expresamente autorizada por la primera Constitución de Francia.

Llamar criminal o peligrosa la censura de un acuerdo o decreto violadores de nuestros derechos sería idea muy servil. ¿Sólo contra la tiranía antigua será permitido escribir? Cuando lo que se hace está en oposición con la justicia, con la razón, con la naturaleza, es lícito, es preciso sin duda reclamar en favor de estos sentimientos, más antiguos que todos los códigos, más respetables que todas las leyes. Hombres impuros desahogarán las venganzas de su corazón y servirán a la facción que los paga. Y la virtud, objeto de sus calumnias, ¿no podrá ser vengada con sus celosos adoradores? ¿No consideráis que se creería que teméis en tal caso los gritos del pueblo y queréis sofocarlos? Fabricio Vejento había ofendido al Senado con sus escritos. Se buscaban, dice Tácito, aquellos escritos y se leían con ardor: pero se olvidaron así que fue permitida su lectura. No son las calumnias: son los crímenes los que deshonran al poder supremo: la inepcia de los magistrados es la que los envilece.

Podría haber peligros contra una Constitución o un Gobierno cuando una sola clase de escritores, o si se quiere un solo partido, tuviese el derecho de publicar sus opiniones y pensamientos; pero si este derecho es universal, debe cesar todo temor. El mal que la Imprenta pudiera hacer se destruye entonces por la facilidad de curarle.

Cuando el cuerpo legislativo o el Gobierno prohíben o restringen la libertad de Imprenta, la prohibición o restricción sólo es relativa a los ciudadanos. Los poderes legislativo y ejecutivo conservan aquella libertad; y si llegaran a atacar los derechos del pueblo, ¿qué voz se levantará en tal caso para reclamarlos?

No digáis que los tiempos borrascosos en que vivimos exigen medidas de rigor... Vuestros raciocinios, cualquiera que sea el colorido que les deis, desaparecen ante estas cuestiones terribles. ¿Cómo se ha conservado la tiranía en todos los tiempos, en todos los pueblos? Por la esclavitud de la Imprenta. ¿Cómo se ha destruido la tiranía? Por la libertad de Imprenta. En medio de las tempestades de una revolución es precisamente cuando las pasiones aumentan su audacia y actividad... pero esas pasiones se neutralizan por su misma lucha... Su vigilancia activa compensa y repara los males que hacen nacer.

Yo me extiendo más. ¿El Gobierno representativo subsistirá en realidad cuando no hay entre los pensamientos de un Diputado y los del pueblo que lo ha elegido una comunicación abierta y necesaria? ¿Cuando los representantes no ejercen una vigilancia general? ¿Cuando no tienen el derecho de proclamar libremente o hacer que se proclame con franqueza la opinión nacional de que los representantes deben siempre ser órgano?

Se dirá que la Imprenta sirve de instrumento a algunos delitos... Pero yo quiero que en vez de hacer una ley particular sobre el agente pasivo del crimen, se haga sobre el mismo crimen. Si se roba a un autor el fruto de su trabajo, este plagio debe ser determinado en el Código Penal: si se calumnia a alguno, esta acción debe también tener lugar en el mismo Código, etc.

Una censura necesaria y justa, se dice, ¿no será para un hombre poderoso una provocación a la desobediencia? ¿Quién podrá, pues, seguir la cadena entre un escrito publicado y un atentado cometido?

¿Cómo osarás llenar el intervalo que los separa? ¿Quién os ha dicho que el proyecto del crimen no estaba ya en el alma del culpable? ¿La presunción sólo será bastante para condenar? No basta haber sido ocasión del delito: es preciso haber sido causa de él. Yo tengo una vela en las manos, y la destino a alumbrar. Si otro se quema con ella, ¿me creeréis autor del incendio?

Censurar o criticar una ley ¿es por ventura excitar a violarla? Si no es permitido criticar un decreto, ¿dónde está la esperanza de hacer que se revoque? ¿Dónde está la libertad de escribir, si un autor puede ser cargado de cadenas porque un hombre ha desobedecido la ley que aquél ha criticado? En breve se exigiría para todo lo que haga el Gobierno un respeto supersticioso; un decreto, una proclama, serían actos de fe o dogmas ante los cuales debería arrodillarse la razón.

Tú has decretado una ley injusta: yo la he criticado: otro la ha desobedecido. ¿Quién es causa de la desobediencia? ¿Tú, que has hecho la ley injusta, o yo, que he criticado tu injusticia? ¿Crees digno de cadenas al escritor enérgico que censura lo injusto? Y tú, que eres autor de la injusticia, ¿cuál es el infierno que mereces? Llamas desorganizadores políticos: denominas perturbadores del orden a los hombres justos que reclaman el cumplimiento de las leyes divinas, o humanas, eclesiásticas y civiles. Y tú, que las desprecias o has hollado, ¿cuál es el nombre que debes tener?

En una nación que comienza a existir, en un sistema que empieza a formarse, debe haber inexperiencia, equivocaciones y errores.

Pero la religión no debe ser confundida con los asuntos a que puede extenderse la libertad de Imprenta. La religión es un objeto sagrado, y sus dignos ministros merecen nuestros respetos. Que no sean nuestras manos las que toquen la religión. Su influencia es benéfica: su moral es divina. ¿Puede haber filantropía más sublime que la de identificar a todos los hombres, haciendo que en mi semejante vea otro yo?

IDEARIO ECONÓMICO ECONOMÍA POLÍTICA

El establecimiento de la Sociedad Económica exigía el de una clase de economía civil. Erigida para fomentar y proteger la industria, el cultivo y las artes, la ciencia que medita los progresos de ellas debía ser objeto de su celo.

Muy distinta de otras que sólo publican verdades frívolas, la economía civil no enseña una que no sea útil a los ramos de mayor interés para el público.

Es la ciencia de las sociedades civiles; la que presenta a los gobiernos principios de administración benéfica y da a los pueblos lecciones de prosperidad.

Donde ha sabido cultivarse su estudio; donde la autoridad le ha concedido la protección de que es digna; donde se han hecho aplicaciones prudentes de sus principios, la riqueza y la felicidad de los pueblos ha sido el resultado feliz.

Una legua cuadrada tiene población doble de la que hay en el área triple de otros reinos: el labrador siembra dos caballerías de tierra en el mismo espacio de tiempo en que otro sólo cultiva una; y el comerciante que en países ignorantes no sabe hacer otro giro que el de sus abuelos, en los ilustrados es creador de especulaciones siempre nuevas.

Sus progresos no han sido proporcionados a la extensión de su utilidad. El hombre es el mismo en todas las ciencias. Pierde siglos enteros en investigaciones frívolas o dañinas antes de ocuparse en las que le interesan positivamente; y no tira jamás una recta sino después de haber descrito muchas curvas.

En las primeras edades, la economía civil era tan bárbara como el hombre que empezaba a crearla.

La Grecia, modelo de perfección en otras ciencias, no lo ha sido en ésta. Oscura al principio; ocupada después en averiguar el origen del mundo, en contar sílabas o calcular la actividad de la forma; regida por legisladores que temían aun el uso de la moneda; dividida

235

por guerras intestinas, no era posible que las ciencias económicas hiciesen progresos.

Roma, fundada sobre tierras usurpadas por la fuerza; poblada de esclavos; siempre en guerra con la constitución misma de su gobierno, tampoco podía avanzar en una ciencia, cuyos principios son más humanos que los del espíritu que dominaba, de conquista.

En los siglos posteriores los bárbaros del Norte no cultivaban otro arte que el de la caza y el de la guerra.

Después del restablecimiento de las Ciencias comenzó a hacerse estudio de la sociedad. Pero ignorados los principios no se consideró al hombre como individuo de una sola familia, encaminado por la naturaleza, siempre sabia y benéfica, a los mismos objetos a que se le procura estimular.

Cada sociedad fue vista como un cuerpo que sólo puede subsistir devorando los demás; y el hombre como pupilo que, en todos los períodos de su vida, debe ser guiado por la mano de un ayo.

Se formaron para su dirección distintos sistemas: se multiplicaron los reglamentos; y el comercio, la industria, las artes, la infeliz y desvalida agricultura, no podían dar un paso sin tropezar al instante con ejecutores puestos, en todas partes, para hacerlos observar.

La servidumbre hizo sentir la necesidad de una libertad racional. Escritores, dignos de siglos más ilustrados, comenzaron a discurrir contra las restricciones y trabas que, violentando la energía del comercio que siempre tiende a dilatarse, le reducían a un círculo muy estrecho.

Su voz, combatida al principio por el interés, por la adhesión al sistema antiguo, por la adulación que lisonjea todo lo que ve acreditado, llegó al fin a los gobiernos. Se hicieron ensayos; y la experiencia, siempre infalible, dio crédito a sus resultados.

Fue feliz la revolución de ideas. El espíritu de observación, aprovechando las que ofrecían siglos enteros de trabas y restricciones, se elevó al origen del error que las había sostenido para deducir el principio fundamental de la ciencia.

"El objeto del gobierno; el del hombre; y el de la sociedad, es uno, o debe serlo.

"El gobierno, fijo en la felicidad de los pueblos, debe asegurarla, fomentando su población, y procurando su riqueza. El hombre inclinado al mismo fin, desea reproducirse y enriquecerse.

"Si a pesar de la intensidad de sus deseos se le ve en muchos países solo, desnudo, miserable, degradado y envilecido, es porque embarazan su reproducción y riqueza obstáculos que no puede remover la debilidad de su mano, o porque le faltan auxilios que tampoco puede proporcionarse un particular.

"En vez de excitarle con estímulos inútiles, y de darle una dirección falsa, debe emplearse la protección o fuerza de la autoridad en franquear los auxilios o alejar las causas que no puede procurarse o remover un solo individuo."

Cuando llegó a discurrirse así se dio un paso inmenso en la ciencia. Se puso la primera piedra que debe servir de base; y sobre ella se levantaron teorías grandes, honor del siglo anterior.

Pero fijos los economistas en la parte a que los han inclinado sus principios, o arrastrado las circunstancias, pocos la han considerado en toda su extensión, y más raros aún los que han pensado en un curso completo de la ciencia.

El Conde Galiani, digno de los elogios que le ha dado un político tan elocuente como juicioso; Linguet, perseguido por un cuerpo que envidiaba su mérito; Necker, profundo en sus raciocinios, fijaron su atención en el comercio de granos. Campomanes, el primero o el principal que en el siglo pasado llamó a objetos útiles la de los españoles, distraída en estudios frívolos o de poco interés, dio la suya al arreglo de gremios y adelantamiento de la industria. Arriquivar, lleno de buenos sentimientos, se ocupó en criticar las máximas del Amigo de los hombres. Baudeau, defensor elocuente de los intereses del comercio, se dedicó principalmente a resolver el problema de la libertad del giro que ha dividido la opinión. El señor Jovellanos, protector ilustrado y celoso de los labradores, limitó sus observaciones a la agricultura de España. Condillac, digno sucesor de Locke en el arte de discurrir con exactitud, sólo trató del comercio en sus relaciones con el Gobierno. Hume, profundo como lo son los economistas ingleses, tampoco escribió un curso completo de la ciencia. Y la Enciclopedia metódica, escrita por el estilo de los diccionarios, no es el del género que exigen las lecciones de una clase.

Smith avanzó bastante en la ciencia: abrazó lo principal de ella en su investigación de la naturaleza y causa de la riqueza de las naciones; y si su estilo no es muy correcto, el autor fue digno de la reputación que tuvo en vida y del crédito que conservan hasta ahora sus escritos. Pero son más extensos de lo que debe ser un curso elemental: son oscuros en muchos lugares, y suponen principios en los lectores.

Algunos, secuaces ciegos de las dos sectas en que se dividieron los economistas, desde que Sully dio su protección a la agricultura y Colbert a la industria, no pueden guiar a quien debe elevarse sobre el espíritu de partido y escribir con imparcialidad.

Otros, excesivamente libres en sus opiniones, atrevidos en sus pensamientos, poco modestos en su expresión, siguieron el ejemplo funesto de aquellos que no saben escribir sobre ciencia alguna, por inocente que sea, sin mezclar sátiras malignas contra nuestra religión.

Finalmente, elevados otros a teorías sublimes, desdeñaron el trabajo que más interesa en las Ciencias: el de desnudarlas del aparato misterioso con que se han presentado; el de hacerlas populares; el de achicarlas y ponerlas al alcance de todos.

Sus obras, ceñidas a una parte de la ciencia, escritas para países de diversas circunstancias, sistemáticas, desconocidas, prohibidas o raras, no pueden servir de texto para las lecciones que deben llenar las horas de clase.

Parece necesario escribir más instituciones elementales que presenten a los cursantes la carta de la ciencia; pero no una carta topográfica que designe los lugares más pequeños, sino la general que sólo delinea los puntos principales.

Para darles la perfección de que son susceptibles sería preciso ver como ve un espíritu creador: elevarse al punto de mayor altura: tender desde allí la vista sobre lo que se ha pensado, desde el primer economista que dijo la primera verdad o el primer error, hasta el último de nuestros escritores: seguir el orden de filiación o genealogía de este pueblo inmenso de ideas: clasificarlas por caracteres fijos e invariables: distinguir las principales que forman como época, las intermedias que les sirven de punto de enlace o contacto, las útiles pero poco luminosas y conducentes al fin, y las absolutamente inútiles que son como la hez de la ciencia; formar de las primeras y segundas una serie bien ordenada, y de ella deducir las instituciones elementales.

Pero es necesario conocer las propias fuerzas. No es posible elevarse a tanta sublimidad, ni la sociedad puede exigir tanta perfección a quien sabe juzgarse con imparcialidad.

Se hará lo que pueda hacerse trabajando con celo, sacrificando otras atenciones y dedicando el tiempo casi exclusivamente a una ocupación que lo exige así:

Se abrirá la clase de economía civil, bajo la protección de la Sociedad Económica que ha acordado su establecimiento.

Sus puertas estarán francas a todos los que quieran dedicarse al estudio de la ciencia, sin sujetarlos a las inquisiciones odiosas que prescriben reglamentos dictados por el monopolio, o hechos para estancar las luces en una sola clase.

Se escribirán unas instituciones elementales, precisas, claras y propias de una clase que no había antes y que va a abrirse ahora por la primera vez, costeando su impresión y repartiendo gratuitamente un ejemplar a cada uno de los cursantes.

Se indicarán en ellas el origen de la sociedad civil, y de él se deducirá el objeto de la ciencia: se manifestará que los individuos de aquélla son impelidos al fin que se propone ésta por la fuerza secreta, pero activa, de los sentimientos que le inspiró la naturaleza; y que si no logran acercarse a él es porque les embarazan su goce causas superiores a sus fuerzas: se hará inquisición de las que las alejan o no permiten llegar al término de sus votos: se clasificarán con precisión: se discurrirá sobre cada una de ellas y se expondrá, para removerlas, los medios que ha descubierto la observación de los economistas.

Se darán lecciones los martes, jueves y sábado de cada semana a la hora y en la sala que señale la Sociedad.

Se leerá el primer día un discurso de apertura, interesando la aplicación de los cursantes al estudio de la ciencia.

Se les propondrá cada dos o tres meses puntos de discusión análogos a las lecciones que hubieren recibido para que, escribiendo memorias sobre ellos, se califique el mérito de los que se presentaron, por tres examinadores electos por los mismos entre los sujetos de crédito de esta capital y se dé por la Sociedad el primer premio que considere justo al autor de la que fuese digna de él; y

Se llevará un libro de matrículas de todos los cursantes, manifestando en él la fecha en que comience cada uno a serlo, lugar de su nacimiento, edad, oficio, talentos, aplicación, conducta, progresos, etc., y concluido el curso se presentará a la Sociedad un estado o lista de todos para que premie el mérito de los que lo hubieren acreditado, o lo recomiende a quien corresponda en las circunstancias y casos que les convengan.

Este es el plan de enseñanza que me ha parecido más arreglado: si la Sociedad lo juzgare digno de su aprobación, comenzaré a trabajar en ella.

14 de marzo de 1812.

LAS MINAS DE AMÉRICA

No es pequeño el papel que ha representado la América en el teatro del comercio. Ha dado cinco mil setecientos seis millones setecientos mil pesos; y sus minas no son todavía agotadas. Ha sido por el contrario progresiva su riqueza en razón de las luces, de la población y de los auxilios del gobierno. Lo manifiesta el cálculo siguiente que se ha hecho del producto anual de las minas de América a principios del siglo XIX.

Cuarenta y tres millones y medio de pesos son los que la América manda anualmente a la Europa. De ellos quedan 18 millones en la misma Europa; y pasan al Asia los 25 y medio restantes de este modo: 4 millones por el comercio de Levante, 17 y medio por el que se hace doblando el cabo de Buena Esperanza; y 4 por la vía de Tobolsk y Kiachta.

No es la riqueza el primer elemento del poder. Es la ilustración. Lo repito y no cesaré de reiterarlo porque es la verdad que más interesa a los pueblos.

Pero la riqueza, fruto del trabajo dirigido por la ilustración, es una de las fuerzas de los Estados: lo que aumenta su poder, y coopera a elevarlos al rango que deben ocupar.

Supóngase que la América gira directamente con el Asia los veinticinco y medio millones que comercia por medio de la Europa: supóngase que recibe de las manos del asiático los géneros que le mandan las del europeo gravados con el peso enorme de los fletes de una navegación dilatada, con los derechos multiplicados que pagan a cada paso que dan, y con las ganancias que deben quedar al europeo: supóngase que levanta la marina necesaria para hacer este comercio y darle toda la extensión de que es capaz: supóngase que abre la comunicación de los dos mares trabajando un canal por el istmo que separa el lago de Nicaragua del golfo de Papagayo, o por el istmo de Panamá, como se ha propuesto por diversos geógrafos.

Las consecuencias serían grandes en este evento. La América recibiría de Asia a precios menos altos los géneros que le envía la

Europa; tendría el lucro de 1.275,000 pesos anuales, suponiendo reducida a un mezquino cinco por ciento toda la ganancia del giro de los veinticinco y medio millones: dilataría más las labores de su minería, siempre progresivas cuando crecen las esperanzas de utilidad: establecería los astilleros que en el nuevo continente pueden formarse sin superar las dificultades que se exageran con poca razón; abriría el comercio de los artículos que, a más del numerario, puede enviar al Asia y recibir de sus puertos: tendría en la provincia de León la plaza grande de un giro prodigioso, no visto hasta ahora en los siglos corridos: uniría en ella como en un centro a la Europa y a la América del Sur: vería llegar a Nicaragua a los europeos y americanos del Mediodía para hacer por vía más breve el giro que hacen ahora dando la vuelta penosa del Cabo de Hornos: crearía una masa nueva de trabajos, y con la suma inmensa de todos ellos crecería la población, desaparecerían los desiertos y baldíos, avanzaría la civilización, se extenderían las relaciones, progresarían las ciencias, y este continente, en vez de tenebroso, sería al fin el punto más iluminado del globo.Guatemala sería, en futuro tan alegre, la provincia que gozaría más bienes porque es la provincia del centro: la que creó el Autor de la naturaleza en medio de las dos Américas, entre los dos océanos que la circndan.

Tiene todos los metales que hay en ellas. La cordillera que la atraviesa es la misma que ha dado tantas riquezas en Potosí y producido tantos metales en Guanajuato. Son ricos en oro y plata los minerales que posee. Los tiene de hierro y plomo. Hay cobre en abundancia; y se cree que no falta el cinabrio.

Si a pesar de esto no son en nuestra provincia tan grandes como en otras de América las cantidades que se extraen de las minas: si en el quinquenio de 1814 a 1818 sólo se acuñaron en esta Casa de Moneda 1.702,045 pesos: si no se explotan las minas de cobre, y las de hierro de Tegucigalpa y Metapán son en abatimiento sensible, las causas parecen muy obvias a quien se detenga a examinarlas.

El laboreo de minas exige conocimientos orictognósicos, metalúrgicos y químicos para saberlas beneficiar, brazos en bastante número para poderlas trabajar, y fondos abundantes para las erogaciones que es preciso anticipar.

Faltan luces; escasean los brazos; y no hay caudales. La minería es abatida; y los metales están en las piedras brutas donde los escondió la naturaleza.

Merced a los fundadores de nuestro sistema raro de estudios, siempre ha habido cátedras de escolasticismo, donde se han dado lecciones, inútiles o dañinas; y jamás se ha pensado en establecerlas para enseñar las ciencias naturales, las ciencias que hacen conocer las riquezas de nuestros cerros o la fecundidad de nuestras tierras.

Merced al sistema económico que ha regido, los campos más fértiles están baldíos: la provincia más bien situada es sin comercio: la agricultura es pobre; el giro es nulo; y las causas que destruyen al uno y empobrecen a la otra refluyen contra la minería y producen su miseria, escaseándole los fondos que en todo país son siempre presentados por el labrador y el comerciante.

Merced al descuido con que se ha visto la población, un área de 20,920 leguas cuadradas sólo tiene un millón y medio de individuos: una provincia más vasta que España, más dilatada que Inglaterra no tiene aún el quinto de la población que existe en una y otra.

Protéjase la agricultura dando tierras a los pobres, abriendo caminos desde los puntos de la cosecha hasta los puertos, y facilitando la exportación justa de los frutos; foméntese el comercio adoptando algunos de los dos sistemas únicos que pueden convenir a la América: procúrense los progresos de la población multiplicando las ocupaciones y subsistencias: establézcanse cajas, marcas, en todos los asientos de minas y sitúense en ellas los fondos necesarios de avío: anímese al minero con premios que puedan estimularle sin ser gravosos a las demás clases: exíjanse menos derechos a los que presenten metales más puros o de mejor ley: organícese la enseñanza pública fundándose cátedras de las ciencias físicas que más nos interesan.

Los progresos de la minería serán entonces como deben ser en un país de montañas ricas: la Casa de Moneda, acuñando mayores sumas, aumentará los ingresos de la Hacienda Pública y presentará al comercio todo el numerario que exige el movimiento de una circulación activa: los mineros, esa clase digna de la protección del gobierno, tendrán la riqueza a que le dan derecho sus improbos trabajos; y este país venturoso donde abundan los metales, se elevará al fin al grado de poder que le ofrece su feliz posición.

LA ESTADÍSTICA

Esta importante ciencia tiende la vista por toda la extensión de un país, y recoge los hechos que más interesan. Calcula las leguas cuadradas que hay en la superficie de su suelo, los individuos que corresponden a cada una, el número de hombres y mujeres, el de los que nacen y los que mueren, la tropa existente para mantener el orden, el espacio de tierra a que se extiende la agricultura, el que se destina a pastos del ganado y el que ocupan los bosques y baldíos, los artículos que forman los tres ramos de industria agrícola, fabril y mercantil, los frutos y géneros de exportación y los que por no tenerla se consumen en lo interior; los ingresos y gastos de la Hacienda Pública, los ramos que la componen, etc.

La Estadística presenta el estado de la población, riqueza y fuerza de un país. Es el mapa grande de los gobiernos: es la carta donde el hombre público fija los ojos para hacer aquellas combinaciones felices que sirven de base a los sistemas benéficos de administración.

Los números, que son las letras del libro grande de la naturaleza, son también los caracteres en que está escrita la ciencia del mundo político. El compás que sirve a la geometría es igualmente el instrumento de la política y economía civil. No hay gobierno sabio sin el genio del cálculo; y no puede haber cálculo sin Estadística.

Un gobierno que no conoce las tierras de la nación que rige, ni los frutos que producen, ni los hombres que las pueblan, es un ciego que no ve la casa que habita: un administrador que, para no aventurar medidas sin conocimiento, debe ser ocioso por prudencia.

En Europa se cultiva con celo la Estadística. Los gobiernos conocen a palmos el país que administran. El de Francia sabe cuántas leguas de tierra ocupan las poblaciones, qué extensión abrazan las siembras, qué espacio puebla la ganadera, qué terreno cubren los bosques, etc. Cada año se publican cuadros hermosos de población, rentas, tierras y balanzas de comercio; y el cálculo ha llegado a tal punto que se ha hecho comparación (exacta en lo posible) de la superficie de tierra a que se extiende el imperio ruso con el continente de nuestro satélite.

En América la Estadística ha sido una de las ciencias más olvidadas. Han corrido tres siglos: se han sucedido unos a otros los que por su profesión deben poseer los conocimientos necesarios de Geografía; y no tenemos hasta ahora mapas exactos de nuestras provincias, ni los hay de otras muchas de este hermoso continente. Planos preciosos han sido un secreto que no se ha publicado hasta la fecha. Memorias interesantes han seguido manuscritas sin pensarse en su impresión. El misterio ha sido el carácter de la administración en los períodos anteriores; y las ciencias no es posible que progresen cuando los gobiernos no son francos y liberales.

Somos en ignorancia casi absoluta de nuestra provincia. No conocemos el área dilatada a que se extienden, ni la verdadera posición de los puntos principales. No conocemos las plantas que hermosean su superficie, ni los minerales que esconden sus montañas.

Vienen militares a mandar la fuerza pública: vienen jueces a determinar pleitos: vienen funcionarios de hacienda a dirigir el sistema fiscal: ¿no vendrá alguna vez un geógrafo a levantar el mapa de esta parte preciosa de la América, un botánico a observar los vegetales que la embellecen y un mineralogista a examinar las minas que le dan riqueza?

Medir a palmos el área de Guatemala, que se llama provincia y es mayor que la orgullosa Inglaterra, y más grande que la celebrada España: formar el censo de una población dispersa por extensión tan vasta: numerar los artículos de riqueza que tenemos y podemos tener: conocer tantas familias de vegetales que germinan en este fecundo suelo: examinar tantos fósiles en montañas tan ricas, parecen obras de muy difícil ejecución, superiores al talento y fuerza del hombre. ¿Cómo es posible trepar los Andes?, dice el viajero que los ve de lejos como montañas colosales puestas por la naturaleza para impedir el tránsito.

El viajero se acerca, sin embargo: da un día los primeros pasos: da otros en el siguiente: continúa dándolos en los sucesivos; y cuando menos lo piensa, se ve en la cima dominando tierras inmensas, espectador de un horizonte que parece sin límites.

Comencemos al fin la obra grande de la felicidad pública: pongamos al menos las primeras piedras. Si no hay principio, jamás se llegará al término. Nuestras desventuras seguirán en progresión lastimosa; y nuestros descendientes dirán con justicia lo que nosotros podemos decir con ella de nuestros mayores.

Que los diputados que nos representan interesen el celo del gobierno para que vengan sabios dignos de observar y hacernos conocer estos países venturosos, formando la carta de ellos y descubriéndonos sus riquezas y recursos.

Que los ayuntamientos, auxiliados por curas celosos, formen el censo de nuestra población siguiendo los mejores modelos y manifestando a los pueblos que no se numeran sus hijos para calcular las arrobas que puedan cargar, sino para hacer combinaciones dirigidas a su mayor bien. Que la Contaduría de diezmos trabaje el estado de ellos en el último quinquenio para inferir el de nuestra agricultura y pensar en su fomento.

Que el consulado mande hacer el derecho de avería en igual espacio de tiempo para deducir el de nuestro comercio exterior y discurrir sobre su obstrucción o entorpecimiento.

Que la Administración de Alcabalas, Dirección de Tabacos, Tesorería de Bulas, etc., manden formar el de sus rentas respectivas en el mismo período para ver el estado de la hacienda pública y conocer nuestro comercio interior.

Que los intendentes, en el concepto de jefes políticos subalternos, cumplan el artículo 71 de su ordenanza dando cuenta cada cuatro meses de la escasez o abundancia de frutos y de sus respectivos precios corrientes.

Que se forme un resumen de las matrículas de tributarios respectivas a los últimos cinco años para inferir el número de indios y examinar su proporción con las otras clases.

Que el Gobierno, reuniendo los mapas menos inexactos de nuestra provincia, acuerde su publicación para tener al menos estas cartas mientras se trabajan las que deben levantarse.

Que el mismo Gobierno, recopilando los informes y memorias que debe haber en el archivo relativos a dar conocimiento de la Provincia y sus producciones y riquezas, mande imprimir las que sean de mayor interés.

Que los hombres que han tenido el cuidado apreciable de conservar manuscritos importantes, los dirijan a los editores de este periódico para darlos a luz y hacer general su utilidad.

La patria sabrá estimar estos trabajos: sus autores tendrán la satisfacción dulce de haberla servido: formará las tablas estadísticas de Guatemala quien desea ocuparse en este trabajo; y los hombres que saben pensar tendrán al fin los datos que necesitan para hacer combinaciones útiles y presentar proyectos que lo sean igualmente.

En las inquisiciones estadísticas, el alemán tiende a determinar la fuerza política de las naciones, y el inglés se propone fijar el grado de prosperidad que tienen.

Son diversas las ideas que se forman de la Estadística. Los bretones amplían y los germanos reducen su extensión. Pero en una ciencia de hechos debe desaparecer toda oposición o diversidad de opiniones. El estado económico de un país tiene relaciones necesarias con su estado político; y el estado político las tiene igualmente precisas con el estado económico.

Si la Estadística debe manifestar el estado de una nación, sus trabajos deben extenderse al económico y al político. Presentando uno y otro presenta el cuadro íntegro de la nación. Manifestando solamente lo económico o político, manifiesta una parte del cuadro.

La Estadística debe, a este aspecto, formar las tablas siguientes: la de las tierras que tenga la provincia; la de los hombres que pueblen las tierras; la de las plantas que cultiven los hombres; la de la industria en que se ejerciten; la del comercio en que se ocupen; la de los establecimientos instituidos para su bien general; la de las fuerzas acordadas para mantener el orden; la de las rentas establecidas para las erogaciones públicas.

Se da el nombre de clima geográfico al espacio de tierra comprendido entre dos paralelos de latitud, y el de clima vegetal o agronómico al espacio de tierra en que, habiendo cierta temperatura determinada, sólo germinan plantas de ciertos determinados géneros.

El conocimiento de uno y otro clima es del mayor interés para lo económico y político. Sabiendo el primero se sabe la posición de los pueblos, sus distancias y relaciones recíprocas. Sabiendo el segundo se sabe el cultivo que corresponde a cada terreno, las plantas que vegetan en los húmedos, las que crecen en los secos, las que germinan en los cálidos.

La tabla de las tierras debe, por consiguiente, manifestar en diversas casillas los climas vegetales o agronómicos, los grados de latitud y longitud a que se extiendan, el número de leguas cuadradas de cada uno, y el total de las de todos.

En el hombre hay necesidad: en la naturaleza hay seres que pueden satisfacer estas necesidades; y hay valor en todo lo que tiene esta potencia o facultad de satisfacerlas.

Tiene valor el comediante que satisface la necesidad que tengo de divertirme: lo tiene el albañil que repara la casa en que vivo: lo tiene el labrador que cultiva las plantas que me alimentan.

El valor de los hombres es diverso; y para conocer esta serie maravillosa de valores es necesario que la tabla de ellos, clasificándolos según sus artes y oficios, es decir, según la potencia que tienen de satisfacer las necesidades, manifieste el número respectivo de hombres y de mujeres, el de seculares y eclesiásticos, el de funcionarios en cada departamento, el de comerciantes, mercaderes, artesanos, labradores, propietarios, jornaleros, etc.

Los vegetales que hermosean la superficie de la Tierra tienen también diversos valores. Sirven unos para curar las enfermedades del hombre, otros para alimentarse, otros para vestirle.

La tabla de las plantas debe presentar el catálogo de las medicinales que produzca la provincia cuya estadística se quiera formar, el de las alimenticias, el de las que sirven para las fábricas y manufacturas, etc., el espacio de tierra a que se extiende el cultivo de cada una, la cantidad respectiva de sus cosechas, y la suma general de todas.

La industria se ha dividido en multitud de artes y oficios; y estas divisiones facilitan el trabajo, economizan el tiempo, hacen progresar el talento, y aumentan los productos.

Para conocer los de la riqueza fabril, la tabla que la representa debe expresar el número de artes y oficios que se cultivan en un país, el producto específico de cada uno y el universal de todos.

El comercio lleva de un país a otro las obras de la industria y agricultura; y llevándolas a los puntos de consumo les da nuevo valor y aumenta la riqueza. No bastaría para conocer la de una provincia el cálculo de los productos del cultivo e industria en los mismos talleres o en el centro de las cosechas. Es preciso que la tabla de comercio manifieste el que se hace, infiriendo su estado de las exportaciones e importaciones de los artículos a que se extienden y de los derechos que pagan todos los que se giran.

Los establecimientos morales y literarios dan educación de una y otra clase: la educación da valor a los que la reciban; y el valor de los hombres designa el de la provincia donde viven.

Es en atraso muy sensible el país donde los dos tercios de su población no aprenden a leer, y los cuatro octavos del tercio que ha aprendido no saben extraer la raíz cuadrada o cúbica de un número.

Si interesa conocer el grado a que ha subido o retrocedido una provincia, la tabla debe manifestar el número de escuelas, colegios, academias, etc., el de las clases, discípulos o individuos que hay en ellas, y todo lo que pueda dar idea de cada establecimiento.

Sería importante que no hubiese en las naciones tantos ejércitos permanentes: que desapareciesen esas masas enormes de fuerza que intimidan la razón y gravan a los pueblos. Pero mientras subsistan, la Estadística debe presentar el cuadro de ellas, clasificándolas según el sistema seguido hasta ahora. Su conocimiento descubriría el estado político, y ofrecería datos para inferir el económico.

El sistema de rentas da también luces claras. La hacienda pública es la suma total de las contribuciones: las contribuciones son una fracción del capital respectivo del contribuyente: y si hay relación entre el numerador y denominador de un quebrado debe haberla también entre la parte que se da en contribución y el capital de donde se saca. Conocido el décimo que paga un labrador se deduce el total de su cosecha: sabido el tanto por ciento que paga el comerciante se infieren los capitales que giran.

No hay en las tablas de la Estadística los colores brillantes con que sabe pintar la mano del poeta. No inspiran los sentimientos dulces que comunican los de la Moral. Pero presentan en un pequeño estado el de una provincia o reino entero, reúnen hechos incontables en un punto minutísimo, facilitan el cálculo y auxilian a los que saben pensar.

Los cuadros de la Poesía hablan a la imaginación, los de la Moral hablan al alma y los de la Estadística al espíritu de combinación. Si deleitan los primeros y placen los segundos, los terceros interesan y fijan la meditación de quien sabe ocuparla en observar pueblos y naciones enteras.

IDEARIO CIENTÍFICO

ELOGIO FÚNEBRE DEL PADRE GOICOECHEA

Señores:

En diversos países, la mente de un hombre de letras es suceso indiferente que no merece la atención que se da a un ignorante, rico o poderoso; y el honor de los panegíricos fúnebres, reservado a ciertas clases, no se cree debido a los que, reformando algunas ciencias o creando otras, aumentan la suma de nuestra felicidad.

En Guatemala, la sociedad, después de haber llorado la muerte de Fray José Antonio de Liendo y Goicoechea, uno de sus fundadores, acordó que se formase su elogio, porque, superior a las preocupaciones de la vanidad, está convencida de los derechos que tiene a la gratitud pública el mérito de cualquiera clase, sea literario, político, militar o fabril.

Este es acaso el primer ejemplo en 289 años corridos desde la fundación de esta ciudad. La sociedad es el cuerpo benéfico que lo da; y cuando siga sus pasos la Universidad; cuando los literatos trabajen para serlo positivamente, sabiendo que después de su muerte serán juzgados por hombres respetables; cuando este estímulo, creando o desarrollando talentos, haga avanzar las ciencias que nos interesan; cuando el sabio, teniendo la opinión de la posteridad, no sea un doctor ocioso ocupado en lecturas improductivas o abstracciones estériles, sino un hombre útil al país que habita; cuando, unidos todos los hechos posibles sobre la vida de los hombres de talento, se llenen los votos de quien deseaba la formación de una especie de física experimental sobre las almas, entonces las generaciones futuras, recibiendo luces unas de otras, designarán a VV. SS. como autores de su bien y recordarán con ternura el nombre de esta sociedad.

Yo he sido el individuo electo para publicar sus sentimientos. Otros podrían expresarlos con mayor elocuencia. Pero el honor de manifestar a Guatemala lo que debe al P. Goicoechea; el placer puro de hablar de un amigo sincero, son de ascendiente muy poderoso para una alma sensible.

Que los hombres fríos censuren mis expresiones: que los razonadores a compás burlen mis sentimientos.

Si tu alma, fundador benéfico de esta sociedad, se complacía en abrirse a la mía sin ocultar misterios o esconder secretos; si tu mano poderosa fue la que rompió las cadenas con que el escolasticismo filosófico tenía oprimida la razón de nuestros mayores; si tu larga y laboriosa vida fue útilmente empleada en formar el espíritu de la juventud, yo, sensible a tu fiel amistad, sensible al bien de la patria, seré el eco de la voz universal que se oye en toda la provincia: uniré mis votos a los del pueblo, a las bendiciones del pobre, a los afectos tiernos de esa juventud amable que reconoce en ti el reformador de sus estudios. Pero celebrando tu memoria, no olvidaré tu máxima. La adulación, objeto de tus risas, no será jamás el alma de mis discursos. Si un elogio sincero debe tener forma distinta de las demostraciones del geómetra, hasta cierto punto debe ser como ellas el cálculo del valor positivo de un hombre grande: la medida justa de sus talentos: la estimación exacta de sus servicios.

Para numerar los del P. Goicoechea recordaré primero el estado de nuestros estudios antes de su nacimiento: manifestaré después el grado a que se elevaron por la fuerza de sus talentos: hablaré seguidamente de la instrucción que dio a Guatemala; y para que sus servicios no sean los últimos, concluiré indicando una de tantas medidas felices para multiplicar esa clase útil de hombres ilustrados.

Recorriendo la historia de los pueblos antiguos, y volviendo la vista a los modernos, se observa que todos tienen uno de tres estados: el de la ignorancia: el del error; y el de la ilustración.

Los primeros son como las tierras incultas, pero limpias, en que basta arrojar buenas semillas para que broten plantas útiles: los segundos, semejantes a aquellos campos llenos de espinas y raíces enmarañadas, en que es preciso arrancar la maleza que los cubre antes de comenzar a sembrar; y los terceros, son esos huertos hermosos cubiertos de frutos regalados.

Guatemala... permítaseme hablar con libertad. Livio no ofendió a Roma pintando la ignorancia de los primeros romanos, y Newton recordaba con placer los tiempos de su niñez. Guatemala no era un pueblo ignorante, ni una capital ilustrada. Era el país del error.

Se afectaba un respeto ciego a los antiguos: se miraba con horror toda verdad nueva; pero realmente no era la ciencia de la antigüedad la que se cultivaba.

La antigüedad era sabia: y si en las ciencias experimentales y exactas se ha avanzado más que los antiguos, en los demás géneros se ha hecho bastante acercándose a su saber. La antigüedad fue la que fijó las leyes del gusto: la que señaló la línea de perfección en las Bellas Artes: la que produjo esos modelos grandes que los genios sublimes han procurado imitar.

Dieciocho siglos no han podido presentar un poeta superior al autor de la Eneida. Tácito, Plutarco y Livio son hasta ahora en posesión de primeros historiadores; y el elogio más grande de Buffón ha sido compararle con Plinio y Aristóteles.

No era su más sabia doctrina, ni la de los filósofos de la antigüedad la que formaba nuestro sistema de estudios. El escolasticismo era infelizmente el que lo regía: el que influyó en las constituciones de nuestra Universidad: el que hizo de esta respetable casa una habitación oscura donde no penetraba la luz sino envuelta en nieblas, o confundida con exhalaciones pútridas: el que, entreteniendo a nuestros mayores en sutilezas inútiles, les alejaba de las ciencias provechosas que aumentan los brazos del hombre inventando máquinas, mejoran los instrumentos de las artes, señalan las fuentes de riqueza pública, descubren la de nuestro suelo, manifiestan las plantas útiles que hermosean su superficie, y abren los tesoros ocultos en el seno de la naturaleza.

Nuestro idioma, cuya armonía y riqueza confiesan los mismos extranjeros, rivales de la literatura de Castilla, se veía abandonado por cultivar otro que estanca las ciencias. La elocuencia sagrada, que tiene tantos motivos para ser sublime y patética, porque ella sólo habla de verdades grandes al pueblo, unido en un lugar santo, era como la del orador que un talento feliz supo ridiculizar con tantas gracias.

La del foro, que si no discute entre nosotros los asuntos que examinaba en Roma, debe al menos ser clara e interesante, porque siempre lo es la propiedad aun de una cabaña pajiza, se ocupaba en hacinar leyes romanas y glosas bárbaras sin discurrir con precisión, ni expresarse con propiedad; y la de la Academia, que pudo ya haber ilustrado a este país en actos literarios tan repetidos, se reducía a disertar sobre lo que se llama problema sin ser más que una duda afectada o insulsa.

El arte grande de saber discurrir: este arte, alma de todas las ciencias, que en las audiencias y juzgados decide nuestra suerte, era entonces un sistema mal organizado de abstracciones inútiles, un diccionario bárbaro de voces oscuras y sutiles. Las ciencias naturales que deben levantarse sobre la observación razonada de la naturaleza, eran romances menos ingeniosos que los de Descartes, formados por el delirio de las sectas que dividían el escolasticismo.

Las líneas del geómetra y las ecuaciones del álgebra parecían cifras de magia, o caracteres de aquella filosofía teúrgica que se ocupaba en misterios y encantos. Las familias eran espantadas por duendes: los jueces seriamente ocupados en procesar brujos; y las escuelas de filosofía convertidas en torneos de caballeros que se batían por el ente de razón y otras hermosuras imaginarias.

No fue este el único mal. Semejantes a aquellas nubes densas que, extendiéndose con los vapores sucesivos que reciben, cubren últimamente toda la atmósfera y oscurecen el día, el escolasticismo se dilató al fin por las ciencias más sublimes e importantes.

La de la religión, pura en el libro sublime de la Biblia, no era enseñada con el método que exige la sublimidad misma de su objeto. La jurisprudencia, tan grande en las manos de los autores felices que han sabido manejarla, era un puñado de fragmentos de leyes derivadas de las sectas que dividieron el imperio romano: leyes sutiles que no lo son para nosotros y dictadas por gobierno distinto, en tiempos diversos, no tienen relaciones de analogía con los nuestros.

El estudio de la historia respetable de la Iglesia: el de los concilios y cánones sancionados en ellos; estudio necesario para el eclesiástico, útil para el filósofo e interesante para el político, se veía olvidado por dedicarse al de las decretales que no forman un cuerpo organizado de derecho, sino una colección de casos decididos por principios diversos en muchos puntos de los de Castilla; y la legislación que debe ser sabida de todos, porque es la guía del hombre desde que se forma su razón hasta que entra en el sepulcro, enredada por las arguchias escolásticas, era misterio para el pueblo, tormento para el juez íntegro, juego criminal para el perverso, arma doble para el abogado.

Los que se llamaban filósofos eran entonces unas cabezas llenas de universales, de categorías y sutilezas metafísicas; y estos eran los sabios que en las cátedras daban lecciones a la juventud.

El escolasticismo no sólo la formaba en este sistema de errores. Le impedía también salir de él: le prohibía aun el derecho de dudar, que exige la debilidad de nuestra constitución física; y aun en lo que no era dogmático, se ordenaba la fe, que sólo es debida a nuestra religión.

Fe ciega en la Dialéctica: fe ciega en la Metafísica: fe ciega en la Jurisprudencia. La razón era víctima de lo que se llamaba filosofía. Y lo que diste para pensar como el don precioso de tu bondad, Ser eterno, amigo del hombre: lo que nos eleva sobre todos los seres: lo que distingue al filósofo, que sube a lo sublime de las ciencias, del insecto que se arrastra por el suelo: la razón, esa emanación luminosa de tu sabiduría, era un presente inútil, que sólo servía para repetir las necedades de los glosadores de Aristóteles y llenar cursos largos y penosos de nadas y pequeñeces.

En tiempos tan infelices nació, a 400 leguas de esta capital, el que debía dar alguna luz a este caos tenebroso.

Los filósofos más grandes: los talentos que admiramos en los cuatro siglos que forman como las épocas de la grandeza del espíritu humano: los que brillaron en las edades venturosas de Pericles, Augusto, León X y Luis IX nacieron en países cultos donde las ciencias tenían premios y los auxilios literarios eran multiplicados.

El P. Goicoechea nació el día 3 de mayo de 1735, en Cartago, donde apenas había escuela de primeras letras. Perdió a sus padres y quedó huérfano a los 9 años de su edad: tomó el hábito de San Francisco a los 12: fue ligado por el voto de obediencia: obligado por las constituciones de su orden y la autoridad de los prelados, a hacer los estudios de aquellos tiempos oscuros: formado en aulas donde sólo se oía la vocinglería de los escotistas: enseñado por lectores que no permitían dudas; y condenado a seguir la escolástica por todo el poder de la opinión pública, sostenida en la Universidad y comunidades religiosas, únicas que le daban dirección.

Era semejante a aquellas plantas útiles que nacen entre yerbas y espinas, y no pueden crecer sino abriéndose paso por en medio de ellas. Pero si la mano dura de la suerte le arrojaba estorbos por todas partes, la naturaleza, destinándole a objetos sublimes, le dio un cuerpo robusto, capaz de pruebas que otros no pudieran hacer: una alma digna de él, infatigable para el trabajo: un espíritu penetrador que se anticipa a las glosas y comentarios: una memoria prodigiosa que, a la edad en que los septuagenarios sólo piensan en las necesidades físicas que los afligen, repetía las canciones más hermosas de los poetas que habían deleitado su juventud: un genio lleno de gracias, inclinado como el de Fontenelle, Quevedo, La Fontaine y Boileau a ver las cosas por el aspecto que mueve a risa: un carácter de naturalidad, enemigo de artes y afectaciones: un deseo insaciable de saber.

Distinguido por dotes tan brillantes fue, a pesar de ellas, discípulo del escotismo, porque esta fue la primera doctrina que se le enseñó; porque sus talentos no eran aún desarrollados; porque la niñez es inocente y no tiene copia abundante de hechos para entrar en comparaciones.

Cuando la lectura le ofreció datos para hacerlas y sus talentos comenzaron a predecir lo que serían, las disputas que en los demás no producían otro efecto que hacerlos más reacios en sus sectas fueron para él como el choque o colisión de los cuerpos que, frotándose unos con otros, arrojan chispas luminosas.

Descartes, elevándose a la altura a que se sube un filósofo; considerando, dice un autor, que lo era, las opiniones de los hombres; viendo tanta contrariedad de ideas, tanta oposición de sentimientos, tanta variedad de abusos y costumbres: he aquí, dijo, lo que es la razón de los pueblos.

Goicoechea, observando los sistemas de las sectas, la contradicción de sus pensamientos, el furor con que se batían, la confianza con que se creía cada una posesora exclusiva de la verdad, dudó de todos, y decidido a cultivar sus talentos en la soledad, concibió la idea grande, origen de nuestros progresos, de no seguir otra guía que la que nos ha dado el Creador de nuestra especie.

Solo, en el ámbito estrecho de su celda, entregado en el silencio de la soledad a meditaciones de que solo es capaz quien ha adquirido el hábito feliz de pensar, recorría cuanto había aprendido: sometía a la severidad del análisis la doctrina decisiva de sus lectores: juzgaba a sus mismos maestros.

Su genio, siempre pronto a descubrir ridiculeces, le hizo ver todas las del escolasticismo; y su alma sintió la necesidad de otros estudios, diversos en el todo de los que había hecho.

Las matemáticas puras, que son siempre el recurso del filósofo en aquellas situaciones de tormento, en que solo puede contentar lo que es verdadera demostración, le presentaron el método de exactitud, necesario para una alma melindrosa que, burlada por el escolasticismo, sospechaba ya de las demás ciencias.

Hubo tiempo en que solo las exactas llenaban los deseos de su alma: hubo tiempo en que solo los números y líneas escapaban a la risa de su genio. Pero cansado al fin de tantas abstracciones, volvió los ojos al campo de la naturaleza, a esos jardines que deleitaban a Newton después de los trabajos complicados del cálculo.

Los libros de Pluche, los primeros que leyó en este género, le presentaron un espectáculo muy diverso del que entretenía a los escolásticos; y los experimentos célebres de Torricelli, Pascal y Perrier, le indicaron el verdadero método de estudiar la naturaleza.

El gusto que tomó por ella y el espíritu de exactitud que se había formado, le hicieron sentir los efectos del sistema con que habían sido tratadas las demás ciencias: la jurisprudencia, sobre todo, que debe ser clara y sencilla, porque debe ser una ciencia popular; y la de la religión, donde las equivocaciones son de tanta trascendencia.

Si la ley es sancionada para el bien universal de los pueblos, el cálculo o comparación exacta de los bienes y males que puede producir, debe ser la guía de la Jurisprudencia; y si la religión se estableció y dilató por el mundo, enseñando las verdades sublimes de la Biblia, expuestas por el juicio de la Iglesia, la autoridad de esta y la Escritura, deben ser la luz de la ciencia.

Estos raciocinios le fijaron por último en el medio sabio a que no se llega sino después de haber pasado por extremos. Discípulo del escotismo al principio: escéptico después en lo que no era dogmático, conoció al fin, que las ciencias no lo serían si no tuvieran principios incontestables: que en las exactas, la demostración; en las naturales, los experimentos; en la legislativa, el bien de los pueblos; y en la de nuestra religión, la Biblia y la Iglesia deben ser la guía de sus estudios.

Tal fue el principio a que se elevó, luchando consigo mismo, para borrar las primeras impresiones de su educación. Apoyado en él entró en el estudio de los elementos de casi todas las ciencias, porque todas tienen gracias para quien sabe sentirlas.

Las obras de los mejores escritores de las edades felices de Atenas y Roma: las de Wolf, que manejó la Lógica, la Moral y la Jurisprudencia, con el mismo método con que había tratado las matemáticas: las de Locke, ese hombre modesto que, descubriendo la generación de nuestras ideas, confesaba su ignorancia cuando no podía penetrar la verdad: las de Nollet, que enseñó a estudiar la Física, haciendo experimentos y deduciendo de ellos consecuencias útiles para las artes y oficios: las de Buffón, que presentan cuadros en grande y en detalle de la naturaleza e individuos de los reinos animal y mineral: las de Linneo, donde se reúnen los elementos de la ciencia provechosa e inocente de los vegetales: las de Mably, que supo manifestar la identidad de principios en la moral privada y la pública: las del género sublime que, abrazando los objetos más grandes de la ciencia legislativa, la simplificó, reduciéndola a dos puntos: las primeras de los que han sabido cultivar la ciencia de la religión, que era una de las que más le ocupaban: todas fueron formando sucesivamente su espíritu y llenándolo de conocimientos. Su lectura fue extendida más allá de lo que puedo indicar.

Yo os pongo por testigos hombres dichosos que fuisteis sus amigos y merecisteis su confianza.

Pero no bastaron los conocimientos de los libros. Quiso adquirir los que dan los viajes, porque los viajes son los que hacen conocer el mundo, no el mundo hecho en el cerebro exaltado por el entusiasmo, sino el mundo verdadero, el mundo de la naturaleza.

Viajaron los filósofos más grandes de la antigüedad para recoger conocimientos de los pueblos ilustrados. Viajó Goicoechea; y tuvo la felicidad de hacer su viaje a España en el reinado venturoso de Carlos III, cuando la nación recibió un impulso feliz en todos los ramos útiles: cuando Iriarte enriquecía nuestra literatura y satirizaba las fruslerías de los escolásticos: cuando Cruz llenaba de gracias el teatro español, y Moratín elevaba la poesía en género distinto: cuando hermoseaban a la Península dos condes célebres, ambos fiscales dignos del consejo: el uno, escritor de materias útiles y amigo de las sociedades patrióticas; el otro, protector de las ciencias, ministro y presidente de la Central: cuando se atraía los votos públicos Jovellanos, ese hombre raro, poeta, político y filósofo a un mismo tiempo, desgraciado y perseguido por ese genio maligno que en todos los tiempos y países se place en morder todo lo grande.

El P. Goicoechea supo reunir los conocimientos que recoge un viajero ilustrado. Visitó las mejores bibliotecas, leyendo manuscritos preciosos que hasta ahora no han sido publicados: observó el jardín botánico y oyó la voz de Ortega que le dirigía: reconoció el gabinete de historia natural: asistió a las juntas generales de diversas academias y sociedades: observó los estudios restablecidos por Carlos III y el sistema de sus calificaciones menos equívoco que el de nuestra Universidad: fue espectador de dos sucesos grandes para quien sabía pensar, la muerte de Carlos III y la coronación de Carlos IV: vio en Castilla los efectos tristes de una y otra amortización; en Cataluña, el honor que se da a los artesanos; en Navarra, la sabiduría de sus fueros; en Aragón, la historia de sus antiguas instituciones; en algunas provincias de Francia el genio de esa nación que ha tenido influjo tan grande en los sucesos de nuestros días; en Madrid, el espectáculo de una Corte, los movimientos de la intriga, las artes de todo género, tanto bien y tanto mal reunidos en un punto.

Espectador de objetos tan grandes, capaces de ocupar el alma en su totalidad, no olvidó lo que debía a esta provincia donde había nacido. Regresó a Guatemala lleno de riquezas literarias, de conocimientos, de globos, de tablas y libros, raros aun en la Corte de donde venía.

Dedicado a su lectura, cualquiera otro hubiera llenado sus deseos en el goce pacífico de sus conocimientos. Pero la vista de los salvajes, donde se ve la naturaleza pura sin las formas del arte, no era para él menos interesante que el espectáculo de los pueblos ilustrados.

Semejante a los sacerdotes de los celtas y de los seitas que buscaban la filosofía en los bosques y montañas, superior a ellos en conocimientos y con miras más grandes, hizo viaje a nuestros montes de Agalta.

Los eruditos de estrado: esos hombres que agonizan el día que no pueden visitar todos los cuarteles de una ciudad, habrían muerto seguramente en las soledades de Agalta.

El P. Goicoechea, solo con su pensamiento y los indios, pasaba días más deliciosos que en el ruido de esta capital. Conservo como un tesoro las cartas que escribía desde esas montañas célebres entonces por su residencia. En ellas decía: que nunca había repasado en su corazón, con más placer, la hermosa estrofa de Horacio, Beatus ille qui procul negotiis: que la soledad le comunicaba a manos llenas el contento: que su vida era alegre, porque entre los cien aspectos de las cosas, las miraba por el único que podía ser útil: que, ejercitado en trasegar corazones, se valía de la llave maestra de ciertas notas que rara vez le engañaban: que los vestidos de la naturaleza son sencillos: que se deleitaba en contemplarla acechando los momentos en que descubre algunas de sus travesuras, meditando los apotegmas de Erasmo y las aventuras del amor propio, y observando a los indios, vistos por muchos, conocidos de pocos y denostados por Paw, aquel extranjero atrevido que sin conocer la América arrojó aserciones desmentidas por la experiencia.

Este tono, señores, no es el de un charlatán que quiere imponer. Es el del hombre de la naturaleza que se abraza con ella y los seres que produce: es el del amigo de los indios que interesaron siempre su compasión.

No hizo en la ciencia aquellos descubrimientos que las hacen progresar a pasos largos: no formó sistemas como Buffón, ni fue como Newton inventor de la teoría sencilla del universo. Pero pudo impugnar los sistemas de Buffón: y fue capaz de entender las obras de Newton que, aun entre los hombres de letras, encuentran pocos lectores.

En el seno mismo de los escotistas: en la edad de los errores, supo elegir los libros más sublimes de las ciencias a que fue dedicado: apropiarse los conocimientos más grandes: darles las gracias de su genio, y comunicarlos a nosotros y a nuestros mayores. Ved aquí su justo valor. Fue lo que Fontenelle dice de un filósofo: el Prometeo de la fábula que robó el fuego a los dioses para comunicarlo a los hombres.

En la oratoria dio modelos predicando el Evangelio en su pureza, presentando la Escritura en el sentido genuino de la Iglesia y de los Padres, distinguiéndose en la elocuencia didáctica que era su género;

pero acreditando a veces que también era capaz de la fuerza de Bridaine, y la sublimidad de Bossuet.

En los estudios de la filosofía tuvo la entereza noble de sostener los derechos de la razón: y cuando Jovellanos decía en España que mientras las universidades fuesen lo que habían sido y lo que eran entonces, jamás progresarían en ellas las ciencias experimentales, él había ya combatido la tiranía escolástica: preparado una revolución feliz de ideas: dado lecciones de física experimental, y leído un curso de Aritmética y Geometría.

En los de Teología dio a esta ciencia la sencillez majestuosa que debe tener: señaló los puntos diversos de contacto en que se unía la escolástica con la religión: desenvolvió la extensión de la moral, que fue su estudio predilecto: manifestó la que publicaba el estoico, la que predicaba Epicuro y la que enseña la Biblia, que no es un sistema de escepticismo como la de Montaigne, ni una invectiva acre como la de Rochefoucauld, sino una moral pura, superior a la de Sócrates y Confucio.

En la Botánica, nombrado por el Gobierno para elegir muestras de las maderas más exquisitas de nuestras montañas, y comisionado por el intendente del Jardín de Madrid para la remisión a España de las plantas y semillas dignas de cultivo, llenó ambas comisiones acreditando sus conocimientos, y trabajando una memoria sobre el plátano, gloria de la América, y el vegetal que, entre todos los conocidos, da más cantidad de materia alimenticia, en igual espacio de tierra.

En esta sociedad, VV. SS. han sido testigos de su ilustrado patriotismo: de este celo activo con que cooperó a su establecimiento: de la voluntad con que asistió a todas sus juntas: de los pensamientos útiles que daba en ellas, fijo siempre en mejorar nuestra suerte o hacerla menos infeliz: de sus notas sabias como útiles a la memoria que publicó Mosiño sobre nuestro añil: de la memoria que escribió para destruir la mendicidad que no existe en los países estériles y helados del Norte, y se veía multiplicada en las tierras feraces de Guatemala: del discurso que dijo en este lugar, desplegando sobre el mismo asunto la humanidad de su filosofía, para que el verdadero pobre fuese socorrido y los mendigos robustos o capaces de trabajar no ensuciasen los portales, no se oyese en nuestras calles el zumbido desapacible de estos moscones, sino el cencerro deleitoso de las recuas o el ruido agradable de un trajín activo: de la representación que dirigió desde su celda a la Corte de Carlos IV, manifestando la necesidad de dar honor a las clases infelices, porque ellas son las que ejercen nuestras artes y oficios; y las artes no prosperan cuando están envilecidas las manos que las manejan: de la memoria que trabajó sobre los indios, objeto de sus meditaciones en el púlpito, donde predicó sus virtudes, en sus conversaciones de amistad, donde acumulaba hechos y discurría sobre ellos, y en la memoria donde trató de su industria y trabajos rurales.

En Agalta fundó dos pequeñas poblaciones; interesó en su beneficio la atención del Gobierno; y dando a los indios lecciones de religión, de física rural y de sociedad, recordaba la pintura de aquellos dioses que bajaron del cielo para enseñar a los salvajes de Grecia la justicia, el manejo del arado y el uso del trigo.

En nuestra Universidad no cesó de trabajar para que este establecimiento, fundado para perfeccionar el espíritu, no lo empeorase cargándole de preocupaciones y paralogismos.

Cerca de treinta años ocupó en dar lecciones como catedrático de Filosofía y Teología; y estas lecciones son las que influyeron para que se mudase el aspecto de nuestros estudios. En ellas fue donde hizo conocer a la juventud que el pensamiento sofocado por el escolasticismo es el atentado más grande contra la naturaleza humana; donde, haciendo comparaciones felices de la exactitud de la Geometría y la algarabía de los escolásticos, inspiró gusto por las matemáticas, y comenzó a formar el espíritu geométrico, más útil aún que la misma Geometría; donde, manifestando las amenidades de la naturaleza, comunicó a los jóvenes el entusiasmo con que se habla siempre de los objetos que se aman; donde dio los principios sublimes del gusto y trabajó en la destrucción del que había en aquella edad; donde, desenvolviendo la teoría grande del enlace de los idiomas con el arte de pensar, hizo conocer la necesidad de progresar en los unos para adelantar en el otro.

Tantas verdades no fueron oídas sin espanto. La verdad, dice un escritor, es como ese elemento útil y terrible que alumbra, pero quema y puede devorar al mismo que se sirve de él para el bien público. Los que la han dicho, los que han levantado la voz contra la doctrina de las escuelas, los que han sabido distinguirse, han sido siempre víctimas de las pasiones. Sócrates, condenado a muerte; Aristóteles, fugó; Descartes, acusado; Galileo, preso; Jovellanos, desterrado; son ejemplos tristes que atestan la miseria del hombre y deben cubrirle de oprobio.

Los escolásticos, viendo que se destruía la base única de su nombre, se ligaron para anonadar el del P. Goicoechea. La envidia movió los resortes de su encono. La hipocresía jugó sus antiguos ardides; la intriga maniobró en secreto; los prelados penitenciaron y condenaron a ser último lector a quien tenía tantos derechos para ser el primero; la opinión se volvió contra quien la ilustraba; y el público, señores, el público a quien daba luces provechosas, el público a quien hacía servicios tan heroicos, llegó a verle como objeto de horror.

Una alma pequeña hubiera renunciado al derecho de servir a ingratos dejándolos en la oscuridad que les placía.

Goicoechea, firme en sus principios, siguió la marcha de su genio, porque sabía que si los primeros rayos de luz hieren los ojos de quien sale de tinieblas, los siguientes hacen sus delicias y hermosean su existencia.

La verdad fue desenvolviendo sus bellezas. La juventud, siempre la primera en sentirlas, comenzó a tomar gusto por ella. Cesó el vértigo; y se hizo justicia a quien era digno de ella.

Su Majestad mandó que en su real nombre se le diesen gracias por el celo con que se dedicaba a la enseñanza de la juventud e instrucción del vecindario. Su comunidad le eligió prelado de la provincia. Esta Sociedad, que por estatutos y por principios no prodiga jamás sus sufragios, acordó que se hiciese mención honrosa de su mérito; la Universidad mandó poner su retrato en el salón de actos literarios. Y el pueblo llenó de bendiciones a su bienhechor.

Mereciéndolas cada día más; ejerciendo su ministerio con celo infatigable; dando el ejemplo útil de una virtud pura que conoce las añagazas de la hipocresía; amando a los pobres y presentándoles la religión en el aspecto en que ofrece más consuelos al infeliz, comenzó a sentir flojedad en los resortes de la máquina.

Sintió su debilidad progresiva; pero la sintió sin perturbarse, porque una alma acostumbrada a observar la naturaleza ve sin susto una de sus más sabias leyes.

Que la vean con espanto los hombres pequeños que se han enlazado con todas las fruslerías del suelo; los impostores que han seducido a los pueblos; los miserables que después de haber hecho daño se ven en la situación terrible de no poderlo reparar.

Pero tú, hombre superior a la edad en que viviste: tú has llenado el lugar donde fuiste colocado. Perfeccionaste tu espíritu. Mejoraste el espíritu público de Guatemala. Enseñaste verdades útiles. No hiciste mal; y si erraste, tus errores fueron de buena fe.

Esto es hecho, señores. Se ha cumplido la ley. A la voz de su muerte lloraron los pobres; y llevando cestillos de flores, cubrían de ellas su cadáver. VV. SS. han perdido un ilustrado y activo compañero; y yo he quedado sin un buen amigo.

Para reponerle y llenar su vacío es preciso duplicar los esfuerzos. Sírvanse VV. SS. trabajar en el cultivo de los talentos nacientes de la juventud, dándole dirección recta, porque acaso en ellos hay alguno semejante a los del hombre que lloramos; sírvanse formar su gusto, porque el gusto es el tacto o instinto del hombre de letras y el primer paso que debe darse para la ilustración. Sírvanse fundar una academia de bellas letras, porque las bellas letras son el precursor feliz de las ciencias útiles y el garante más cierto de sus progresos. Si se unen los hombres para ocuparse en conversaciones insípidas o para verse unos a otros, fumar y bostezar, únanse VV. SS. para cultivar las ciencias, comenzando por donde debe principiarse. Todo origen es pequeño.

Las academias que ahora son la luz más hermosa de la razón fueron oscuras en su principio; y a la fecha de su erección, muchos países donde se establecieron tenían menos conocimientos que Guatemala. Si dura siglos, se extenderá el bien que promete a las últimas generaciones; y si es un establecimiento momentáneo, lo gozará al menos la presente. La Academia del Cimento solo duró diez años; y sus descubrimientos serán eternamente memorables en la historia de las ciencias experimentales.

Que se dé principio a la obra, señores. Esto perpetuará la memoria de la Sociedad: creará genios como el del individuo que hemos perdido; y abrirá a las ciencias el camino por donde deben ser dirigidas.

Guatemala, 7 de agosto de 1814.

EL SABIO

En la escala de los seres, el hombre es el primero. En la escala de los hombres, el sabio es el más grande.

El sabio es el que más se aproxima a la Divinidad: el que da honor a la especie y luces a la tierra.

El nacimiento de otros hombres es suceso ordinario, que no influye en las sociedades. El nacimiento de un sabio es época en la historia del género humano.

Cantad himnos de gozo, hombres de todos los países. Ya nació el que había de manifestar vuestros derechos y dignidad: el que ha de dar conocimientos a los que son desvalidos porque no los tienen: el que ha de escribir para que los hombres no sean tiranos de los hombres: el que ha de iluminar la oscuridad del África, ilustrar la India y derramar luces sobre nuestra patria.

Tendiendo la vista por toda la tierra, ve el sabio que después de siglos hay todavía salvajes en ella: ve que hay samoyedos y lapones, cafres y hotentotes en el otro continente, omeguas y chaymas, automacuos y guaranos en este; lacandones y caribes en Guatemala.

El amante de las artes no tiene sentimiento tan profundo viendo manchas en el cuadro más acabado de un genio, como el sabio viendo aquellas hordas en la superficie hermosa del globo.

En el santuario de la sabiduría hace el juramento grande. Oídlo, hombres de todas clases. Jura sacrificar a la ilustración general todos los momentos de su existencia: reunir todo lo que se ha pensado desde que hay ciencias en el mundo: añadir a la suma de pensamientos creados en los siglos pretéritos los que él mismo ha de crear en el de su vida: difundirlos por los cuartos del globo: aumentar las luces en unos, disipar las tinieblas en otros. Es inmenso su trabajo, diarias sus vigilias, sin interrupción sus tareas.

Vedlo cogitabundo y abstraído, investigando y observando, revolviendo en la profundidad de la mente alguna teoría útil o algún pensamiento provechoso. Pide observaciones a todos los individuos y clases: las hace él mismo en uno y otro continente: da vuelta a todo el globo para hacerlas: vela para sorprender a la naturaleza en los momentos en que se deja ver: la forza en otros a descubrir sus secretos: examina todos sus seres: recoge todos sus fenómenos.

Humboldt, el hijo amado de la fortuna, posesor de los dones que esta regala a sus favoritos, rico y titulado, querido de unos, respetado de otros, sacrificó a las ciencias estos goces pacíficos. Salió del Antiguo al Nuevo Mundo y recorrió las dos Américas durmiendo en playas cubiertas de cocodrilos, internándose en bosques poblados de tigres, pisando las nieves de los Andes, subiendo al Chimborazo y trepando al pico del Orizaba, levantando planos y determinando posiciones para conocer este inmenso continente, para desmentir a los que hacían cuadros horrorosos de esta bella mitad de la tierra, para vindicarnos de las injurias de Paw y de los que decían que los americanos estamos condenados a la ignorancia por el influjo del clima.

Lleno de hechos, rico en observaciones, el sabio se retira a la soledad, porque en la soledad es donde el hombre tiene toda la energía y libertad de su ser: en la soledad es donde el alma, sin pesos que la compriman, se dilata en toda su expansibilidad: en la soledad es donde se produce lo grande, lo perfecto y lo sublime.

Allí medita el sabio: allí desenvuelve sucesivamente todos los siglos; ve en el que precede el germen del que sigue, examina lo presente y se lanza a lo futuro: allí observa la marcha de las sociedades, calcula su movimiento y pronostica su término: allí abraza la naturaleza eterna, y humilde primero en la acumulación de detalles, es sublime después en la teoría general del Universo.

No hay clase que no tenga títulos de gloria en algunos de sus individuos. La que más se desdeña, la que más se desprecia, tiene hijos que admiran con su virtud, o cooperan a la riqueza por su industria. Pero la de los sabios es la que presenta lo más grande, la que hace bien más universal y duradero.

Enorgullécete, hombre, al considerarlo. El sabio es individuo de tu especie; y el sabio ha determinado la figura de la tierra y medido la extensión de su superficie: el sabio ha enumerado la multitud inmensa de seres que la pueblan y señalado los caracteres que los distinguen: el sabio ha dado las dimensiones de los astros que rotan en el espacio: el sabio ha descubierto las fuerzas de la naturaleza y enseñado al hombre el uso de ellas: el sabio ha hablado a los reyes de los derechos de los pueblos: el sabio ha trabajado los códigos más justos de las leyes: el sabio descubre nuevos alimentos, cuando las plagas destruyen los antiguos: el sabio hace llorar al rico y enternece al poderoso; el sabio dirige la opinión pública, y la opinión pública es el tribunal que juzga a los funcionarios.

Si el género humano no es una sociedad de hordas salvajes; si el Asia creó las ciencias útiles y las artes provechosas, y la Europa perfecciona unas y adelanta otras, el sabio es el autor de estas maravillas.

La civilización, lo sublime, lo bello y lo útil, todo ha sido formado o perfeccionado por el sabio. Quitad a los sabios, y la tierra entera será un mundo de horror y un caos de muerte: Casiquiario donde el salvaje comerá dos libras de tierra: África donde el hombre venderá al hombre.

Un ser tan grande es natural que conozca su magnitud: que sienta sus fuerzas: que calcule sus alcances. No es la vanidad la que le ensoberbece. Es la conciencia de su poder la que le hace hablar.

Píndaro, inspirado por el genio que lo eleva sobre sus enemigos, cantaba: Mis palabras están acordes con mis pensamientos. La envidia solo me merece un desprecio que la humilla. Los gritos del ave tímida y celosa jamás suspenderán el vuelo del águila que se pasea por los aires.

Buffón, lleno de pensamientos sobre toda la creación, inmensos como el Universo: mis pasos, dice, son los de la naturaleza: el orden de mis ideas es el de la sucesión de los tiempos.

El idioma del sabio es augusto; sus palabras parecen de un dios. Dadme un punto, decía Arquímedes, y moveré el globo. Dadme materia y movimiento, decía Descartes, y formaré un mundo. Toma los alimentos que recetaré, decía Galeno, y te haré más moderado, más emprendedor o más tímido.

Confesémoslo con noble orgullo. De la boca de los Césares jamás salieron palabras tan expresivas del poder del hombre como de los labios del sabio.

El conquistador de Europa pedía cañones para destruir al mundo y el sabio pide materia para hacer otros mundos. Responded, hombres que desdeñáis a los sabios. ¿Quién será más grande, el conquistador o el sabio? ¿Dionisio, tirano de Siracusa, o Arquímedes, honor y defensa de su patria?

Filipo maquinando la esclavitud de la Grecia; Alejandro devastando la Persia; César hollando los derechos de Roma, han adquirido el título de héroes.

Sócrates enseñando virtudes a la Grecia; Zoroastro dando moral a la Persia; Cicerón ilustrando a Roma, han merecido el nombre de sabios.

En las nomenclaturas de la vanidad, no hay título de igual precio. Él solo, sin bandas ni medallas, sin oro ni diamantes, manifiesta la grandeza de quien lo merece: él solo es el timbre de su mayor gloria.

Lejos del turbión de los hombres, distante de la sociedad en la misma sociedad, sin ambición de empleos ni deseos de riquezas, ocupado en la ciencia, fijo solamente en ella, el sabio es un ser de paz, que ignora las artes de la intriga, que detesta el mal y quiere el bien.

Suele errar en las teorías que más admira: suele equivocarse en los pensamientos que más asombran. Esta es su pena más escocedora; estos son sus tormentos más vivos.

Trabaja día y noche para no errar: se sacrifica a la meditación, al cálculo y a la observación: consume en las ciencias la vida entera de su ser: desea otras vidas para dedicarlas a las ciencias. ¿Será culpable por haber errado el que trabaja más para no errar? La verdad es el objeto grande de sus inquisiciones. Solo verdades quisiera presentar. Las busca en la naturaleza entera, en las regiones altas y en los abismos hondos.

No encuentra todas las que busca, a pesar de trabajos, sacrificios y penas. Se equivoca, yerra, se hace ilusión. ¿Será culpa suya enseñar verdades y errores? ¿La hay en el astro de la luz dando noches y días?

Hace más el sabio. Es señor de sí mismo: sabe domar la pasión que domina con más imperio. No olvidéis, siglos, la memoria de sus triunfos. El sabio confiesa sus errores al momento que los conoce.

Saussure hizo catorce viajes a los Alpes: trepó al Etna; subió al Cramont; formó nuevos instrumentos para observar; meditó sistemas; y después de sus trabajos, cuando conoció el vacío de ellos, el mejor sistema, dijo, es no tenerlo.

Si presentando verdades, descubiertas con penas, brilla la sabiduría del filósofo, confesando errores, advertidos con trabajos, triunfa la virtud del sabio. Fenelón es grande haciendo amable la religión: Fenelón es grande enseñando a los reyes; pero Fenelón es superior a sí mismo condenando en Cambray sus pensamientos.

Todo es espectable en el sabio. Son inmensas sus tareas: sublimes sus obras; heroicos sus triunfos.

Si entre los humanos hay seres que merezcan himnos, ¿no es al sabio a quien deben cantarse? ¿No es a los pies de su estatua donde debe oírse la voz del afecto, el acento de la gratitud?

Jóvenes, ved aquí la carrera grande de la gloria. Los cuerpos políticos necesitan almas, y las almas de estos cuerpos deben ser los sabios. El patriotismo ilustrado avanza la causa de la patria: el patriotismo que no lo es la atrasa y la entorpece.

Cultivad las ciencias: trabajad para ser sabios. Pero no esperéis serlo sin alejaros de lo que distrae o embaraza el pensamiento. La sobriedad en todo es el primer elemento de la sabiduría. Un obeso no puede pensar: un sibarita es incapaz de meditaciones profundas. No hay vicio que no arrebate el tiempo a sus víctimas: no hay pasión que no turbe el reposo.

En el seno de la templanza, en la tranquilidad de la virtud, es donde se forma el pensador profundo; el sabio grande y sublime. Si buscáis placeres, las ciencias son las fuentes más inagotables. César viendo a Cleopatra; Creso acumulando riquezas no probaron jamás el placer que se goza leyendo el libro de un sabio, observando la naturaleza, o pensando en las sociedades. Si en la misma meditación se ve de repente iluminado lo que antes era tenebroso; si contemplando un objeto se descubren teorías nuevas, o pensamientos originales, entonces... oh, jóvenes, no es posible explicar estos momentos de delicias. Afectan todo el ser. Newton queda arrobado; Arquímedes sale por las calles publicando su descubrimiento. Las ciencias os llaman, jóvenes: sed dignos de ellas: sed sabios: sed justos: observad primero: reunid hechos: meditad después: escribid al fin, y presentad a la patria las luces a que tiene derecho.

CIENCIA

El trabajo que más interesa en las ciencias: el de desnudarlas del aparato misterioso con que se han presentado, el de hacerlas populares, el de achicarlas y ponerlas al alcance de todos.

Si se unen los hombres para ocuparse en conversaciones insípidas o para verse unos a otros fumar y bostezar, únanse ustedes para cultivar las ciencias comenzando por donde debe principiarse. Todo origen es pequeño.

Todas las ciencias son útiles, todas influyen en el bien Social; las que se arrastran por la superficie del suelo, y las que se elevan a la Región de los Planetas.

Por los más pequeños experimentos de la Química se ha adelantado el Arte benéfico de los tintes que han dado valor a las fábricas. Un fósil despreciable aceleró los progresos de la Metalurgia, injustamente despreciada por los que no conocen el interés que tenemos en la ciencia de los metales.

La disección o anatomía de un reptil preparó descubrimientos útiles para el Arte de la salud. La medida de sílabas es uno de los elementos de la Armonía; y la Armonía, suavizando el carácter feroz del hombre, hace que no sea carnívoro, o que sea más humano con sus semejantes. El Ergo mismo: el escolasticismo, objeto de risa en estos tiempos, era escala para subir al método feliz del Análisis.

Solo un espíritu pequeño, incapaz de abrazar grandes relaciones, no percibe las del hermoso todo que forman las ciencias, influyendo unas en otras para sus progresos, y contribuyendo todas a la felicidad general. Solo la ignorancia puede desdeñar unas y alzar otras.

El hombre siente la acción de los seres que obran en él; y sus sensaciones son de dos clases, agradables y molestas. Quiere aumentar el número de las primeras y disminuir el de las segundas; busca en la Naturaleza los seres que pueden llevar este deseo, acumula ideas y observaciones, medita los métodos que pueden hacerlo servir a su objeto, y esta suma ordenada, este sistema metódico de conocimientos es lo que se llama Ciencia.

Era desagradable la impresión de los sures o nortes destemplados, de los rayos ardientes del sol. El hombre sintió la necesidad de evitarla; buscó árboles hojosos que le cubriesen con su sombra; fabricó cabañas al principio, quiso después ahorrarse el trabajo de hacerlas cada año, pensó en edificios sólidos, reunió pensamientos y creó la Arquitectura.

Eran destructores los males que hacía el Poder arbitrario. Sintieron la necesidad de precaverles los hombres que los sumían, meditaron formas distintas de Gobierno, unieron las observaciones de la experiencia, los raciocinios de la necesidad; y formaron la Ciencia de la legislación.

Todas las obras del hombre nacen de un principio. Todo lo que piensa, todo lo que ejecuta se deriva del instinto maravilloso con que procura la conservación plácida de su ser.

La Política, la Poesía, la Geometría, la Hidráulica, la Agricultura, tienen un mismo origen, sirven a un mismo ser, tienden a un mismo fin: aumentar el número de sensaciones agradables; disminuir el de las molestas.

Las ciencias son relativas a las necesidades que las han creado; las necesidades son relativas a la organización física del hombre; los hombres son relativos al punto que ocupan en la Tierra; y la Tierra es relativa al lugar que tiene en el universo. Todo es enlace, todo es vinculo.

Varían las necesidades del hombre. Dale nuevos sentidos o perfecciona los que tiene. Que no sienta ya los estímulos del hambre, ni sea atraído por el sexo que adora. No habrá Amor, ni existirán las ciencias que han nacido de esta dulce necesidad: no habrá Agricultura, ni conoceremos las Artes que ha producido el cultivo. La Armonía de Haydn dejará de serlo. Los encantos de la Música serán sensaciones desagradables.

No es demostrada la población de los otros planetas. Razones de analogía la afirman; razones de la misma especie la niegan. Pero supóngase cierta. En esta hipótesis las ciencias de los que vivan en Saturno frío serán distintas de cultivadas en Mercurio encendido. Un ser abrasado por el fuego debe tener necesidades diversas de las de otro nevado por el frío; y las ciencias, hijas de las necesidades, obra de las sensaciones, producto del hombre, deben tener el mismo sello de diversidad.

Mira la tierra que habitamos. Su estructura indica lo que deben ser los hombres: lo que deben ser las Ciencias.

Este hermoso planeta gira en derredor del sol formando una gran elipse. Sus polos se aproximan menos y su ecuador se acerca más al astro del fuego, su superficie es alzada en unos puntos, tendida en otros, hundidas en los demás; su masa es formada de tierras vegetales en unos lugares, tierras arcillosas en otros, montañas ricas en un país, desiertos de arena en otro.

Esta organización de la Tierra manifiesta que debe ser dividida en zonas frías y cálidas, elevadas y bajas, estériles y fecundas, húmedas y secas. En cada zona debe haber familias diversas de vegetales, especies distintas de animales, clases diferentes de tierras, variedades diversas de hombres, necesidades distintas en cada variedad, y Ciencias diferentes producidas por las necesidades.

Es preciso que haya en cada región una Agricultura, una Zoología, una Ornitología, una Gramática, una Jurisprudencia particular porque cada región tiene sus vegetales, sus cuadrúpedos, sus aves, su idioma sus leyes especiales.

Los hombres observaron los minerales, plantas y animales del país donde vivían, inventaron nombres para expresarlos; y dictaron leyes para regirse. Talentos superiores recogieron las ideas, raciocinios y experiencias de cada hombre, les dieron orden; y formaron las Ciencias propias de cada país. Genios más sublimes entraron en comparaciones más grandes, cotejaron las Ciencias de un país con las Ciencias de otro país, observaron los puntos de contacto, generalizaron ideas, descubrieron principios Ciencias particulares. universales, y formaron la Teoría General de las Ciencias particulares.

Así es cómo se han ido creando las Ciencias, así es cómo han nacido y se han desarrollado. No conocieron la obra grande de su creación los que han supuesto la existencia de un pueblo inventor y perfeccionador de ellas; no conocen la genealogía de las ideas que forman el sistema de nuestros conocimientos los que les den un solo padre.

La Teoría universal de las Ciencias no puede formarse sin la cooperación sucesiva de los primeros que hacen observaciones particulares, de los segundos que forman el sistema científico de cada nación, y de los terceros que trabajan la Teoría que se dilata a todos estos sistemas.

Puede un pueblo reunir las Ciencias creadas en diversos pueblos, puede adelantarlas añadiendo verdades grandes. La historia de Atenas lo atesta, París es ejemplo vivo; y Londres aumenta las pruebas. Pero creer que un solo pueblo ha podido ser inventor y creador de todas las Ciencias y artes es olvidar la generación de ellas, desconocer la marcha del hombre y dar a un pueblo el honor que corresponde a muchos.

Las ciencias tienen simultáneamente el sello de la de la unidad en un sentido, y el de la diversidad en otro. Es preciso que sea así. Los hombres son unos en todos los países, mirados en un aspecto; y diversos en todos, considerados en otro. Las necesidades tienen el mismo carácter; y en todos los climas hay la de repeler lo que produce sensaciones molestas y buscar lo que puede darles agradables; del polo al ecuador se van mudando los seres que pueden causar unas y otras, variar las sensaciones, y modificar las ideas.

Las Ciencias son progresivas como las necesidades que las hacen nacer. Observad la marcha de las unas, y conoceréis la de las otras.

El hombre camina siempre movido por la necesidad, impelido por el deseo de una existencia más alegre. En lo económico busca primero lo necesario, se extiende después a lo de comodidad, y se dilata últimamente a lo de lujo.

En lo político establece primero un Gobierno sencillo, después otro más combinado, y últimamente otro de mayor complicación. En lo literario forma primero las Ciencias de necesidad, después las de provecho y últimamente las de placer.

Siguiendo la misma progresión las Ciencias parecen inmensas. Se dilatan por todos los campos a que se extienden las necesidades, avanzan con ellas; y se pierden en lo infinito porque son infinitos los deseos del hombre.

A Buffón sucedió Cuvier, después de Cuvier nacerán otros sabios y más allá de Newton la imaginación divisa otros Newtones.

Enorgullecido con las luces de los precedentes cada siglo se promete el honor de llegar a la meta y cantar desde allí himnos de victoria. Trabaja lleno de esperanzas, cree tocar en el término; y entonces es cuando descubre nuevos espacios, nuevas extensiones al lado de otras extensiones.

No hay linderos en los campos de las Ciencias. No tienen término los deseos que las dilatan. Todos buscan sensaciones plácidas, todos repelen las molestas. El instinto de la conservación, el amor mismo del Ser es el que inclina a las unas y aparta de las otras.

Si un Gobierno justo da a todos igual protección, el equilibrio hará felices a todos. La tendencia de unos a gozar con perjuicio de otros será resistida por los que no permitan su propio daño. Esta lucha pondrá término a las necesidades gravosas para los demás; y multiplicadas solamente las que no lo sean, las Ciencias obra de ellas avanzarán espacios inmensos y harán el bien que prometen sus progresos. Pero si un Gobierno injusto tiende a la felicidad de unos y olvida la de otros, el deseo de gozar multiplicará al exceso las necesidades de cada especie; no bastará a llenarlas el trabajo de un hombre. Comenzará entonces la tiranía, comenzará la destrucción Se acabará la sociedad; y las Ciencias se acabarán con ella, emigrarán a países donde haya hombres que puedan cultivarlas, y leyes que sepan proteger a los hombres.

A estas líneas es reducida la historia de todas las Ciencias, la de sus progresos y decadencia, la de sus emigraciones y marcha por la India y la Grecia, por Italia y los demás países del antiguo continente.

Las revoluciones de los Gobiernos las producen siempre en las Ciencias. No es preciso hacer inquisiciones penosas para calcular su estado en una nación. Basta ver la ley que rige y saber quiénes mandan.

Estos datos son suficientes para resolver el problema.

Debe haber establecimientos científicos. Es preciso que los haya. Son los focos donde juntándose los rayos de luz salen después unidos a ilustrar a todas las clases. Pero si se interceptan estos rayos, si se levantan muros de separación y un pueblo no puede comunicar a otro pueblo sus pensamientos y observaciones, serán en caso tan triste necesarias las consecuencias. No habrá establecimientos científicos, o será nula la utilidad de los que existan, no habrá punto de unión, o no podrán esparcirse los conocimientos que reúnan.

Es necesario multiplicar las relaciones de sociedad, es necesario facilitar la comunicación de los pueblos para que haya ilustración y progresen las ciencias.

Fijémonos en esta grande verdad, origen de otras que también lo son; analicémosla con exactitud, investiguemos las causas que embarazan las relaciones sociales. Su conocimiento descubrirá las que entorpecen la marcha de las ciencias, manifestará el enlace de la ilustración y la riqueza, señalará los puntos que deben ocuparnos y las medidas a que la atención debe volverse con preferencia.

Las ciencias no se adquieren en un día, ni el compás se aprende a manejar en un minuto. Todos empezamos errando, todos damos traspié en una carrera difícil.

Eran hombres de luces Ustaris, Arriquivar, Antillon; y sin embargo de serlo Arriquivar corrigió algunas equivocaciones de Ustaris; Antillón rectificó los errores de Arriquivar; y otro talento feliz dará más perfección a los Estados y cartas de Antillón.

Ya es tiempo de aproximar las ciencias exactas a las económicas, ya es llegada la época de dilatar el imperio de las unas con las luces de las otras.

La ciencia de los hechos debe preceder a toda teoría científica o política. En vano se forman sistemas, en vano se trazan planes si no anteceden los conocimientos que deben servir de base. Los primeros son imaginarios y los segundos inexactos cuando no se han reunido, estudiado y coordinado los hechos en que deben fundarse.

Obsérvese la marcha de las ciencias en el movimiento de los tiempos. Desaparece la Física que admiraba al siglo antecedente; y comienza a brillar otra en el que sigue. Cae la política de una edad, y sobre sus escombros se levanta otra que también será arruinada. Se siguen unas a otras las ciencias, se suceden unos a otros los sistemas porque se organizan aquellos o se forman éstos sin haber acumulado antes todos los hechos que debían dar las luces necesarias o rectificar las ideas precisas.

Queremos levantar planes de riqueza o formar teorías de prosperidad. Estudiaremos nuestras caras provincias, observaremos su posición y figura, sus tierras y producciones, su población y recursos.

A estos conocimientos del sistema físico seguirán los del sistema económico. El pensamiento tendrá entonces bases más sólidas: la verdad será más convincente; el triunfo de ella más claro y perceptible.

Las ciencias naturales son origen de bienes que no es posible calcular. Cualquiera que sea el aspecto en que se les mire, consideradas como partes del sistema literario o científico, vistas en sus relaciones con el económico, o examinadas en las que tienen con el político, su influencia es benéfica, su imperio grande, y sus efectos trascendentales.

1º. Los astros que iluminan al mundo son parte de un todo inmenso. Es uno del sistema que forman. Los movimientos del más distante influyen en los demás, las luces se comunican a todos; y las sombras de unos producen eclipses en otros.

Las ciencias que ilustran a los hombres son partes de un todo hermoso. Es uno el sistema que constituyen de conocimientos humanos. Los progresos de las que parecen más aisladas influyen en las demás, las luces reflejan en todas; y las tinieblas de las unas obscurecen a las otras.

Cuando el escolasticismo hizo progresos en una ciencia, su movimiento se comunicó a las demás. Todas se volvieron escolásticas; y el imperio de la escuela donde fue creada, se vio extendido a las otras escuelas.

Comenzaron las matemáticas a llamar la atención, se empezó a cultivar su estudio, y el espíritu de exactitud comenzó también a penetrar en las demás ciencias. Se hicieron aplicaciones felices de las exactas a las físicas y económicas, y hasta en las morales empezó a advertirse el genio de la precisión.

Las bellezas de la naturaleza crearon admiradores, empezó a cultivarse el estudio de las ciencias naturales, se formaron clases, órdenes, géneros y especies para abrazar la inmensidad de seres que componen los tres reinos; el espíritu de clasificación que es el de orden, siempre luminoso, se comunicó a las demás ciencias; el médico trabajó tablas de las clases y órdenes de enfermedades, como el botánico había trabajado las de vegetales; y el jurista clasificó los delitos y pactos como el mineralogista había clasificado los fósiles.

"No es en los libros de derecho, dice Bentham, donde he encontrado medios de invención o modelos de método, es en las obras de metafísica, de física, de historia natural, y de medicina. Leyendo algunos tratados modernos de esta ciencia llamaba mi atención la clasificación de las enfermedades y los remedios. ¿No podrá trasladarse a la legislación el mismo orden?... Lo que he encontrado en los Tribonianos, los Coccios, los Blackstons, los Vattel, los Potier, los Domat es poca cosa. Hume, Helvecio, Linneo, Bergman, Cuvier han sido más útiles para mí".

Cultivando las ciencias naturales, observando el arte maravilloso con que han sabido descubrir las semejanzas y diferencias de los seres, dividirlos por ellas en clases, órdenes y especies, crear para todas un idioma claro y preciso, abrazar de este modo la creación entera, y transmitir su conocimiento a las generaciones futuras; estudiando este arte divino y observando su marcha detenida y sagaz, se aprende el método más fácil para dar orden a los pensamientos y abrazar grandes relaciones.

La filosofía de Linneo es útil por los conocimientos que da en la parte más bella de la historia natural; pero su utilidad más grande consiste en el modelo que presenta para crear una ciencia, y formar el idioma de ella.

Si el Análisis es el instrumento grande del arte de pensar, las ciencias naturales son las que enseñan el método, y cuando las morales, las legislativas, etcétera, formen tablas de virtudes y vicios, de delitos y penas etcétera, tan claras y metódicas como las de plantas y fósiles, entonces los trabajos serán menos penosos: las ciencias abrazarán espacios más grandes, y el amigo de ellas verá en un cuadro pequeño el sistema entero de los conocimientos humanos.

Dilatemos la vista por los pueblos que hermosean la tierra, numeremos si es posible, los bienes que gozan. No hay uno que no deban y sea proporcional a los conocimientos que hayan adquirido.

Si trabajan la tierra con menor pena y sudor, si dan a las plantas más agrestes cierta especie de civilización, si saben cultivar el trigo y trabajar el fierro, si han aprendido a dirigir y emplear en su servicio las fuerzas o potencias de la naturaleza, si tienen máquinas que movidas por una mano hacen en igual suma de tiempo lo que no harían veinte, si conocen sus derechos y no permiten que sean hollados, si han sabido constituirse y crear lo que se llama Espíritu público, si respetan la libertad en los demás pueblos para que sea la suya respetada en el mismo grado, si estiman en todo su valor el precio de la virtud, y saben que la moralidad consiste en respetar en nuestros semejantes nuestros propios derechos, las ciencias son las que les han hecho todos estos presentes; a las ciencias los deben; y si hay diferencia entre una Nación culta de ciudadanos ilustrados y una horda grosera de salvajes estúpidos, las ciencias son las que la han establecido.

Las naturales hacen el mayor bien dando a las demás métodos de perfección enriqueciendo el idioma, y multiplicando los objetos de comparación. Pero esta influencia, grande en sus resultados, es indirecta en su cooperación. Hay otra más próxima, o inmediata en la riqueza de los pueblos; y de ella también pueden gloriarse las ciencias naturales.

2º. Se han fatigado los economistas para dar una definición exacta de la riqueza. Lauderdale da este nombre a todo lo útil y agradable que el hombre desea poseer. Malthus lo limita a los objetos materiales necesarios, útiles o agradables a la especie humana. Say lo extiende a todo cuanto tiene valor.

Elíjase la definición que se quiera. Sea lo necesario, lo útil, lo agradable o lo que tiene valor. No hay riqueza que no sea derivada de alguno de los tres reinos, no hay industria que no tenga por base los fragmentos de algún mineral, vegetal o animal. Descubrir fósiles, plantas y animales: estudiarlos y darlos a conocer por caracteres positivos y constantes es aumentar la riqueza de un pueblo, mejorar su suerte, extender sus relaciones, y darle representación en el mundo.

Un pueblo que no conoce más que las bellotas o manzanas que comían sus primeros salvajes es pueblo pobre, dependiente en los artículos más necesarios de las naciones que los producen. Pero un pueblo que a cada estación adquiere conocimientos de los vegetales de su suelo es pueblo que va aumentando su riqueza, disminuyendo su dependencia, y elevando su poder.

Si no sabe hacer descripciones exactas, sus conocimientos serán limitados a las primeras generaciones: las siguientes sólo recibirán aquellos que les transmita una tradición vaga que se obscurece con el tiempo; y alterándose sucesivamente no llegarán a la posteridad más que errores o equivocaciones.

Si sabe por el contrario describir sus plantas por caracteres positivos y constantes, el conocimiento de ellas, exacto en las primeras generaciones, lo será también en las últimas la riqueza se perpetuará y la posteridad más remota disfrutará los mismos bienes que hayan gozado las primeras familias.

Los observadores antiguos recorrieron como los modernos diversos países; estudiaron las plantas que los hermoseaban; describieron aquellas que hacían la riqueza de los pueblos. Pero no conocieron los métodos que invento después el genio; no supieron clasificar los seres de la naturaleza por caracteres inequívocos; y sus viajes, sus observaciones, sus descripciones son por aquella ignorancia casi inútiles para nosotros.

Si los idiomas perpetúan los conocimientos comunicando a los hijos los que tienen los padres, la botánica, mineralogía y zoología, que son la lengua de las ciencias naturales, perpetúan la riqueza transmitiendo a las segundas generaciones la que han descubierto las primeras.

Un mineralogista, un botánico, un zoologista, que renunciando los placeres de las ciencias sedentarias abandonan su patria y familia por observar los individuos de los tres reinos en los bosques más espesos, en las montañas más escarpadas, son bienhechores de los pueblos, amigos del hombre; y dignos por serlo de su gratitud y respetos.

Por ellos el comercio dilata sus relaciones multiplicando sus artículos, por ellos las artes extienden su imperio aumentando las materias primeras, por ellos la especie humana es aliviada en sus dolores y socorrida en sus necesidades.

A los naturalistas puede decirse con justicia: El conquistador destruye; y vosotros conserváis el mundo. La Flora de una Nación, las tablas de sus fósiles, el cuadro de sus animales son el índice o inventario de sus grandes propiedades. Los géneros y especies de minerales, las clases y órdenes de formas vegetales y animales son géneros y especies, clases y órdenes de riqueza. Generalizando el gusto de las ciencias naturales, inspirándolo a las clases primeras, las tres especies de industria avanzarían espacios muy grandes. Los curas y sus tenientes, dividiendo el tiempo entre su ministerio y el estudio de la naturaleza, derramarían en su parroquia conocimientos útiles, y harían por el ascendiente de su destino que los aprovechasen sus feligreses.

Los propietarios, en vez de consumir sus rentas en ciudades populosas, sepulcro de la moralidad, se retirarían a las tierras de que son dueños para cultivar en medio de la naturaleza las ciencias que la tienen por objeto, harían pruebas o experimentos que ellos solos son capaces de ejecutar, mejorarían los cultivos y darían luces provechosas al labrador.

Los comerciantes llevando a un país las especies de otro aumentarían las riquezas de su patria, reunirían en ellas las de climas diversos; y no sería el interés individual el objeto único de su carrera. Los fabricantes, multiplicadas las materias primas, harían ensay os importantes, substituirían a las acostumbradas otras de mayor provecho, perfeccionarían los métodos; y la Nación enriquecida por tan tas manos tendría poder y sabría sostener sus derechos.

3°. Las naciones que no conocen sus plantas, fósiles, ni animales no tienen productos que llevar al comercio, no pueden presentarse al mercado a donde concurren las demás, viven aisladas sin relaciones con los otros pueblos, no reciben las luces que les daría la comunicación con ellos, y no existen en el mundo político, son ignorantes y pobres, la ignorancia y pobreza las expone a ser propiedad de los primeros ocupantes; los señores que llegan a poseerlas las dominan con despotismo para mantenerlas sometidas; y el despotismo las hace más infelices perpetuando los elementos que lo sostienen.

En otras ciencias escapan a los que las cultivan opiniones que influyen en el atraso de la civilización, opiniones que deprimen los derechos del hombre, preparan los pueblos a sufrir los caprichos de un tirano. En las naturales todo es inocencia y provecho. No hay sistemas que ofendan los fueros de las naciones, o no hay opiniones que hieran la libertad de los pueblos. Se suceden unos a otros los métodos, se varían las nomenclaturas en la progresión de las luces. Cada una deja alguna verdad provechosa, algún pensamiento útil: y ninguna produce daño a la Nación.

Se hacen por el contrario un bien inestimable, poco conocido hasta ahora, y digno de ser apreciado. Difundiéndose el gusto de las ciencias naturales por las clases que influyen o dan dirección a los pueblos, la atención se vuelve a objetos inocentes que jamás hacen mal y siempre producen bien, la meditación no se fija en productos peligrosos para quien los concibe y funestos para los pueblos donde se ejecutan; la Nación no se mantiene en deliberación continua, ni corre los riesgos a que precipita esta aptitud.

Ese aire de inocencia que tienen las ciencias naturales se comunica a los que las estudian. La fisonomía del naturalista donde está pintada la paz dulce y tranquila es muy diversa de la del proyectista donde se ve la agitación y desorden.

El botánico observa los cereales que alimentan al hombre mientras otros meditan acaso planes de subversión, el mineralogista busca fósiles de nueva utilidad al mismo tiempo que otros maquinan tal vez combinaciones de mu muerte. La moralidad hace progresos con el estudio de la naturaleza; y la moralidad es la base más sólida de la felicidad de los pueblos, y el sublime a que debe elevarse la política.

En estos aspectos son provechosas las ciencias naturales. En lo literario, en lo económico y en lo político producen bienes de diversa especie; o extendiéndolos a quienes las cultivan le comunican luces y le dan placeres que en el entusiasmo que inspiran le hacen decir: "Solo, con la naturaleza y Linneo, soy el hombre feliz".

Una Academia de amigos de las ciencias y artes sería muy importante en la República. Ciento treinta años hace que se establecieron las primeras sociedades sabias y en este tiempo no se ha hecho un descubrimiento que no esté en sus registros o cuyo autor no haya sido individuo suyo. La Academia debe dividirse en seis secciones, ocupada la primera en las ciencia físicas y naturales; la segunda en las ciencias exactas; la tercera en las ciencias económicas, políticas y morales; la cuarta en las bellas letras; la quinta en las artes y la sexta en la instrucción elemental.

En siglos oscuros, cuando eran posesores exclusivos de los empleos los individuos de las clases altas que desdeñaban las ciencias y no tomaban el trabajo de cultivarlas, sucedió lo que era natural sucediese. El interés de unos, la adulación de otros, la ignorancia de los demás, hizo creer que no había principios ciertos, ni reglas fijas para gobernar; y esta opinión propagada sin examen, tiene ecos que los repitan del mismo modo.

En la naturaleza hay variedad casi infinita de fenómenos que se suceden unos a otros, todos son, sin embargo, efecto preciso de leyes invariables y el conocimiento coordinado de estas leyes forma la ciencia.

En las sociedades políticas hay diversidad menos numerosa de fenómenos o acaecimientos, todos son obra necesaria de leyes igualmente constantes, y el conocimiento de ellas, elevado a sistema o cuerpo organizado de doctrina, forma la ciencia.

"No posees la de gobernar", dijo un escritor, "si crees que en ella no hay principios ni reglas fijas".

Estudiemos la materia bruta que es lo más sencillo de la naturaleza, subamos después a la materia vegetal que presenta fenómenos más difíciles, trepemos sucesivamente a la materia animal que aparece más complicada en todas sus funciones, ascendamos al hombre, que es el ser más grande de la tierra.

La naturaleza es un sistema sabiamente concatenado de seres; y las ciencias deben ser también un sistema, organizado con sabiduría, de conocimientos relativos a las partes y leyes de la naturaleza.

Es maravilloso ese todo inmenso que se llama Naturaleza. Es más prodigioso este otro todo infinito que se llama Ciencia.

Todo es luz refleja en el sistema científico. Si se corta la comunicación de unas ciencias con otras, si se aíslan o separan por líneas impenetrables, no habría reflexión de luces ni claridad en los espacios a que se extiende cada una de ellas. Todo será obscuridad y tinieblas.

Los sabios observan toda la naturaleza sin arredrarles su inmensidad: estudian todas las creaciones, buscan todas sus leyes, recogen todas las observaciones, forman al fin las ciencias y las artes; y cada ciencia, cada arte, es productora de artículos de riqueza,

Recorriendo las secciones en que se dividen los seres físicos, estudiando primero los minerales, subiendo después a los vegetales y trepando últimamente a los animales, los sabios abrazan sus caracteres más inequívocos, dan a conocer sus propiedades más eminentes, indican sus destinos más provechosos, y abren las puertas de las tres creaciones.

Y el estadista conoce que la balanza de las naciones es como he dicho otra vez, equilibrada o inclinada por un fósil, por una planta, por el capullo de un insecto, por la cera de una flor, por la piel o lana de un animal descubierto, observado y clasificado por un sabio. Estudiando las leyes del movimiento, de los fluidos, de la luz, del sonido, etcétera, forman las ciencias que se llaman exactas, después de haber formado las que se denominan naturales.

Crean un mundo que se cree de abstracciones, y es en realidad el mismo mundo de que somos partes. Con números y líneas, haciendo figuras que parecen entretenimiento de ociosos, contando, midiendo y pesando, hacen verdaderos prodigios, honor del genio, provecho de los Estados.

Ellos han llenado el mundo de instrumentos que multiplican los ojos, las manos y los poderes del hombre, han logrado que el trabajo de millones de individuos sea ejecutado por máquinas inanimadas que no exigen salarios por sus trabajos.

Ellos han triunfado de la naturaleza, haciendo que las aguas condenadas por ella a bajar, sean superiores a sus leyes y suban a regar las siembras del labrador. Ellos han creado tres épocas, que serán gloria inmortal de su especie. Enseñaron primero a servirse del hombre para la producción de la riqueza, hicieron después que emplease animales menos costosos que el hombre; sustituyeron últimamente seres inanimados, menos gravosos que los animales.

La ciencia de los Gobiernos, que con una orden pueden abrir o cerrar las fuentes de los Estados, su prosperidad más brillante, su decadencia y ruina, son fenómenos producidos por causas tan invariables o constantes como el ascenso de unos cuerpos y el descenso de otros. Reuniendo hechos individuales, el físico llegó a conocer las leyes de la gravitación; y recogiendo observaciones particulares, el estadista aspira a descubrir las leyes de las sociedades.

Posesor de ellas un gobierno instruido en el arte de aplicarlas, siguiendo el desarrollo natural del hombre, dando a los pueblos niños las leyes que convienen a su tierna edad, dictando a las naciones adultas las que exige su madurez, la marcha de los Estados sería natural como la de las plantas regadas en un jardín. Florecerían y darían frutos en sus períodos respectivos. No habría violencia, ni coacción. El movimiento sería espontáneo; y la prosperidad, resultado feliz de un sistema inspirado por los sabios.

Cada siglo, por ellos, ha ido mejorando o multiplicando las ciencias y las artes: cada ciencia y arte ha ido aumentado las riquezas y comodidades. El siglo XV presentó el arte de la imprenta, el XVI el Nuevo Mundo, la cochinilla, el añil y el tabaco; el XVII el telescopio, el barómetro y el termómetro; el XVIII una filosofía nueva; el XIX, la independencia de la América y las experiencias grandes. Los que le sigan serán superiores; y marchando sucesivamente, yo no sé hasta dónde llegarán los adelantamientos de las ciencias, los progresos de la riqueza, la mejora de los pueblos y las perfecciones de la especie.

Las ciencias y las artes son las que ponen la naturaleza entera a los pies del hombre, las que le dan el cetro del mar y la tierra. No puede haber riqueza, poder ni prosperidad, sin ilustración. Las tierras donde no hay luces, son bosques de lacandones o mosquitos desnudos, pobres y miserables, lagos de aguas estancadas sin movimiento ni corriente, pantanos cenagosos, poblados de reptiles dañinos o inútiles. Los países iluminados son por el contrario praderas y trigales hermosos y dilatados, lugares ricos de talleres y manufacturas, plazas concurridas de tráfico y comercio. El África es un continente obscuro como el color de sus habitantes; y la Europa es el ornamento más bello del mundo civilizado.

La nomenclatura, división y clasificación de las ciencias que forman el sistema vasto y hermoso de los conocimientos humanos es todavía defectuoso después de corridos tantos siglos. Se dice: Aerología, Hidrología, y olvidando la analogía, no se dice (en el artículo publicado) Geología, Iconología, Esferología, etcétera. Se da nombre al conocimiento de las aguas que fertilizan la tierra, y al del aire que la circunda; y no se da al de los vegetales que la embellecen, o minerales que la enriquecen. Se da el de Aerología al conocimiento del aire; y no se da el de Phitología al de los vegetales, y Mineralogía al de los minerales, etcétera.

Yo tiendo la vista por las ciencias que forman el árbol hermoso de los conocimientos, y en todas partes veo a las matemáticas presentándoles sus métodos de raciocinio, análisis, sus cálculos, fórmulas, sus cifras y sus máquinas.

La agricultura progresa en las labores de la tierra a proporción que avanza en las observaciones del cielo. Es uno el Todo inmenso que se llama universo. Todos los seres que lo forman están concatenados, todos se atraen, todos gravitan unos sobre otros. El movimiento de los planetas y sus satélites, lo produce en la atmósfera y el océano; y el de los aires y las aguas influye siempre en el cultivo. Si el curso de los primeros está sujeto a leyes invariables, el de los segundos debe estarlo igualmente. Y si puede predecirse el uno, podrá también pronosticarse el otro.

A los fenómenos del cielo siguen fenómenos proporcionales en la tierra. Hay verdadera correspondencia entre los primeros y los segundos.

Los genios no se forman en los bancos de los colegios, ni en las aulas de las universidades ¿En las de Cambridge aprendió Newton el análisis de la luz, el descubrimiento de la atracción, y el cálculo de las fuerzas y movimientos de los mundos? ¿En las de París descubrió La Place el sistema del universo?

En los colegios y universidades se reciben lecciones de lo que se llama sabiduría a la época en que se dan. Los genios someten a examen todo eso que se denomina ciencias. Borran unas, crean otras, perfeccionan las demás.

Los genios reciben su educación de la Naturaleza que los ha formado, de Universo que influye en ellos.

EPÍLOGO

CERTIDUMBRES Y VACILACIONES DE UN PROVINCIANO

Por Ramón Oquelí

"En un remanso de las montañas de Tegucigalpa, donde parece sosegarse el esplendor tropical, se halla la imagen marmórea de un hombre meditabundo y en pie.

"...y nos parece que, con la voz más acendrada y con menos angustia, esa figura se desencarna del mármol y vuelve a andar". Rafael Heliodoro Valle.

"Dulce es nacer y que la suerte amiga, de un osado vigor dote la mente". Este delicado aplauso del poeta Quintana a la genialidad goyesca lo habría aceptado para sí José del Valle, estadista, escritor y ganadero, nacido en Jerez de la Choluteca y Mis Reales Tamarindos, el 22 de noviembre de 1777, y fallecido en Corral de Piedra, Guatemala, el 2 de marzo de 1834.

Porque, pese a la frustración en varios de sus proyectos personales o colectivos, y durante tres candentes decenios (1804-1834), este sorprendente personaje de la historia centroamericana patentiza una inquebrantable decisión en escudriñar los llamados secretos de la naturaleza, avizorar siglos, descubrir las leyes que rigen la historia, contribuir a la construcción de una ciencia que englobe todos los conocimientos y lograr que su patria, privada ya de la posibilidad de convertirse en nación próspera —como era su primordial ilusión—, lograse por lo menos escapar de hundirse en las ruinas, de sortear el naufragio definitivo.

Acaudalado heredero[7], poseedor de la biblioteca "más grande y escogida de Centroamérica", su vida oscila entre aspiraciones bien

---

[7] Su bisabuelo, José Díaz del Valle, fue alférez mayor y regidor perpetuo de Choluteca, donde enviudó tres veces y fue sepultado. Originario probablemente de Andalucía, ostentaba en su escudo la leyenda "El que

definidas: la seguridad de su familia, que se reconozcan sus méritos, la organización de la República, el engrandecimiento de América y el anhelo permanente por lograr un mayor rendimiento de la capacidad humana en todos los niveles y latitudes.

Inscrito resueltamente dentro de la estirpe que más admiraba —la de los pensadores activos—, Valle trata de ampliar la línea iniciada en Centroamérica por el costarricense Liendo y Goicoechea[8]. Si su maestro, formado en la España de Carlos III, era admirador de Quevedo, La Fontaine, Fontenelle y Boileau, Valle se desvela por conocer hasta dónde habían llegado las investigaciones, las realizaciones de griegos, romanos, europeos y americanos. Entre otros: Aristóteles, Cicerón, Lutero, Newton, Locke, Linneo, Cuvier, Pascal, Mably, Say, Montesquieu, Voltaire, Decandolle, Rousseau, Jovellanos, Humboldt, Bentham, Buffon, Pradt, Grégoire, Caldas, Flores Estrada, Mirabeau, Mill, Filangieri, Saint-Pierre, Lagasca, Gall, Destutt de Tracy, Napoleón, Mirbel, Bolívar, Vicente Cervantes, Sack, Chateaubriand, Canning, Pecchio, Villaurrutia, Julien, Barrio, La Vigne, Condamine, Benjamín Constant, Bergaño, Mier y Terán, Unanue, Andrés del Río.

Sin convertirse nunca en un vulgar repetidor, Valle sintetiza, rectifica, amplía y utiliza el pensamiento recibido para analizar la problemática que le incitaba (¿sobre qué no discurrió Valle?). Sin

---

más vale no vale tanto como vale Valle" y llegó a apacentar en sus haciendas más de 16 mil cabezas solo de ganado mayor.

El bisnieto y homónimo José Díaz del Valle y Díaz del Valle fue puntual administrador de sus bienes, así como era ordenado en la contestación de su correspondencia y en la preparación de informes y discursos.

Ver Cartas de José Cecilio del Valle (Tegucigalpa, Universidad Nacional Autónoma de Honduras, 1963), Cartas autógrafas de y para José Cecilio del Valle (México, D. F., Biblioteca Porrúa, 1978), Cartas familiares (Tegucigalpa, Imprenta La Democracia, 1967) y la Introducción de Juan Valladares Rodríguez a El pensamiento económico de José Cecilio del Valle (Tegucigalpa, Banco Central de Honduras, 1958).

[8] Hombre de buen humor, fue el reformador del plan de estudios de la Universidad de San Carlos de Guatemala y diligente misionero en Agalta (Olancho). Ver Lázaro Lamadrid: Una figura centroamericana, Dr. Fr. José Antonio Liendo y Goicoechea, O. F. M. (San Salvador, Tip. La Unión, 1948).

desconocer la génesis y el alcance de las transformaciones violentas, su talante e intereses no lo impulsaron a la revolución, sino a las reformas globales y graduales. ¿Qué nos dice hoy su obra?

FUNCIONARIO Y PUBLICISTA

Sus juicios no proceden de un teórico, de un analista de la política, sino de un activo participante en la vida pública, que sabe cuándo debe hablar o reservar su pensamiento. "Son efectivamente muchas las reflexiones que he hecho desde el seno de mi biblioteca. Podría escribir un tomo sobre guerras civiles. Pero es trabajo largo. Ahora narrato narro sin dar juicios ni soltar opiniones". Y en carta familiar, después de relatar brevemente su encuentro con el brigadier Vicente Filísola, en Quezaltenango, advierte: "No olviden limpiar de continuo mi librería. Sean activos en los cobros, y denme razón de la entrega de la hacienda y de todo lo que ocurra. No es reservado el contenido de esta. Pero no hay necesidad de comunicarlo. La reserva es útil aun en cosas indiferentes".

En esta excesiva cautela se manifiesta la faceta conservadora de Valle, subrayada en el punto primero del Acta de Independencia, cuando, después de reconocer que aquella es "la voluntad general del pueblo de Guatemala", expresa temor a "las consecuencias que serían temibles en el caso de que la proclamase de hecho el mismo pueblo". Y en la apertura del primer Congreso Federal: "Si aumenta la energía de los pueblos, se disminuye o debilita la del gobierno".

Lo más frecuente, sin embargo, es que, ya en el ejercicio de los cargos públicos (auditor de guerra, fiscal, alcalde, diputado, ministro, miembro del Ejecutivo) o durante sus repliegues tácticos, en los que alterna el cultivo de las ciencias con las maniobras para alcanzar la suprema magistratura de la nación, Valle dirija o colabore en la publicación de órganos periódicos (El Amigo de la Patria, El Redactor General, Mensual de la Sociedad Económica de Amigos del Estado de Guatemala, Gaceta del Gobierno Imperial de México, Gaceta del Supremo Gobierno de Guatemala), la cual interrumpe su publicación al cesar Valle como individuo del Poder Ejecutivo en 1825. La línea que mantiene en ellos es la del combate contra la sinrazón, la injusticia y el despotismo; atreviéndose a plantear problemas, ofreciendo soluciones, enfrentándose resueltamente a sus adversarios. No rehuía la polémica y, a veces, la provocaba.

Valle se define a sí mismo como liberal. Y así como defiende el derecho a la propiedad, la libertad de comercio, no es menos enérgico sostenedor del derecho a la libre emisión del pensamiento: "La imprenta es el sentido universal del cuerpo humano. Su libertad es consecuencia necesaria de la falibilidad común. Es preciso permitirla, o decir que los que gobiernan no pueden errar. Ella enfurece al espíritu orgulloso de dominación, porque le quita la máscara; ella intimida y desconcierta a la audacia y tiranía por la posibilidad sola de su vigilancia, pero estos temores que inspira son elogios serios, y una prueba más de su necesidad".

"¿Cómo se ha conservado la tiranía? Por la esclavitud de imprenta. ¿Cómo se ha destruido la tiranía? Por la libertad de imprenta. En medio de las tempestades de una revolución es precisamente cuando las pasiones aumentan su audacia y actividad... pero esas mismas pasiones se neutralizan por su misma lucha... Su vigilancia activa compensa y repara los males que hacen nacer". "La mano más poderosa no tiene imperio sobre el pensamiento, y mientras haya en el globo un solo hombre que piense, las ideas de este hombre se irán dilatando por toda la tierra. Para que no existan las ciencias es necesario que no haya hombres. Habiéndolos, ha de haber quien piense, y existiendo algún pensador, sus pensamientos han de correr por la superficie de la tierra como las aguas del Támesis o el Sena, del Tajo y el Marañón".

A los treinta y ocho años de edad, cuando era fiel súbdito de la corona española[9], Valle hace un recuento de su producción literaria: "Una memoria o instrucción sobre la langosta y modo de exterminarla, y de precaver la escasez de comestibles, que se imprimió de orden del Gobierno; un papel acerca de lo practicado por aquel comercio en demostración de su lealtad en las actuales

---

[9] Una de las más tristes imágenes de Valle nos la proporciona él mismo, en su contestación al capitán general José Bustamante y Guerra excusándose de escribir una memoria sobre los orígenes del movimiento independentista, pero prometiendo hacerlo si se le concedía colocación en la península (Revista del Archivo y Biblioteca Nacionales, Tegucigalpa, tomo I, 1905, pp. 313-316).

circunstancias e indicando las providencias que convendría dictar para que prosperase el giro de aquel reino, de cuyo papel se hizo mención honrosa en la Gaceta de México; varios papeles anónimos publicados en los primeros tomos de la de Guatemala; una memoria sobre el método que debe seguirse en el estudio de la jurisprudencia, adornándose con los conocimientos de la historia civil y la particular de nuestro derecho, para saberlas aplicar; un prospecto o plan de enseñanza para la clase de Economía Política, en que ofrece escribir unas instituciones de esta ciencia, habiendo la Sociedad aprobado y reconocido su mérito; una memoria sobre el plan de estudios que convendría adoptarse en aquella Universidad; una instrucción manifestando los derechos y facultades de los jueces árbitros, los de las partes compromitentes, y el método con que deben proceder aquellos, y muchas alegaciones en derecho sobre asuntos de gravedad que ha defendido en aquella Real Audiencia".

En 1820, año anterior a la independencia centroamericana, Valle da a conocer que ha escrito un diccionario, "que no se ha publicado por falta de buena imprenta", propósito que reiteró nueve años después. Algunos artículos se referían a los siguientes temas: Autores, Ciencia, Educación, Maestros. En 1827 presentó nuevo inventario: "He continuado El Redactor, que comencé a publicar en 1825. Envío los números 10, 20, 22, 25, 26, 27 y 28, mi discurso sobre el Arancel, mi Prospecto de la Historia de Guatemala, mis observaciones sobre el Catecismo de Geografía, mi Proyecto de una expedición científica, mis pensamientos sobre el Congreso de Panamá, mi descripción de esta república en la parte constitucional y mis reflexiones sobre la necesidad de su existencia para conservar el equilibrio de la América. Remito también otras obritas mías de que he conservado algunos ejemplares, y estoy actualmente escribiendo un pequeño ensayo sobre el Congreso de la América".

"Yo no soy de ningún partido. No tengo necesidad de empleos, ni los he pretendido, ni los admitiré: quiero emplear el último tercio de mi vida en coordinar mis pensamientos y presentarlos a mi patria en algunos ensayos que comencé y no he podido acabar por servir los destinos a que he sido llamado". "Yo sigo como antes. Mi vida es de estudio, observación, meditación. La América dividida en nueve repúblicas y un imperio es obra muy instructiva, compuesta de diez volúmenes. Esta república es entre ellas la que me ofrece más observaciones".

Y en 1833, un año antes de su muerte, Valle remarca su vocación de divulgador de noticias y opiniones (en varias ocasiones pidió que los labradores diesen a conocer sus experiencias y que tanto alcaldías como congresos editasen diarios de sus sesiones, que serían como "focos grandes que derramarían luces por toda la república"): "Yo no ceso de ensuciar papel. Pero la impresión es cara en este país; sentiría mucho robar a los lectores el tiempo que pueden dar a tantas producciones de los genios europeos".

Esperaba rematar su obra a los setenta años de edad, pero fue a los cincuenta y seis, cuando posiblemente, a causa de infarto de miocardio con edema agudo de pulmón, y bajo ardiente sol, en medio del campo y "horribles ventarrones que se habían desatado por aquellas llanuras", concluyó una existencia que había sido más desvelo que diversión. Vida preciosa, "fecunda en labores", como la sintetizaría su primer gran biógrafo[10] .

EL TIEMPO, EL HOMBRE Y SU ESTILO

"A una vida laboriosa acompaño regularmente una conducta irreprensible, porque el trabajo exige recogimiento, y el retiro no permite las distracciones del vicio público y privado". Así se quería ver a sí mismo don José del Valle, como hombre de bien "en toda la extensión de mi ser, en toda la latitud de mi vida y en la aceptación estricta de la palabra", "receloso de caer en falta alguna vez". Deseaba que la posteridad "le hiciese justicia". "No deseo ser condenado por la posteridad". "Yo no hablo a las generaciones presentes. Hablo para las futuras que les sucedan".

"No tengo ambición, ni es posible que la haya en quien conozca toda la delicadeza de nuestras circunstancias. No pretendo empleos, no deseo destinos, ni he mendigado sueldos. Abro mi alma para que la lea el que quiera. Mi primera pasión, la que ha formado mi carácter y creado el género de mi vida, no es la de mandar, especialmente en

---

[10] Ramón Rosa, Biografía de don José Cecilio del Valle (Tegucigalpa, Tipografía Nacional, 1882) y "Don José Cecilio del Valle y la posteridad", Centro-América Ilustrada, Guatemala, no. 1, septiembre 1889.

la época más espantosa para los mandos; no es la de estar cosido a un bufete leyendo procesos insípidos o repugnantes. Es la del estudio en las delicias del retiro y soledad: la de cultivar esas ciencias que han sido el primer placer de mi alma, la de leer lo que ha publicado el talento en los libros inmortales, gloria del hombre, orgullo de la especie...".

"Dado a ocupaciones de esta especie, leyendo, pensando, escribiendo, comenzaría desde luego a pasar tranquila y plácidamente el tiempo de que al fin soy señor[11]. Pero hay momentos en que no es permitido el silencio; y uno de ellos es el presente. Pueblos que me honran con su opinión quisieron darme sus votos para el primer empleo de la República". Liberales y conservadores, poniendo tregua a su rencilla permanente, coincidieron en el fraude electoral. Francisco Morazán, quien, disputando el mismo cargo, venció a Valle en 1830, así como perdió frente al mismo en 1834, afirmó en 1841: "La elección de Presidente de la República hecha por el Congreso en el ciudadano Manuel José Arce, contrariando el voto de los pueblos que dieron su sufragio al ciudadano José del Valle, fue, en mi concepto, el origen de las desgracias de aquella época"[12].

Al reproche de haber desempeñado un ministerio durante el imperio de Iturbide, quien anteriormente lo había apresado, Valle responde: "Yo vi por una parte en don Agustín Iturbide lo que no olvidó jamás el Congreso de México, el general que tuvo valor para ejecutar con suceso el plan de independencia; y compadecí su suerte porque la de un desgraciado interesa siempre a los que no han nacido en el país de los carnívoros... Cuidé especialmente de que la revolución, avanzada ya a mi ingreso en la secretaría, no fuese sanguinaria ni tuviese el carácter de reacción física, horrorosa como todas las que llegan a tomarlo; supe quiénes habían sido mis delatores e informantes; pude vengarme de ellos y no lo hice entonces, ni lo he hecho después". "Los reptiles que entran arrastrándose en los palacios para abusar después de la autoridad con orgullo, los delatores oscuros,

---

[11] En otras ocasiones anotaría: "El tiempo me ha sorprendido", "El tiempo vuela con la rapidez del águila, y su movimiento precipita los sucesos, varía las escenas, y nos pone en situaciones diversas".
[12] Honduras Literaria, 2a ed. (Tegucigalpa, Ministerio de Educación Pública), no. 6, 1958, p. 123. Selección de Rómulo E. Durón.

los informantes ocultos, han sido siempre los que he visto con más horror".

Según Valle, mientras a principios del siglo XIX "las provincias de América sujetas a la legislación de Castilla tenían un movimiento uniforme y tranquilo que no presentaba sucesos grandes o extraordinarios", en 1822 "esos mismos pueblos desarrollaban con energía los resortes de su elasticidad, cuando la voluntad dominante era mudar la faz de las naciones, destruyendo lo antiguo y creando sobre sus escombros otro orden nuevo de instituciones, cuando en un año se levantaba majestuosamente una monarquía que quería extenderse desde California hasta el Istmo de Panamá; y en el siguiente desaparecía esa misma monarquía sin muerte ni sangre, casi sin ruido o estrépito. Residente en la capital de la nación donde se representaban escenas tan grandes; puesto sin pretenderlo en el centro del Poder Legislativo primero, y del Ejecutivo después; víctima yo mismo del torrente que arrastraba unas sobre otras todas las cosas; hoy en un arresto y al otro día en un ministerio, la sucesión misma de los acontecimientos era preciso que hiciese pensar al hombre menos ejercitado en observaciones. Yo quiero presentar las mías a mi patria".

Era partidario Valle de una jerarquía humana con las siguientes escalas: "Primero, el que ilustra; segundo, el que siembra; tercero, el que fabrica; cuarto, el que transporta; quinto, el que defiende a la sociedad de que es individuo; sexto, el que concilia y excusa pleitos". Aunque afirmaba no ser sabio, sino estudiante, tenía plena conciencia de su excepcionalidad, y en algún momento de humor lo consigna: "Creo que en la Historia Natural Linneo no me hubiera puesto en la clase en que habría colocado a Martínez y los Asturias"; "admiré las singularidades de mi vida", dirá en otra ocasión. También reconoció haber recibido dos grandes herencias: sus haciendas de Honduras, a las que no volvió desde niño, y la educación en Guatemala.

Sin atreverse a hacerlo, Valle anunció: "Moriré pobre, sin fincas o propiedades", con el fin de hacer felices a miles de sus conciudadanos. Son evidentes las falacias a que recurrió para justificar actos políticos: "La ignorancia del pueblo es el origen de la esclavitud que sufro y la prisión que padezco". "Mis servicios comenzaron en 1821". Sus contemporáneos conocían los que prestó a tres capitanes generales: González, fusilado por Morelos en

México; el duro Bustamante y el más dúctil Gabino Gaínza. Este pasado servil fue una de las causas del rechazo de Valle que todavía perdura.

Los otros posibles factores son su estilo literario y nuestra pequeñez aldeana.

Ya Andrés Bello, desde Londres, en el Repertorio Americano, comentando sus intervenciones en el Congreso Federal de 1826, lanzó esta advertencia: "Sería de desear que el sabio autor de estos discursos no hubiese contraído el hábito de encadenar y graduar sus ideas con una uniformidad que hace amanerado su estilo". Ramón Rosa, otro entendido en la materia, no soportaba al pisoteador de la gramática y aconsejó no tomar como modelo "un lenguaje monótono, abrumador por la grandeza del pensamiento, abrumador por la monotonía de la forma... una serie prolongadísima de dos puntos escalonados en cada breve párrafo; entre cada dos puntos un gran pensamiento, y con frecuencia en una enumeración, dos puntos separan una palabra de otra... abunda en latinismos, galicismos, anglicismos e italianismos".

El otro Valle, el gran polígrafo hondureño del siglo XX, elogió el abandono de su estilo habitual, dando como ejemplo la alabanza que don José hizo del plátano: "Originalidad de su fisonomía, en la belleza de su forma, en el esmalte y extensión de sus hojas, en el poco costo de su cultivo, en el corto tiempo que tarda en fructificar, en la fecundidad con que se produce, en la cantidad alimenticia de su fruto, en la harina que da cuando es verde; en los manjares a que se presta cuando es en sazón". Agregando Rafael Heliodoro el siguiente comentario: "Maravillosa musácea que, en el devenir de los años, en vez de ser la bendición que él deseaba para los hijos de Centroamérica, se trocó en tormento y a veces en símbolo de esclavitud y fruto ensangrentado".

EL GUATEMALTECO INSATISFECHO

En la última década del siglo XVIII, y procedente de su natal Choluteca, el niño Valle llegó a la capital del reino de Guatemala. Su origen provinciano le será recordado con frecuencia, y la postergación que esta condición genera lo lleva a reaccionar contra el "espíritu de familia", a enfrentarse a la "aristocracia municipal" de la ciudad que más amó[13]. En 1818, escribe: "Los hijos de Guatemala, niños imberbes, están casi todos colocados; y yo no lo estoy después de trabajo y sacrificios". Dos años después publica una lista de sesenta y cuatro empleados "que por sus enlaces forman una familia". Lamentablemente, el artículo "Del absolutismo a la libertad" se interrumpe cuando profundizaba en el desenmascaramiento: "La aristocracia municipal de Guatemala era, como todas las aristocracias, enemiga decidida de los derechos de igualdad. Pero supo, como las demás, hablar idioma que no era el de su pecho. Para elevarse más sobre las que se llamaban castas, para no estar sometida a un gobierno que daba a los españoles los empleos más importantes; para subir a los primeros puestos y gobernar desde allí a los pueblos, quiso la independencia y trabajó para ella con aquel objeto".

Es consciente Valle de la necesidad de superar tres siglos de pasado colonial, generador de "nuestra degradación y miseria". Denuncia las leyes que "hicieron renacer en el nuevo mundo, con nombre y forma distinta, el sistema feudal que había en el antiguo... las leyes que han sido origen de la distribución poco justa de las tierras; las leyes que procuraban fundar las poblaciones en derredor del oro y la plata sobre montañas estériles y embarazaban la población de las costas, hermosas por su fecundidad y riqueza... las leyes que en un aspecto presentaban al indio como el ser más privilegiado, y en otro no le permitían montar una caballería, ni tener bailes, ni haber armas defensivas ni ofensivas... y prohibiendo al español la residencia en pueblos de indios, impedían la ilustración de estos y no permitían vivir en sociedad a los que eran individuos de ella"; "las que formaron una nomenclatura depresiva de los que nacen fuera de matrimonio. Espurios, manceres, notos, fornecinos, naturales, legitimados, etc., esta es la nomenclatura bárbara con que las leyes de Partida degradaron a clases enteras".

"No han sido formadas por la razón la división económica, la eclesiástica, la militar y la forense de lo que antes se llamaba Reino

---

[13] "Entré en esta capital; y si hubiera sido posible estrechar en mis brazos a Guatemala, yo la hubiera apretado en ellos con más gozo que un amante al objeto de sus amores", escribirá a su regreso a México. Algo de este fervor conocían seguramente quienes a finales de 1820 lo eligieron alcalde.

de Guatemala [14]. Parecen hechas a la aventura, sin fijar los principios que debían servir de base. El gobierno que en una provincia se concentra en el espacio pequeño de 18 leguas de longitud sobre 13 de latitud, en otra se extiende a un área de 28 leguas de E. a O. sobre 30 de N. a S. El poder que se dilata en unas a 200 000 individuos es reducido en otras a 25 000". "Ved aquí producida, por la distribución injusta de territorio, la desigualdad de fortunas, origen de vicios, causa de la miseria en unos y de la riqueza en otros".

"Se trata de crear una república donde no había más que una colonia regida por un gobierno lejano; se trata de hacer ciudadanos a hombres que por tres siglos habían sido formados para que no lo fuesen jamás. Se trata de desarrollar la multitud de gérmenes que existen escondidos en una extensión vasta de miles de leguas; se trata de abrir canales, mudar el curso de las aguas, descuajar montes y taladrar montañas; se trata de luchar con la naturaleza y hacer culto lo que era bruto".

"Los que creen que el dinero es preciso para todo, juzgarán imposible sin él la aperción de caminos, la composición de puertos. Yo veo la colmena hermosa que regala mi paladar. Sin dinero la han hecho las abejas; sin dinero han elaborado tanta miel y formado tantas celdillas unos insectos pequeños, incomparables con el hombre. El trabajo unido y constante que hace colmenas, puede abrir caminos, componer puertos y emprender obras de bien general. Uníos para las obras de común utilidad; y esa mano que eleva al hombre sobre los tigres y leones os hará poderosos y ricos".

"En Guatemala calculan unos tres y otros dos millones largos de habitantes. Todas las probabilidades son en su favor. No ha habido en ella desde muchos años peste alguna desoladora, no ha sido víctima de las guerras devastadoras que han sufrido Colombia y México; las tierras son fértiles, las sustancias baratas, el sexo fecundo (son diversas las madres que han tenido más de 20 hijos), y el peso de las contribuciones mucho más suave que en Nueva España y las demás naciones de América y Europa".

Recomienda Valle evitar que en la capital se acumulen "el gobierno superior, la audiencia territorial, las tropas, el arzobispado,

---

[14] Valle gusta llamar a Centroamérica "Nación guatemalana".

etc.; que esto es lo que le da prepotencia extraordinaria, y por esta prepotencia sufren las provincias; que debe haber equilibrio, y para que lo haya, se debe establecer en una provincia la capitanía general y tropa, en otra la intendencia y rentas, en otra la audiencia, en otra el gobierno político, etc.".

Partidario inicial de la apertura del canal de Nicaragua, Valle advierte después el peligro de entregar a una compañía extranjera la llave del comercio. "Nuestra república está tierna todavía. Abrir ahora el canal es poner en ella la manzana peligrosa de la discordia; es sembrar la semilla de los celos y rivalidades extranjeras cuando no tenemos todavía desarrolladas nuestras fuerzas". También teme que la doblegue México o Colombia.

"El centro de América puede serlo de luces y riquezas. Está colocado en medio de un continente inmenso, inagotable de preciosidades. El Atlántico baña al norte sus costas y, dándole puertos por aquel lado, le facilita las comunicaciones de la América septentrional, de la Europa y el África. El Pacífico fecunda al sur su litoral y, proporcionándole puertos por aquel rumbo, lo abre a las relaciones del Asia y de la Oceanía". Sueña con emular a Inglaterra. "Guatemala hubiera sido la primera nación del mundo si para serlo hubieran bastado los votos ardientes de mi voluntad". "No es una hipérbole nacida del amor al país natal. Es una verdad de hecho, patente a todos los ojos. Son inmensas en Centroamérica las ventajas de su figura, de su posición, de su suelo, y de todos los seres físicos que la pueblan".

Pero ocho semanas después de la declaración de independencia, Valle advierte los peligros de la discordia, que produciría "todos los males de la anarquía y los escándalos de la guerra civil". Cuando estalla, escribe: "Esta república tranquila y sosegada empezó a conmoverse porque el gobierno no respetó la ley fundamental". "La Constitución no prohíbe su derogación o mutación. Si tiene vacíos o defectos, deróguese o varíese del modo que ella misma designa".

A fines de 1826, "empezó la revolución que no olvidarán jamás los anales de Centroamérica. Desaparecieron los poderes constitucionales, quedó solamente el despotismo incendiador de los pueblos, destructor de hombres, devorador de capitales; los Estados de El Salvador, Honduras y Guatemala se alzaron contra él en uso de sus derechos, y la justicia triunfó al fin como era de esperarse". "El hacha de la revolución derramó la sangre de los operarios, destruyó la propiedad de los capitalistas y sofocó la voz de los hombres de luces en los últimos años. No han quedado más que escombros, fragmentos o ruinas".

"Centroamérica, mi patria querida, había hecho en el tiempo pasado algunos progresos en la ilustración y riqueza. Pero cuatro años de gobierno inepto, dos y medio de revolución horrorosa han hecho que retrograde espacios inmensos. Escombros y ruinas, sangre y muerte son los monumentos que ha dejado el despotismo. No bastan talentos ordinarios para reparar un edificio tan estropeado. Aun los extraordinarios sería preciso que meditasen y trabajasen mucho".

Muchos centroamericanos confiaban en que la salvación de la república se encontraría en la dirección del sabio estadista. Z. G., uno de aquéllos, escribe cinco días después de su muerte: "Él era ya el Presidente popularmente electo. Después de tantos años de calamidades y errores, aleccionados en la escuela de la desgracia, no nos dirigíamos ya por las intrigas de un partido, ni, más deslumbrados por la brillantez de una gloria alcanzada en combates de hermanos contra hermanos, pagábamos este obsequio a la capacidad. La votación unánime de los Estados de El Salvador y Costa Rica, y numerosos sufragios en los demás Estados, el clamor de los hombres sensatos y las instancias de los verdaderos patriotas llamaban a Valle al frente de la República". "... y algún día, la historia americana, al recordar a los patriotas, los héroes y sabios del hemisferio occidental, inscribirá en sus páginas el nombre de nuestro compatriota con elogios".

UNA EXIGENCIA AMERICANA

Sólo una vez traspasó Valle las fronteras de Centroamérica y nunca cruzó el océano. Europa es entrevista a través de sus lecturas y reflexiones: "Es la porción más luminosa, la que reúne y esparce más luces. No ha mucho tiempo que era salvaje, y la comunicación inmensa de los hombres que la habitan la ha elevado a ese punto de razón que admira a la misma razón". "Los europeos ignoraron mucho tiempo la existencia de la América; y esa ignorancia fue feliz para sus indígenas". "La América no caminará un siglo atrás de Europa, marchará a la par primero, la avanzará después; y será al fin la parte más ilustrada por las ciencias, como es la más iluminada por el sol".

Este débil fundamento teórico lo lleva a menospreciar otros continentes y a confiar excesivamente en la potencialidad americana: "La América será, por último, lo que debe ser, colocada en la posición geográfica más feliz, dueña de tierras más vastas y fecundas que las de Europa, señora de minerales más ricos, poblada con la multiplicación de medios más abundantes de existencia, ilustrada con todos los descubrimientos del europeo y los que estos mismos descubrimientos facilitarán al americano; llena de hombres, de luces, de riquezas y de poder, será en la tierra la primera parte de ella: dará opiniones, usos y costumbres a las demás naciones, llegará a dominar por su ilustración y riqueza, será en lo futuro, en toda la extensión del globo, lo que es al presente en Europa la rica y pensadora Albión".

Con el transcurso de los años, gran parte de estas ilusiones se van desmoronando. "Ya está proclamada la independencia en casi toda la América, ya llegamos a esa altura importante de nuestra marcha política, ya es acorde en el punto primero la voluntad de los americanos. Pero esa identidad de sentimientos no produciría los efectos de que es capaz, si continuaran aisladas las provincias de América, sin acercar sus relaciones y apretar los vínculos que deban unirlas". "Chile ignora el estado de Nueva España; y Guatemala no sabe la posición de Colombia".

Valle advierte el peligro de que los americanos no se despojen del espíritu de conquista abierta o disfrazada: "Supóngase que empiezan a ocupar con tropas el gobierno de Washington a los pueblos de Nueva España que quieran ser parte de los Estados Unidos de Norteamérica; el de México, a los pueblos de nuestra república que quieran sujetarse a la mexicana; el de Guatemala, a los de Colombia que quieran unirse a Guatemala, etc. La América sería entonces imagen verdadera del caos. Los malcontentos de una república darían voces a favor de la vecina. Todo sería confusión. Un desorden general se extendería desde Texas hasta Chile. No habría paz, sosiego ni tranquilidad".

"La ambición es muy astuta. No sólo trepa a los tronos suntuosos de las monarquías. Sube también a los doseles modestos de las repúblicas. La cartaginesa se apoderó de casi todas las islas del

Mediterráneo... La romana fue más conquistadora que Alejandro; y la francesa, ¿no fue también plagada del espíritu de conquista en medio de los ascensos de libertad, cuando la de los pueblos de Francia era el objeto de su entusiasmo?".

"El hombre es hombre en las democracias y monarquías, en las oligarquías y teocracias. Cuando su alma siente superioridad de fuerzas, su razón no la tiene algunas veces para impedir el abuso de ellas. Desconoce los principios de justicia, y ataca los derechos de otros al mismo tiempo que proclama respeto a los suyos". Las repúblicas americanas invadirán algún día las Antillas, vaticina Valle en una ocasión, y en otra condensa su apreciación negativa: "Veintidós años pasados desde 1810, digo yo de la América, mi patria, han sido 22 años de equivocaciones, sangre y lágrimas".

Para prevenir estos males, Valle propuso una confederación de todas las provincias que habían alcanzado su independencia: "Se crearía un poder que, uniendo las fuerzas de 14 o 15 millones de individuos, haría a la América superior a toda agresión, daría a los Estados débiles la potencia de los fuertes; y prevendría las divisiones intestinas de los pueblos, sabiendo éstos que existía una federación calculada para sofocarlas". "Se comenzaría a crear el sistema americano, o la colección ordenada de principios que deben formar la conducta política de la América, ahora que empieza a subir la escala que debe colocarla un día al lado de la Europa, que tiene su sistema y ha sabido elevarse sobre todas las partes del globo".

La admiración y desconfianza hacia Europa, sus fervores y decepciones americanas, van acompañadas de pretensiones que superan los límites de ambos continentes. Cree Valle que es necesario fijar "los derechos y deberes del hombre, los derechos y deberes del ciudadano, los derechos y deberes de las naciones", y que, para ello, es indispensable conocer hasta dónde puede llegar la especie humana. El rara vez ingenuo, el seguro o contradictorio Valle, el pensador alerta, el estadista no improvisado, rechaza los estereotipos que enturbian la visión de muchos de sus contemporáneos.

LA ESPECIE HUMANA

Era frecuente —lo sigue siendo — llamar ignorantes y perezosos a los indígenas. El 7 de mayo de 1822 Valle describe Mixco, a pocas leguas de la capital guatemalteca, con 2.550 indios y 500 ladinos. "No hay escuela de primeras letras, ni estanquillo de aguardiente; pero hay 6 de chicha. En la cárcel de mujeres no había reo alguno. En la de hombres había 4, y uno de ellos es un indio que había dado muerte a su mujer. No tienen los indios ejidos por el lado que mira a Guatemala; se ven obligados para sus siembras de maíz a ser arrendatarios de los pocos propietarios de las tierras; y este costoso arrendamiento les sujeta a dar 2 pesos y 2 gallinas para la licencia, y una fanega de maíz de cada docena de las que cosechan. La arriería, las siembras de maíz y la construcción grosera de ollas y tinajas de baño son los 3 ramos principales en que se ocupan los del pueblo. Están muy incultos los indios; y su inculto es la prueba más decisiva de la poca protección que han merecido de la capital, sin embargo de tenerla tan inmediata. Un viajero encuentra los víveres necesarios para su mantención y la de sus caballerías. Pero se penetra de sentimiento viendo tan ignorantes y miserables a los que, por estar cerca del gobierno, debían ser ricos y civilizados. La inmediación a la capital sólo les sirve para desmoralizarlos. Por el lado opuesto tienen ejidos hasta El Manzanillo, que está como a una legua de distancia del pueblo. Pero estas tierras no bastan para sus labores. Deben ser arrendatarios, y el arrendamiento es una de las causas de su pobreza".

En estas notas de viaje, en las que Valle sigue un plan menos extenso en lo físico que Humboldt, pero "con puntos de vista más interesantes en lo político", consigna: "Los pueblos, lejos de progresar, parece que van retrogradando. Es poblado un partido, es laborioso y rico, tiene nombre para serlo, y esta opinión, que debía ser su felicidad, es el origen de sus desgracias. Su riqueza arriba la codicia de un pretendiente ambicioso. Logra el mando con el nombre de corregidor, alcalde mayor o jefe político; y desde entonces comienza a obrar una de las causas destructoras que sensiblemente va empobreciendo los pueblos. La Ley de Indias que manda procesar a los alcaldes mayores que, entrando pobres, salen ricos, supone ejemplares lastimosos. Termómetro a los 63 grados".

"... El indio, a quien se ha supuesto indolente y perezoso, es activo y capaz de los trabajos más duros. Sus brazos son los que rompen las montañas y pulverizan las peñas para sacar el oro y la plata que exporta el comercio". Confiesa Valle haber leído con gusto planas escritas por niños y niñas indígenas. "Newton y el indio son hijos de una familia, individuos de una especie". Además del bretón, "honor de la especie", Valle admira profundamente a Jovellanos, "ese hombre raro, poeta, político y filósofo a un mismo tiempo, desgraciado y perseguido por ese genio maligno que en todos los tiempos y países se place en morder todo lo grande". A partir de este tipo de observaciones e inclinaciones, se pregunta: "¿Cómo hacer para que en los semblantes indígenas no se refleje la humillación?". "¿Cómo se podrá suavizar el carácter feroz del hombre?". "¿Cómo explicar la necesidad de sangre que atormenta a algunos individuos de la especie humana?". "¿Por qué hay países de abundancia y lugares de miseria? ¿Por qué se estanca la riqueza en uno o dos puntos solamente y no se distribuye por todos? ¿Por qué hay pobres y ricos?". "¿Se acabará al fin la desigualdad que hay entre las naciones? ¿Hará progresos la igualdad en los individuos de un pueblo? ¿Podrá perfeccionarse realmente el hombre?".

"Es sensible, pero es cierto. Los hombres son injustos e ignorantes, o ignorantes o injustos simultáneamente". "El hombre, comprimido por los pesos del fanatismo, de opiniones erróneas, de leyes injustas y gobiernos despóticos, no ha podido hasta ahora, después de tantos siglos, desarrollar plenamente sus facultades o potencias". "Los hombres marchan siempre de un extremo a otro extremo y no se fijan jamás en el medio de la prudencia, sino después de experimentos dolorosos y sacrificios sangrientos". "Han corrido millares de siglos. Ya es viejo el mundo. ¡Y todavía hemos de ser niños!". "Cada país presenta ejemplos, cada siglo lecciones. Pero los hombres no las reciben. Son insensibles a las desgracias de su especie: no investigan su origen ni estudian sus causas".

Rara vez disimulador de sus propios errores y vacilaciones, Valle reconoce: "Son diversas las dudas que me han atormentado en los períodos de mi vida". Esta experiencia personal es generalizada: "Todos empezamos errando, todos damos traspié en una carrera difícil". "Errores y verdades; desatinos torpes y descubrimientos felices: esto es la marcha del hombre. Si queremos que nuestros caros hijos tengan la gloria de los segundos, resolvámonos nosotros a sufrir el oprobio de los primeros. ¿No son los padres los que trabajan para que gocen sus descendientes?".

"Todavía no se sabe de lo que el hombre es capaz de ser. Haced, legisladores, el experimento. Permitid que desarrolle todas sus capacidades y desenvuelva todas sus energías". "Las facultades físicas, la fuerza, la destreza, la finura de los sentidos son de aquellas cualidades cuya perfección puede transmitirse. Al menos la observación de las razas de animales domésticos, inclina a creerlo, y sería útil que lo confirmásemos con observaciones directas hechas sobre la especie humana".

"El hombre, ese entecillo que, puesto en pie, en las aptitudes de más fuerza, no ocupa una vara cuadrada de tierra, es el dominador universal". "No está probado si existen o no seres en otros planetas". "Es igualmente imposible decidir a favor o contra la realidad futura de un suceso que no podría realizarse sino a la época en que la especie humana hubiese adquirido luces de las que apenas podemos formar idea. ¿Quién osará adivinar lo que puede ser algún día el arte de convertir los elementos en sustancias útiles para nuestro uso?".

¿Qué ha impedido a los hombres alcanzar la máxima plenitud? El absolutismo político, la desigualdad económica, la falta de educación, la injusticia de las leyes, la no domeñada irracionalidad. Con la religión, la moral, la educación, la ciencia y el gobierno dirigido por la razón y la experiencia, Valle cree que es posible mejorar la especie humana.

RELIGIÓN Y MORAL

En numerosos escritos y actos de su vida, Valle se proclamó fervoroso creyente, así como resaltó la importancia política de la religión. La católica, "que hemos profesado en los siglos anteriores y profesaremos en los sucesivos", debía conservarse pura e inalterable, según exigencia del Acta de Independencia.

"Si en todos los tiempos es necesaria la religión, en las transiciones peligrosas de gobierno, es más precisa que en los demás"; "la religión que, uniendo a los hombres con caridad tan sublime, identifica las existencias y hace desaparecer los partidos; la religión que tiene los poderes del cielo, es la que, empleándolos en bien de los hombres, los une a todos con los vínculos más fuertes".

"La política, en vez de destruir, debe conservar la religión que penetra hasta donde no llega la ley; la religión que pone freno a los que no tienen el de honor, luces y educación. No es la destrucción de los ministros de la Iglesia el fin que debe marcarse. El objeto importante de los gobiernos debe ser nacionalizarlos, hacerlos ciudadanos, procurar que no se dividan los conceptos de miembros de la Iglesia e individuos de la sociedad".

Anclado, al parecer, en una visión religiosa del mundo, no existe en Valle la idea de una Providencia que dirige a sus criaturas; la historia es hecha por los hombres. Llegó a ser acusado ante el Santo Oficio porque, al comentar los sermones del admirado Massillon, le señalaba un defecto: espiritualizar demasiado a los reyes, pretendiendo "desprenderlos excesivamente de la tierra", asegurando el denunciante que Valle parecía querer hacer extensiva esta observación al mismo Evangelio. Por su talante crítico, Valle hubiera coincidido con aquel predicador de la leyenda, que matizaba los dogmas: "Como dijo el Espíritu Santo, y en parte tiene razón...".

Si las religiones son varias, la moral es una sola, y no hay separación entre la moral pública y la privada; ambas son inseparables de la justicia, que reinará cuando los ciudadanos de cada nación sean compañeros, cuando los hombres construyan una verdadera sociedad: "la sociedad será lo que debe ser: compañía de socios, familia de hermanos. Estos sentimientos de justa libertad, estas sensaciones de libertad bien entendida, harán nacer la moral que no puede existir entre amos y esclavos, entre opresores y oprimidos; no hollarán los unos los derechos de los otros; el hombre se respetará a sí mismo en sus semejantes, y la moralidad, que es el respeto mutuo de los derechos de todos, brillará al fin en las tierras donde ha sido más ofuscada". "¿Puede haber filantropía más sublime que la de identificar a todos los hombres, haciendo que en mi semejante vea otro yo?".

CIENCIA

El 12 de marzo de 1814 Valle señala que el trabajo que más interesa a las ciencias es el de "desnudarlas del aparato misterioso con que se han presentado, el de hacerlas populares, el de achicarlas y ponerlas al alcance de todos". El 7 de agosto del mismo año recomienda: "Si se unen los hombres para ocuparse en conversaciones insípidas o para verse unos con otros, fumar y bostezar, únanse ustedes para cultivar las ciencias comenzando por donde debe principiarse. Todo origen es pequeño". El 26 de octubre de 1820 afirma: "Todas las ciencias son útiles, todas influyen en el bien social, las que se arrastran por la superficie del suelo y las que se elevan a la región de los planetas"; "la armonía, suavizando el carácter feroz del hombre, hace que no sea carnívoro, o que sea más humano con sus semejantes. El escolasticismo, objeto de risa en estos tiempos, era escala para subir al método feliz del análisis. Sólo un espíritu pequeño, incapaz de abrazar grandes relaciones, no percibe las del hermoso todo que forman las ciencias, influyendo unas en otras para sus progresos, y contribuyendo todas a la felicidad general. Sólo la ignorancia puede desdeñar unas y alzar otras".

"Las ciencias son relativas a las necesidades que las han creado; las necesidades son relativas a la organización física del hombre; los hombres son relativos al punto que ocupan en la tierra; y la tierra es relativa al lugar que tiene en el universo. Todo es enlace, todo es vínculo". "No es demostrada la población de los otros planetas. Razones de analogía la afirman, razones de la misma especie la niegan. Pero supóngase cierto. En esta hipótesis, las ciencias de los que vivan en Saturno serán distintas de las cultivadas en Mercurio encendido". "Las ciencias tienen simultáneamente el sello de la unidad en un sentido, y el de la diversidad en otro. Es preciso que sea así. Los hombres son unos en todos los países, mirados en un aspecto, y diversos en todos, considerados en otro".

"La naturaleza es un sistema sabiamente concatenado de seres; y las ciencias deben ser también un sistema, organizado con sabiduría, de conocimientos relativos a las partes y leyes de la naturaleza". "Todo es luz refleja en el sistema científico. Si se corta la comunicación de unas ciencias con otras, si se aíslan o separan por líneas impenetrables, no habrá reflexión de luces ni claridad en los espacios que se extienden a cada una de ellas. Todo será oscuridad y tinieblas". "Las ciencias que ilustran a los hombres son partes de un todo hermoso. Es uno el sistema que constituyen de conocimientos humanos. Los progresos de las que parecen más aisladas influyen en las demás, las luces reflejan en todas, y las tinieblas de unas oscurecen a las otras".

"Si el análisis es el instrumento grande del arte de pensar, las ciencias naturales son las que enseñan el método, y cuando las morales, las legislativas, etc., formen tablas de virtudes y vicios, de delitos y penas, etc., tan claras y metódicas como las de plantas y fósiles, entonces los trabajos serán menos penosos; las ciencias abrazarán espacios más grandes, y el amigo de ellas verá, en un cuadro pequeño, el sistema entero de los conocimientos humanos".

"En la naturaleza hay variedad casi infinita de fenómenos que se suceden unos a otros; todos son, sin embargo, efecto preciso de leyes invariables, y el conocimiento coordinado de estas leyes forma la ciencia. En las sociedades políticas hay diversidad menos numerosa de fenómenos o acaecimientos, todos son obra de leyes igualmente constantes, y el conocimiento de ellas, elevado a sistema o cuerpo organizado de doctrina, forma la ciencia".

"La ciencia de los hechos debe preceder a toda teoría científica o política. En vano se forman sistemas, en vano se trazan planes si no anteceden los conocimientos que deben servir de base. Los primeros son imaginarios y los segundos inexactos cuando no se han reunido, estudiado y coordinado los hechos en que deben fundarse". "Obsérvese la marcha de las ciencias en el movimiento de los tiempos. Desaparece la física que admiraba el siglo antecedente y comienza a brillar otra en el que sigue. Cae la política de una edad, y sobre sus escombros se levanta otra que también será arruinada". "A Buffon sucedió Cuvier, después de Cuvier nacerán otros sabios y, más allá de Newton, la imaginación divisa otros Newtones".

"El siglo XV presentó el arte de la imprenta; el XVI, el Nuevo Mundo, la cochinilla, el añil y el tabaco; el XVII, el telescopio, el barómetro y el termómetro; el XVIII, una filosofía nueva; el XIX, la independencia de la América y las experiencias grandes. Los que le sigan serán superiores, y, marchando sucesivamente, yo no sé hasta dónde llegarán los adelantamientos de las ciencias, los progresos de la riqueza, la mejora de los pueblos y las perfecciones de la especie".

SOCIEDAD E HISTORIA

A la observación de la naturaleza, Valle une el análisis histórico. "La historia entera del género humano no es más que una historia de acciones y reacciones; y entre unas y otras jamás hay igualdad matemática". "Estudiemos la materia bruta, que es lo más sencillo de la naturaleza; subamos después a la materia vegetal, que presenta fenómenos más difíciles; trepemos sucesivamente a la materia animal, que aparece más complicada en todas sus funciones; ascendamos al hombre, que es el ser más grande de la tierra".

"En lo político, como en lo físico, nada se hace de repente. Todo se va formando lentamente. Las peras que hermosean una mesa no son frutos sazonados en un día. Sudó el labrador, limpiando, arando, preparando y sembrando la tierra; comenzaron a desenvolverse los gérmenes tiernos de las plantas; fueron creciendo poco a poco...". "El mundo político está sin duda sometido a leyes tan constantes como el físico. Mucho tiempo ha que leo y releo la historia solo para ir descubriendo esas leyes. Tengo algunos apuntamientos. Pero es asunto inmenso".

"Ved allí la lucha de las clases unas con otras, la guerra de las opiniones, la divergencia de intereses, la oposición de los sentimientos". "Hubo ignorantes e ilustrados, pobres y ricos, desvalidos y poderosos, opresores y oprimidos; hubo clases separadas unas de otras por la diferencia de costumbres, capacidad, intereses y capitales; hubo desigualdad y brotaron las pasiones y vicios que existen siempre cuando unos pueden todo lo que quieren y otros son impotentes aun para lo que deben querer".

"La historia de una nación es un curso de ciencias morales, políticas y económicas. Presenta el cuadro del país donde se han unido los hombres para vivir en sociedad; indica su clima, aguas, vientos, producciones, etc., etc.; descubre el origen primitivo del Estado, manifiesta las formas de gobierno que han adoptado sucesivamente, las leyes que se han dictado o recibido, y las influencias de sus sistemas físico y político en la moralidad, ilustración y riqueza de los pueblos; desarrolla la cadena de sucesos derivados unos de otros y ligados entre sí todos, los progresos o retrocesos, las causas que dan impulso a los primeros o producen los segundos, los tiempos de luz y los días de tinieblas, las épocas de vida

314

y los períodos de muerte. La historia presenta simultáneamente la teoría y la práctica. Es la política en acción, la crisología obrando, la ciencia moral demostrando sus principios con hechos".

"Es infinita la distancia entre lo que sucede y lo que se escribe. Yo no daré mi confianza sino a los historiadores imparciales, antiguos o modernos, que hayan sido testigos de los hechos y poseído talentos penetrantes". Hasta que América empezó a conmocionarse, comprendió el alcance de las Décadas de Tito Livio: "Empezó el choque de las clases, empezaron a estrellarse los intereses y a dividirse las opiniones. Un rayo de luz disipó las tinieblas. Se iluminó lo que era oscuro; y vi claro el origen de la discordia entre el pueblo y los patricios, las capitulaciones de los nobles y la plebe, la energía de los tribunos, la política del Senado, la conspiración de Catilina, la ambición de César, el patriotismo de Tulio y la moral de Catón".

"Para conocer a un hombre es preciso verle en todos los períodos; y para conocer a un pueblo es necesario observarle en todas las épocas de su historia". "Tres siglos ha que Carlos V concibió el proyecto (digno de su pecho) de destruir la Constitución anterior de los españoles. Han corrido 300 años y todavía sufre España los resultados de aquella infracción". "Mirad el Imperio de Roma desde que Augusto usurpó todos los poderes; el de otras naciones de Europa en los siglos funestos del feudalismo; el de Turquía, el de Rusia y las monarquías absolutas. Si todos los poderes se depositan en una sola clase, se produce el mismo fenómeno con caracteres más odiosos".

Bonaparte es visto como producto de sucesos históricos y, a su vez, generador de otros. El 30 de agosto de 1826 Valle opina que la muerte del zar Alejandro no interrumpía los trabajos por "la reforma política" de la sociedad rusa, que venían acentuándose desde 1815. "El sucesor de Alejandro es el emperador Nicolás, que no tiene iguales talentos. Ha habido algunas conspiraciones que se creen ensayos de la revolución que acaso habrá algún día".

El 31 de julio de 1831 Valle declara: "Se acerca el siglo de las revoluciones, dijo Rousseau desde finales del pasado, y su predicción se ha ido cumpliendo rápidamente... El movimiento de Francia es más comunicativo que el del fuego eléctrico... La revolución anterior de Europa influyó en la independencia de América. La revolución actual de la misma Europa, ¿qué otro fenómeno producirá en América?".

"¿Y qué diremos de aquellas dos potencias observadoras de las escenas tumultuarias que se representan en los dos mundos? La Inglaterra y Norteamérica, aprovechándose de las lecciones que sacan de nuestra revolución, se mantienen tranquilas, equilibrando su política según el mayor o menor interés que pueda resultarle de los cambios. Todavía la Rusia, conforme ella es, no ha representado su papel en esta tragedia, y está anunciando que la ilustración de este poderoso imperio será una nueva época en el antiguo continente".

EDUCACIÓN Y GOBIERNO

Rotundamente, Valle proclama la exigencia de "No existir o existir como corresponde. La no existencia es preferible a la existencia de colonos, súbditos o dependientes de otra nación". Enfatizando que, si no existe educación y virtudes, "la libertad sólo estará escrita en la Constitución que la declara", sostiene que toda nación ignorante "es una nación envilecida, tarde o temprano subyugada". De ahí su permanente reclamo por la puesta en funcionamiento de escuelas de diversa índole; de sociedades de instrucción elemental o mayor nivel científico; bibliotecas circulantes; publicación de anuarios, estadísticas, etc.

Valle trata de instituir industrias que empleen materias vegetales. "Cuando los gobiernos posean la ciencia de tornar útiles a los hombres que no lo son, entonces serán menores las miserias de los pueblos. No es la pena que corta cabezas la que nos hace más felices. Es la que hace laborioso al que no trabaja, la que vuelve moral a quien no lo era, la que torna provechoso al inútil o improductivo".

"La obra más grande entre todas las obras es la de crear, y la educación es una especie de creación". Frustrada con frecuencia, porque "una expresión sólo es entendida en toda su energía por el que concibe el pensamiento de que es imagen". "No es el verdadero objeto de una ciencia el que se enseña en las lecciones de la ciencia. Es un libro, una lámina, un globo de madera, las líneas de una pizarra. Recorre un joven el círculo de las aulas, sale del colegio y entra en los pueblos. Todo es nuevo a sus ojos. No sabe cultivar la tierra, no sabe formar un libro de caja, no sabe medir un campo, no sabe determinar la posición de un lugar, no sabe observar un eclipse. Es nulo en la sociedad".

"Después de años ocupados en la ciencia de los libros es necesario que emplee otros años en la ciencia de la naturaleza. Se divide la enseñanza que debía ser una, se consumen años que debían economizarse". "Hay un sistema de agricultura para desenvolver todas las capacidades de la tierra, labrándola y poniéndola por la labranza en aptitud de dar todas las producciones posibles. Debe haber otro sistema de hominis cultura para desarrollar todas las facultades del hombre, cultivándolo y poniéndolo por el cultivo en estado de producir cuanto sea capaz de dar".

"Dos leyes son de absoluta necesidad: una que, dilatándose a toda la sociedad, trace el plan grande de educación; y otra que, extendiéndose a todos los órdenes de empleados, fije las cualidades físicas, morales y literarias que ha de tener cada uno, y las pruebas que debe dar para acreditar su posesión antes de entrar al servicio de un empleo".

"Si educo a mis hijos porque la educación es origen de todos los bienes, si pienso cada noche y leo de día porque cada conocimiento es un muro que defiende mis derechos, desearé también la educación de los pueblos, desearé su civilización y cultura. No temeré nunca su ilustración, porque la ilustración hace conocer la justicia. Temeré su ignorancia, porque la ignorancia es la que precipita a horrores". "Deseamos que los hombres de todas clases tengan rango más elevado que el de lectores pasivos. Queremos que sean pensadores activos, queremos que aumente la masa de luces".

Pero hay clases sociales interesadas en perpetuar la ignorancia o en imponer una educación esclavizadora, deformante. Así como las leyes "son en lo general dictadas, modificadas y variadas según el interés de su clase", los ricos, armados de muchos poderes, monopolizan también la educación. "Cada clase es como la de los sacerdotes de Egipto. Tiene sus secretos o misterios, sus opiniones o intereses; no quiere hacer traición a ellos, trabaja por el contrario para mantenerlos inalterables en el pueblo, y la enseñanza sale corrompida cuando la dan labios que prefieren los intereses de su familia o clase a los de la verdad... Los individuos son por la naturaleza de las cosas llamados a propagar las opiniones y sostener los intereses de la clase a que pertenecen".

Alude constantemente Valle al absurdo de que no reciban adiestramiento quienes se encargan de la difícil tarea de gobernar. "Se han establecido seminarios, colegios y academias para formar eclesiásticos, artilleros, ingenieros, militares y marinos, y no los hemos tenido para formar hombres capaces de trazar el plan legislativo o sistema sabio de gobierno. Ha habido escuelas para enseñar a manejar el cañón o esgrimir la espada; y no se han fundado para enseñar a gobernar. Se multiplicaban los maestros de baile, y no había un profesor para las ciencias legislativa y económica. Se creía precisa la enseñanza del derecho privado, y no se juzgaba necesaria la del derecho público. Se abrieron clases para formar comerciantes, y no las ha habido para formar intendentes".

"Hay un arte de jardinería que deben estudiar los que se dedican a este ramo de la agricultura, y hay una ciencia de gobernar que deben saber los que gobiernan. Si se ignora esta ciencia, si las pasiones usurpan el lugar que debe ocupar la razón ilustrada, los efectos deben ser funestos". "No importa al pueblo que haga botas, tejidos, casas, etc., cualquiera que tenga voluntad de hacerlas. Le interesa que las haga el que aprendió a hacerlas, el que sabe fabricarlas y formarlas acabadas. Si este principio es indudable en todos los géneros de trabajos, ¿por qué causa original cesará de serlo en el más importante de todos? ¿Legislar, gobernar, juzgar son acaso obras más fáciles que hacer botas, tejidos o casas? Si es preciso un aprendizaje largo y muy aprovechado para lo uno, ¿por qué anomalía sería innecesario para lo otro?".

"Gobernar no es copiar las providencias que se dictan en otros pueblos de clima, moralidad, carácter y hábitos diversos; no es mandar lo que inspira el humor o interés del momento. Es poseer la ciencia más difícil entre cuantas ha creado el talento del hombre; es saber aplicar sus principios con exactitud; es hacer aplicaciones de ellos a la totalidad de circunstancias que forman el estado en que se halla la nación a quien se manda".

"No es posible hacer una obra perfecta sin formar antes su diseño; y el gobierno de una nación exige, más que cualquier otra obra, un plan profundamente meditado. Si en él no hubiera unidad, se multiplicarían las contradicciones, y todo sería inconsecuencias y desaciertos". "Los hombres son elásticos. A la acción sigue la reacción y esta serie no tendrá término sino habiéndolo la causa que la produce". "Se vuelven contra un gobierno que en su misma esencia tenía la causa de su destrucción, establecen otro que esconde tal vez en su seno el germen que, desarrollado, puede también disolverle, y cuando llega el momento triste, cuando mil manos se placen en hacer piezas el ídolo que antes era la divinidad de su culto, los hombres, tendiendo la vista por tantas víctimas, mirando tantas ruinas y escombros, 'no es posible' —dicen— 'hacer obras perfectas. No es dado establecer gobiernos que lo sean. Tiene el sello de nuestra miseria todo lo que es trabajo de nuestras manos'".

ECO PERDIDO. RECUPERACIÓN

El fraude, el prestigio militar de Morazán y la muerte impidieron en 1825, 1830 y 1834, respectivamente, que Valle ejerciera la presidencia de Centroamérica. Aduciendo razones de salud e incorrecta interpretación del cómputo de sufragios populares, renunció a otros cargos: diputación, jefatura política, embajadas en Europa, vicepresidencia de la República, presidencia de la Corte Suprema de Justicia. En sus actitudes de renuncia o en sus exigencias, parece que se consideraba algo así como el partero o preceptor de su provincia natal.

¿Y cómo lo vieron sus contemporáneos? Antonio José de Irisarri, quien lo superó en radio de acción y en el dominio de la prosa, y de cuyo carácter nos da indicio frases como esta: "Sobre la tierra nos destruimos todos, bajo la tierra nunca discordamos", se burló conjuntamente de Leval, Milona y Glevaz (Valle, Pedro Molina y Mariano Gálvez): "Leval se tuvo y lo tuvieron por un sabio". Manuel Montúfar lo acusó de haber redactado el decreto de proscripción de 1829.[12]

Mariano de Aycinena afirmó: "Es un sabio verdaderamente y acaso sin igual en Guatemala; pero sin ningún mundo, y de un corazón tan pequeño que, agotada la política del gobierno y de los vecinos de probidad para hacerlo útil al común, nada ha bastado. Un orgullo sin tamaño lo pierde". Según Manuel José Arce, tenía el arte de exasperar, no sufría opinión distinta y "su humor se exalta cuando se le contradice". José Francisco Barrundia: "Jamás se humilló ni a la revolución ni al poder". George Thompson lo juzgó como "Cicerón andino", con apetito intelectual desorbitado; José Pecchio, como "la única palmera del desierto". Jeremías Bentham: "Un hombre como usted hace adelantar su siglo más de una generación".

Andrés Bello elogió su "entendimiento cultivado, vigoroso y acostumbrado a pensar por sí". Bernardo Monteagudo, compañero de O'Higgins, San Martín y Bolívar, después de viajar a Guatemala sin poder encontrarlo porque Valle no había regresado de México, le comunica por carta que el último lo consideraba como "uno de los más vigorosos defensores de la libertad americana". Álvaro Flores Estrada reconoció haber escrito por inspiración suya el influyente Curso de economía política, iniciado en Londres en 1828 y concluido, en su edición definitiva, un año antes de morir, en 1853, a los ochenta y siete años de edad (Introducción de Jesús Munarriz Peralta a En defensa de las Cortes. Madrid, Editorial Ciencia Nueva, 1967). A fines de 1828 o principios de 1829, Valle vuelve a insistir ante Flores Estrada para que escribiera otro ensayo, demostrando que la jurisprudencia debía "ser guiada por la luz de la economía política". Su coetáneo Jorge Guillermo Federico Hegel desconocerá completamente esta orientación; Marx y Engels no habían llegado a una edad adecuada para esta clase de cavilaciones.

La vida de Valle se extingue en 1834, el año posterior a la muerte de Fernando VII y cuando las protestas de los tejedores de Lyon anunciaban el inicio de una nueva época, que tampoco iba a enmarcarse dentro de los parámetros en que Valle pretendía encauzar la historia: "Las revoluciones, comenzadas con objeto justo, se alejan a veces del término propuesto y marchan a extremos dolorosos. Es porque, creciendo la efervescencia, llegan al fin a enmudecer la razón; toman la palabra las pasiones, suceden las exaltaciones del entusiasmo a los métodos severos de raciocinio, se habla como Dantón y no se piensa como Newton. Si los directores de las revoluciones fueran estadistas acostumbrados a tener siempre el compás en la mano, y acostumbrados a calcular las fuerzas y resistencias, las acciones y reacciones, los bienes y los males, la razón iría estableciendo su imperio sin derramar torrentes de sangre, la suerte de las naciones sería muy diversa, y, para corregir un mal, no se haría sufrir muchos males".

Este singular cultivador de la razón, el cálculo y los sueños, el propagandista de la medicina preservatriz, de "reproducir las actitudes en que el hombre es más pensador"; el que reconocía y agradecía permanentemente la influencia que había recibido de sus maestros, no dejó discípulos inmediatos. Tuvieron que pasar más de cuatro décadas después de su muerte para que Adolfo Zúniga y Ramón Rosa empezaran a levantar "la fría y pesada losa del olvido" que había gravitado sobre su obra.

Rosa confía en que "la juventud siempre buena, desinteresada y generosa, se inspirará en la vida y en las obras del sabio hondureño; ya a la inmoralidad opondrá la honradez, y a la rutina opondrá la ciencia, y a la injusticia opondrá la rectitud, y a la mentira opondrá la verdad, y a la venalidad opondrá la probidad, y a la fuerza opondrá la ley, y al terror opondrá la siempre respetada y querida libertad".

El propósito de publicar los escritos de Valle, anunciado en 1875 y reiterado en 1882, no empieza a concretarse sino hasta 1906, en que Rómulo E. Durón inicia el primero y único tomo de sus obras completas editado en Honduras, el que no terminó de imprimirse hasta el decenio siguiente. La hasta ahora más completa edición fue preparada en Guatemala por el nieto y bisnieto del autor, José del Valle y Jorge del Valle Matheu, en 1929 y 1930, sin que apareciera el anunciado tercer tomo, que contendría "producciones inéditas o muy poco conocidas". Posiblemente, algunas de estas podrán consultarse en los papeles que guardan sus familiares en Guatemala, a los cuales pocos investigadores han tenido acceso. Desgraciadamente, según Carlos Alberto Uclés, se perdieron en Tegucigalpa algunas obras adquiridas por el gobierno de Marco Aurelio Soto, en 1882.

Rafael Heliodoro Valle, en 1934, publicó una interesante bibliografía que fue reproducida inmediatamente por la Revista del Archivo y Biblioteca Nacionales; en julio de 1969, por los Anales del Archivo Nacional, y nuevamente en folleto, por la Secretaría de Cultura, Turismo e Información. La edición original fue publicada en México y las reediciones, en Tegucigalpa. Louis E. Bumgartner, cuya prematura muerte constituyó una pérdida inmensa para la historiografía centroamericana, en 1963 publicó José del Valle of Central America (Duke University Press), el cual no ha merecido traducción al castellano.

El genovés Juan Bautista Bacigalupo di Tomaso fue el escultor que perpetúa en Tegucigalpa el recuerdo de Valle; así como, en los jardines de la Secretaría General de la Organización de los Estados Americanos, en Washington, se encuentra otra escultura del cubano Juan José Sicre. El francés René Pouck ha evocado, en un breve film a colores, escenas de su vida (1977). Valle es el único centroamericano incluido en la Antología del pensamiento social y político de América Latina, recopilada por Leopoldo Zea y Abelardo Villegas (Washington, D. C., Secretaría General, Organización de los Estados Americanos, 1964).

Entre los críticos de su actuación histórica se encuentran el salvadoreño Ramón López Jiménez, quien lo comparó con Fouché, y el guatemalteco Severo Martínez Peláez, autor de la valiosa obra La patria del criollo. Entre sus admiradores se pueden mencionar los guatemaltecos Alejandro Marure, Máximo Soto Hall, Virgilio Rodríguez Beteta, Pedro Tobar Cruz y Rigoberto Bran Azmitia; los hondureños Antonio R. Vallejo, Alberto Membreño y Medardo Mejía. Este último, en su folleto El sabio Valle, lo califica como "burgués revolucionario", "orgulloso, soberbio y ambicioso" (Tegucigalpa, Imprenta La Democracia, 1977).

Algunos partidarios de relevantes personajes como Morazán y Arce han solido desdeñarlo. La actitud general hacia su figura es la que resumió muy bien el español Constantino Láscaris Comneno, fallecido recientemente en San José de Costa Rica: "Valle no es figura que levante pasiones ni lirismos. El elogio convencional o cierto menosprecio es lo habitual. Lo que no es habitual señalar, y yo deseo hacerlo, es que Valle unió a su capacidad mental y claridad intelectual, un temple humano y una entereza únicas en Centroamérica. No entereza de gritos ni desplantes, sino de reciedumbre serena". "Sobre todo, tuvo las dos cualidades ausentes en Centroamérica: la ecuanimidad y la prudencia". "El fracaso de Valle en lo civil es paralelo al de Morazán en lo militar. El economista sensato y el estratega de talento, ambos fueron desoídos".

Al conmemorarse el segundo centenario del nacimiento de Valle, la Organización de los Estados Americanos convocó a un concurso para premiar la mejor biografía sobre Valle, ocupando el primer lugar el hondureño Rafael Leiva Vivas por su obra Vigencia del sabio Valle, y el segundo el costarricense Carlos Meléndez Chaverri por su trabajo *José Cecilio del Valle, sabio centroamericano*. A este último, autor de varios libros que demuestran su especialidad en la historia pre y postindependentista y paisano del cura Liendo, el que adiestró a Valle en el "hábito feliz de pensar", ha correspondido la responsabilidad de seleccionar los textos de la presente antología.

En ella, los lectores activos que pedía el autor podrán enjuiciar la obra de quien planteó problemas sobre los cuales todavía nos debatimos. Quien, a la vez que sentenciaba: "Todos los pueblos de la tierra han sido y serán en todos los siglos y climas divididos en dos clases: los propietarios o capitalistas y los que no lo son", denunciaba la situación existente en los barrios extremos de Guatemala: "En todos se ve la pobreza, la miseria, la desnudez, el hambre y la sed". Quien creía que, si los hombres eran iguales, "los pueblos compuestos de hombres deben serlo también". Somos pobres porque "no se han desarrollado los elementos de nuestra riqueza"; "debemos liberarnos de nuestra dependencia".

Este es el testimonio de un hombre que admiraba la gloria de Bolívar, pero temía el excesivo poder que había concentrado en sus manos. Que creía que "muchas veces es necesaria la guerra. Nuestra suerte es inevitable. La espada es tan precisa como el compás". Pero a la vez lamentaba: "Son tristes para la humanidad las decisiones de los militares". Que no se limitó a denunciar los peligros de la Santa Alianza, sino que, "amando racionalmente" a América, confiaba en que cuando la justicia formase "una liga de pueblos así como la ambición ha formado una liga de reyes, entonces no habrá cruzadas escandalosas contra la libertad... Comenzará una nueva era para el género humano, empezará a alumbrar un sol hermoso sobre toda la tierra, y sus rayos disiparán esas exhalaciones fétidas, esos vapores pútridos que apestan al mundo entero".

Una obra, en fin, que diversas circunstancias impidieron llegar a feliz remate, pero que evidencia un lúcido empeño dedicado a la tarea de generalizar el derecho a vivir, trabajar y dudar.

Tegucigalpa, noviembre de 1979

CONTENIDO

-

www.ingramcontent.com/pod-product-compliance
Lightning Source LLC
Chambersburg PA
CBHW071139130626
46553CB00004B/1436